Joest Martinius und Reiner Frank
(Herausgeber)

Vernachlässigung, Mißbrauch und Mißhandlung von Kindern

Joest Martinius
Reiner Frank
(Herausgeber)

Vernachlässigung, Mißbrauch und Mißhandlung von Kindern

Erkennen, Bewußtmachen, Helfen

Verlag Hans Huber
Bern · Göttingen · Toronto · Seattle

Umschlagbild: Zeichnung eines langfristig körperlich und emotional mißhandelten 9jährigen Jungen. Der «schreckliche Drache» symbolisiert den mißhandelnden Vater.

CIP-Titelaufnahme der Deutschen Bibliothek

Vernachlässigung, Mißhandlung und Mißbrauch von Kindern
: Erkennen, Bewußtmachen, Helfen / Joest Martinius u.
Reiner Frank (Hrsg.). – Bern ; Stuttgart ; Toronto : Huber, 1990
ISBN 3-456-81928-5
NE: Martinius, Joest [Hrsg.]

Nachdruck 1993 der
1. Auflage 1990

Gesamtherstellung: Kösel, Kempten
Printed in Germany

Inhaltsverzeichnis

Entwicklung von Gewalt, Diagnose des Mißhandlungssyndroms, Hilfen und Probleme der Helfer

Unbewältigte Vergangenheit

Sexueller Mißbrauch. Vorformen und Übergänge

Späte Konsequenzen, Fragen der Begutachtung, institutionelle Probleme

Autoren

Braun-Scharm, Hellmuth, Dr.med., Heckscher-Klinik des Bezirks Oberbayern, Abtlg. Rottmannshöhe, 8137 Berg 3

Draijer, Nel, Klinische Psychologin, Leidsekade 101 II, NL-1017 PP Amsterdam

Engfer, Annette, Dr. phil., Staatsinstitut für Frühpädagogik und Familienforschung, Arabellastr. 1/III, 8000 München 81

Esser, Günter, Dr. phil., Klinik für Kinder- und Jugendpsychiatrie am Zentralinstitut für Seelische Gesundheit, J 5, 6800 Mannheim 1

Frank, Reiner, Dr. med., Institut für Kinder- und Jugendpsychiatrie der Universität München, Nußbaumstr. 7, 8000 München 2

Frick, Ulrich, Dipl. Psych., Biometrisches Zentrum für Therapiestudien, Pettenkoferstr. 35, 8000 München 2

Hutz, Pieter, Dipl.Soz.Päd., Kinderschutzzentrum Berlin, Karl-Marx-Str. 262, 8000 Berlin 44

Klitzing, Kai v., Dr. med., Psychiatrische Universitäts-Poliklinik für Kinder- und Jugendliche, Schaffhauserrheinstr. 85, Ch-4058 Basel

Klosinski, Gunter, Prof. Dr. med., Abteilung für Kinder- und Jugendpsychiatrie der Universität Tübingen, Osianderstr. 14, 7400 Tübingen

Landsberg, Walter, Dr. med., Schwerter Str. 240, 4600 Dortmund 41

Laucht, Manfred, Dr. phil., Klinik für Kinder- und Jugendpsychiatrie am Zentralinstitut für Seelische Gesundheit, Mannheim, J 5, 6800 Mannheim 1

Löffler, Walter, Dr. med., Klinik für Kinder- und Jugendpsychiatrie am Zentralinstitut für Seelische Gesundheit Mannheim, J 5, 6800 Mannheim 1

Martinius, Joest, Prof. Dr. med., Institut für Kinder- und Jugendpsychiatrie der Universität München, Nußbaumstr. 7, 8000 München 2

Müller-Küppers, Manfred, Prof. Dr. med., Abteilung für Kinder- und Jugendpsychiatrie der Universität Heidelberg, Blumenstr. 8, 6900 Heidelberg 1

Raupp, Ullrich, Dr. med., Klinik für Kinder- und Jugendpsychiatrie, Rheinische Landes- und Hochschulklinik Essen, Hufelandstr. 55, 4300 Essen 1

Schmidt, Martin, Prof. Dr. med., Klinik für Kinder- und Jugendpsychiatrie am Zentralinstitut für Seelische Gesundheit Mannheim, J 5, 6800 Mannheim 1

Schött, Christian, Dr. med., Universitäts-Kinderklinik München am Dr. von Haunerschen Kinderspital, Lindwurmstr. 4, 8000 München 2

Stöhr, Rosa-Maria, Dipl.Psych., Klinik für Kinder- und Jugendpsychiatrie am Zentralinstitut für Seelische Gesundheit Mannheim, J 5, 6800 Mannheim 1
Weinel, Hiltrud, Dipl.Psych., Klinik für Kinder- und Jugendpsychiatrie am Zentralinstitut für Seelische Gesundheit Mannheim, J 5, 6800 Mannheim 1
Weindrich, Diana, Dipl.Psych., Klinik für Kinder- und Jugendpsychiatrie am Zentralinstitut für Seelische Gesundheit Mannheim, J 5, 6800 Mannheim 1

Einleitung

Die Auseinandersetzung mit dem Problembereich «Kindesmißhandlung» läßt eine Entwicklung erkennen. Mit der Beschreibung der Tatsachen, des Vorkommens, der Ausdrucksweisen und Folgen, wurde Anfang der sechziger Jahre der erste entscheidende Schritt vollzogen. Die Fachwelt wurde aufmerksam und erzeugte ihrerseits ein Aufmerken in der Öffentlichkeit. Bestimmte körperliche Verletzungen wurden als charakteristisch erkannt; es wurde möglich, Mißhandlungen sogar ohne Hinweise aus der Vorgeschichte zu identifizieren. Das Augenmerk richtete sich auf Fallbeschreibungen, auf retrospektive Nachforschungen zur Pathogenese und auf die Schwierigkeiten, mit dem Problem umzugehen. Trotz vielen Bemühens und mancher Fortschritte sind die Ergebnisse bis heute unbefriedigend. Verändert hat sich die Auffassung dessen, was unter Mißhandlung zu verstehen sei: Körperliche Mißhandlung ist nur ein Teilbereich des viel weiteren Gesamtkomplexes, der Gewalt gegen Kinder in jeder Form umfaßt: Physische Gewalt, seelische Verletzungen, sexueller Mißbrauch. Die Übergänge vom einen zum anderen sind vielfältig, Gewaltformen verbinden sich und eine Grenzziehung zwischen «noch nicht schädigend» und «mißhandelnd» ist nicht eindeutig ziehbar. Gewalt wird als ein Phänomen gesehen, das uns im Alltag begegnet und begleitet.

Verändert hat sich auch der Umgang mit dem Problem. Hilfe ist humanitäres Gebot. Diesem Anspruch steht eine starke Abwehr, ja Resistenz mißhandelnder Familien gegenüber, die auf Einwirkungen von außen mit Argwohn und Angst reagieren, Angst vor Kritik, Bloßstellung und Bestrafung. Als Helfer erscheinen unterschiedliche Berufsgruppen auf dem Plan, die jede ein anderes Verständnis mitbringen, sich in der Arbeit «am Fall» auf Beziehungen einlassen müssen und zueinander in Konflikt geraten. Konflikte entzünden sich bei der Frage nach den Ansatzmöglichkeiten, den Zielsetzungen, der angemessenen Art der Hilfestellung, dem rechten Ergebnis. Ohne es zu wollen und zu bemerken, können Helfer zur Fortdauer von Mißhandlung beitragen. Die helfende Institution selbst kann zum Mißhandler werden. Durch solche Fragen und Probleme ist der Alltag belastet.

Derweil hat sich die wissenschaftliche Auseinandersetzung mit dem Thema differenziert. Nicht nur das offensichtlich Abnorme steht im Mittelpunkt. Vielmehr hat sich das Interesse erweitert auf die Übergänge und Grenzbereiche. Denn Vernachlässigung, Mißbrauch und Gewalt ereignen sich überall, eben auch in sogenannten Normalfamilien. Die Anfänge sind Jahre nachher nicht mehr aufspürbar. Es ist deshalb nur konsequent, wenn der Versuch unternommen wird, die wissenschaftliche Untersuchung auf diese Anfänge zu verlagern und die frühe Mutter-Kind-Interaktion systematisch zu beobachten. Daß dies möglich ist und spezifische Ergebnisse bringt, ist eine der neuen Erkenntnisse, die mit diesem Buch Darstellung und Verbreitung finden sollen.

Soziales Engagement ist eine der Triebfedern, die mißhandelten Kindern und ihren Familien aus ihrer gemeinsamen Misere heraushelfen können, aber nicht die einzige, die in diesem Bereich etwas bewegt. Distanz und Nüchternheit sind ebenso notwendig, wenn der Erkenntnishorizont erweitert werden soll. Mit der Veränderung des Blickwinkels und der Fragestellung hat sich auch das methodische Inventar verändert. Beobachten, messen und rechnen heißen die Instrumente der Epidemiologie, die die Forschung zu unserem Thema in jüngerer Vergangenheit weit vorangetrieben hat. Die bloße Untersuchung klinischer Populationen (oder von Schutzzentren und Beratungsstellen) lenkt den Blick ab von der großen Zahl von Familien, in denen Mißhandlungen ebenso passieren, sich jedoch nicht offenbaren und von Familien, die unter Belastungen stehen ohne daß es zu Mißhandlungen der Kinder kommt. Das Erfassen randomisierter Gruppen ist ein sehr aufwendiges und fehleranfälliges Unternehmen, mit retrospektivem oder besser noch prospektivem Ansatz. Beide Ansätze sind in diesem Buch mit Forschungsergebnissen vertreten, die zeigen, wo Prävention zu beginnen hat: Bei der Identifikation von Risikofamilien.

Die in diesem Buch enthaltenen Aufsätze sind eine Auswahl der auf der XXI. Wissenschaftlichen Tagung der Deutschen Gesellschaft für Kinder- und Jugendpsychiatrie 1989 in München gehaltenen Vorträge. Die Tagung hat unter dem Leitthema «Gewalt gegen Kinder» erstmals in der Geschichte der deutschen Kinder- und Jugendpsychiatrie offen die Vergangenheit in der Zeit des Nationalsozialismus angesprochen. Manfred Müller-Küppers hat sich die Aufgabe gestellt, die staatlich angeordnete und sanktionierte Kindesmißhandlung und Kindestötung zwischen 1933 und 1945 und die Rolle, die Kinder- und Jugendpsychiater dabei gespielt haben, darzustellen. Wir sind ihm dankbar, daß er uns das Manuskript seines denkwürdigen Vortrages für die Publikation zur Verfügung gestellt hat.

Besonderer Dank gebührt Herrn Dr. phil. P. Stehlin vom Verlag Hans Huber, Bern, der bei der Vorbereitung dieses Bandes wertvolle Hilfen gab. Wir wünschen dem Buch Annahme und Verbreitung, um beides, praktische Hilfe und wissenschaftliche Forschung anzuregen und voranzutreiben.

München, im März 1990

Joest Martinius
Reiner Frank

Die Mannheim-Studie zur Früherkennung von Ablehnung und Vernachlässigung

Die Untersuchung abgelehnter und/oder vernachlässigter Säuglinge aus der Kohorte von 362 Kindern der Mannheim-Studie

M. H. Schmidt

1. Abriß der Mannheim-Studie

Dieser und die vier folgenden Beiträge von Esser, G. & Weinel, H.; Stöhr, R.-M.; Laucht, M.; und Weindrich, D. & Löffler, W. basieren auf Daten, die zur Frage der Ablehnung und Vernachlässigung von Kindern in einer Kohortenstudie[1] der Mannheimer epidemiologischen Arbeitsgruppe an Säuglingen und Kleinstkindern gesammelt worden sind. Diese Kohortenstudie wurde im Jahre 1985 begonnen. Ihr Ziel ist die Untersuchung der Manifestation neuropsychiatrischer Störungen zwischen der Geburt und dem Ende des achten Lebensjahres bei einer Gruppe von Kindern mit unterschiedlich definierten biologischen und psychosozialen Risiken. Dabei geht es um die Art der manifestierten Störungen, ihren Manifestationszeitpunkt, die Manifestationsbedingungen im Sinne pathogener wie protektiver Merkmale und Mechanismen und den Beitrag biologischer gegenüber psychosozialen Risiken und deren Zusammenwirken. Im Rahmen des Projektes werden die Kinder im Alter von drei Monaten, zwei Jahren, viereinhalb Jahren und acht Jahren untersucht. An der Dreimonatsuntersuchung haben 362 Kinder teilgenommen, aus der Zweijahresuntersuchung fließen die Ergebnisse von 191 Kindern ein; diese zweite Untersuchungswelle ist inzwischen fast abgeschlossen. Um Einflüsse der Geschwisterposition und der unterschiedlichen Erziehungserfahrung von Eltern auszuschließen, wurden nur Erstgeborene in die Studie einbezogen, in deren Familien Deutsch als Muttersprache gesprochen wird und die keine ausgeprägten chromosomalen Störungen oder Fehlbildungssyndrome haben.

Bezüglich der zitierten Risikobelastungen unterscheiden wir jeweils zwischen Kindern ohne Risiko (0), mit leichtem (1) und mit ausgeprägtem Risiko (2), so daß unterschiedliche Kombinationen biologischer und psychosozialer Belastungen zustandekommen, und in den Extremen einer völlig risikofreien Gruppe eine Gruppe mit der Kombination ausgeprägter organischer und psychosozialer Risiken gegenübersteht. Abbildung 1 gibt die Besetzung der einzelnen Zellen an, in denen Jungen und Mädchen im Sinne einer Gleichverteilung enthalten sind.

[1] Gefördert als Projekt D1 (Bedingungen der Manifestation neuropsychiatrischer Störungen bei Kindern mit biologischen und psychosozialen Risiken) im SFB 258 «Indikatoren und Risikomodelle psychischer Störungen».

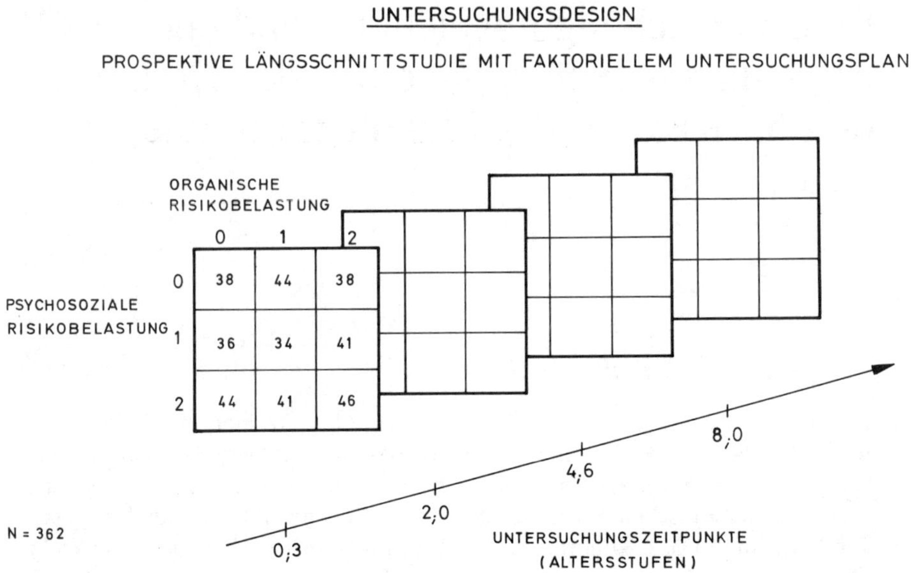

Abbildung 1: Besetzung der einzelnen Zellen

Tabelle 1 zeigt die Definitionen der Risiken im biologischen, also organischen Sinne. Die Häufigkeiten entsprechen dem Vorkommen in unserer Stichprobe, sie beziehen sich also nicht auf eine unausgelesene, sondern auf eine mit Risikokindern angereicherte Population. Bei der Merkmalsauswahl war auf objektivierbare, für alle Neugeborenen zu erhebende und nicht mit den psychosozialen Risiken kontaminierte Merkmale geachtet worden, die außerdem entscheidende Differenzen bezüglich des Schweregradunterschiedes bei den einzelnen Risikogruppen sicherstellen sollten.

Tabelle 2 beschreibt die Liste der erhobenen psychosozialen Risiken jeweils wieder mit den in der Gesamtstichprobe gefundenen Häufigkeiten. Die Liste folgt der Idee des Family Adversity Index (Rutter und Quinton 1977), der psychosoziale Belastungen als austauschbar und superadditiv kombiniert ansieht und von Voll et al. (1982) für deutsche Verhältnisse bestätigt wurde. Die Merkmale wurden an die spezifische Situation junger Familien adaptiert und um für die Pathogenese psychischer Störungen in jüngerer Zeit wichtig gewordene Konzepte wie soziale Integration oder soziale Unterstützung oder Bewältigungsverhalten erweitert. Fehlendes psychsoziales Risiko bedeutete, daß keines der genannten elf Merkmale zutraf, ein bis zwei zutreffende Merkmale entsprachen einem leichten Risiko, drei oder mehr einem ausgeprägten psychosozialen Risiko.

Abbildung 2 verdeutlicht neben den besprochenen unabhängigen Variablen die vier Zielvariablen, im einzelnen repräsentiert durch den neurologischen Status sowie

Tabelle 1: Kriterien für die Bestimmung des organischen Risikos

		N	%
– Kein Risiko:		118	
Geburtsgewicht:	2500–4200 g		
Geburtstermin:	38. –42. ssw		
keine Asphyxiezeichen			
keine operative Entbindung			
– Leichtes Risiko:		119	
EPH-Gestose der Mutter		53	14,6
Frühgeburt / drohende Frühgeburt		194	53,6
– Schweres Risiko		125	
Geburtsgewicht ≤ 1500 g		46	12,7
deutliche Asphyxiezeichen:			
pH ≤ 7,10		8	2,2
Lactat ≥ 8,00		9	2,5
CTG ≥ 4 (Fischer)		16	4,4
Neonatologische Komplikationen:			
cerebrale Krampfanfälle		20	5,5
Respiratortherapie		63	17,4
Neonatale Sepsis		19	5,2

Tabelle 2: Kriterien zur Einschätzung des psychosozialen Risikos

		N	%
1)	mangelnde Bildung der Eltern	74	20,4
2)	beengte Wohnverhältnisse	34	9,4
3)	psychische Störungen der Eltern	76	21,0
4)	anamnestische Belastungen der Eltern	74	20,4
5)	gestörte Partnerbeziehung	43	11,9
6)	emotionale Unreife	93	25,7
7)	unvollständige Familie	38	10,5
8)	ungewollte Schwangerschaft	57	15,7
9)	mangelnde soz. Integration u. Unterstützung	14	3,9
10)	chronische Belastungen	104	28,7
11)	magelnde Bewältigungsfähigkeiten	146	40,3

Variablen des Elektroencephalogramms und akustisch evozierter Potentiale, Bayleys psychomotorischen Entwicklungsindex sowie Bayleys mentalen Entwicklungsindex und eine Liste von 17 Verhaltensmerkmalen, von denen 14 im wesentlichen Temperamentsvariablen entsprechen, während Eß-, Schlaf- und Verdauungsstörungen des Säuglings zusätzliche Verhaltensauffälligkeiten bezeichnen. Zu jedem Untersuchungszeitpunkt wurden bzw. werden außerdem die dingliche Umwelt des Kindes und seine personale Umwelt untersucht, beides Parameter, die von den Ursprungsrisiken nicht unbeeinflußt sind und die deswegen als intervenierende Variablen zu gelten haben. Außerdem wird zur Erfassung der gegenseitigen Beein-

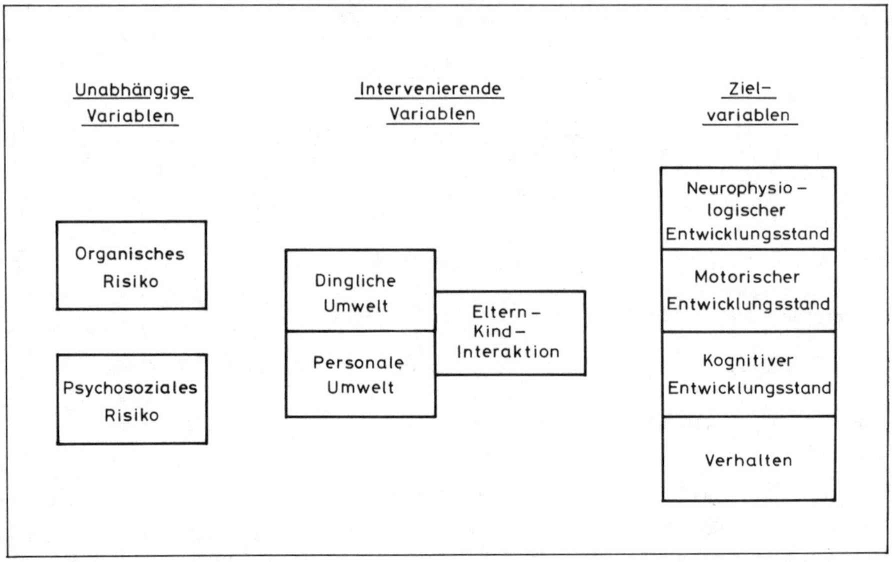

Abbildung 2: Die Variablen

flussung elterlichen und kindlichen Verhaltens die Eltern-Kind-Interaktion experimentell beurteilt (zum dazu benutzten Vorgehen vgl. Esser & Weinel in diesem Band). Dieser Parameter leistet neben den definierten Risikobelastungen einen erheblichen Beitrag zur Erklärung der Manifestation neurologischer und psychiatrischer Störungen in frühester Lebenszeit. Erste Ergebnisse dazu befinden sich in Esser et al. 1989. Sie demonstrieren u. a., daß organische Risiken zum Zeitpunkt der Geburt sich im Alter von drei Monaten sowohl auf den neurologischen Status wie auch auf die motorische und kognitive Entwicklung und das Verhalten von Säuglingen auswirken, während die psychosozialen Einflüsse bereits mit dem kognitiven Entwicklungsstand und mit Verhaltensauffälligkeiten korrelieren, und daß die Mutter-Kind-Interaktion die Bedeutung der psychosozialen Risiken diesbezüglich sogar übersteigt.

2. Operationalisierung von Ablehnung und Vernachlässigung

Ausgangspunkt der Spezialuntersuchung über Ablehnung und Vernachlässigung war, daß Mißhandlung von jungen Kindern in der Regel anläßlich von Verletzungen oder entdeckten körperlichen Mißhandlungen aus Inanspruchnahmepopulationen untersucht wird und daß die Vorläufer solcher Handlungen und die entsprechenden Elternmerkmale in der Regel retrospektiv ermittelt werden. Unsere Stichprobe bot Gelegenheit, entsprechenden Fragen von Geburt an nachzugehen. Die bisherige

Forschung zum Thema zeigt, daß der Mißhandlungsbegriff nicht auf körperliche Mißhandlung beschränkt werden darf, sondern daß seelische Mißhandlungen im Sinne von abwertenden Erziehungsmaßnahmen und Vernachlässigung von Kindern – also die Mißachtung ihres Eigenwerts und ihrer persönlichen Bedürfnisse – zum Spektrum von Mißhandlung gehören, teilweise als Vorläufer körperlicher Gewalt. Wir entschieden uns deshalb für einen weiteren Mißhandlungsbegriff, mit dem keineswegs nur körperliche Mißhandlungen, sondern auch Formen psychischer Mißhandlungen, die in Verbindung mit körperlicher Mißhandlung, aber auch isoliert vorkommen, gleichgesetzt werden können (Remschmidt 1985).

Bei der Frage, wie sich Mißhandlungsformen im frühen Alter manifestieren, benutzten wir die Konstrukte der Ablehnung und Vernachlässigung von Kindern, weil gezieltere erzieherische Fehleinwirkungen auf dreimonatige Säuglinge noch nicht ausreichend beschrieben werden können. Da die Konstrukte nicht nur getrennt vorkommen, wird auch die Bedeutung der Kombination von Ablehnung und Vernachlässigung betrachtet. Wir gehen davon aus, daß Ablehnung ein subtileres, vorzugsweise auf subjektiven Einstellungen der Bezugspersonen beruhendes Verhalten ausdrückt und Vernachlässigung ein stärker verhaltensbezogenes Konstrukt ist, in dem sich Ablehnungsintentionen oder andere Motive direkt niederschlagen. Vernachlässigung steht demnach dem Konstrukt der Deprivation relativ nahe.

Uns interessierten weiter die Ausprägungsgrade solcher Haltungen bzw. Verhaltensweisen gegenüber jungen Kindern, und zwar mit der Frage, ob es einen stufenlosen Übergang von leichteren zu schwereren Ablehnungs- und Vernachlässigungsformen gibt, oder ob man davon ausgehen darf, daß die leichteren Formen eher Varianten üblichen Erziehungsverhaltens darstellen und nicht als pathogen anzusehen sind. Deswegen erfolgte die Beurteilung bezüglich Ablehnung und Vernachlässigung auch nach deren Grad. Die Frage, ob die Einbeziehung auch leichter Formen von Ablehnung und Vernachlässigung in die Untersuchung gerechtfertigt ist, wird durch unsere Ergebnisse beantwortet: die Raten von Verhaltensbesonderheiten bei allen (leicht oder ausgeprägt) abgelehnten oder vernachlässigten Säuglingen lag mit 50% in unserer Stichprobe deutlich höher als bei den Säuglingen mit einem ausgeprägten psychosozialen Risiko, bei denen sie bereits 30% betrug. Das bedeutet, daß Ablehnung und Vernachlässigung auch in leichterer Form ein Risiko darstellen, das die Bedeutung chronischer psychosozialer Belastungen im allgemeinen deutlich übertrifft, und rechtfertigt unser Vorgehen.

Die persönliche und materielle Umwelt der untersuchten Kinder wurde durch einen vierstündigen Hausbesuch in den Familien beurteilt, bei dem u. a. ein ausführliches Elterninterview sowie Beobachtungen durchgeführt wurden. Aus Interview- und Beobachtungsdaten gruppierten wir post hoc Items zu den Konstrukten Ablehnung und Vernachlässigung. Kriterien zur Einschätzung mütterlicher Ablehnung waren:

– strenge Erziehungshaltungen,

– harte erzieherische Praktiken,

- wenig Körperkontakt und Zärtlichkeit,
- wenig erkennbare Freude im Umgang mit dem Kind,
- häufige Kritik am Kind,
- übermäßige Betonung der Belastung durch das Kind und der Opfer, die von der Mutter zu bringen sind,
- häufige Übertragung der Betreuung des Kindes an andere Personen ohne triftigen Grund.

Als Kriterien zur Einschätzung mütterlicher Vernachlässigung dienten die Merkmale:

- mangelnde oder inadäquate Anregung für das Kind,
- mangelnde Aufsicht über das Kind,
- mangelnde Pflege,
- Mißachtung der Gesundheit des Kindes.

Die verwendeten Konstrukte beruhten also auf Angaben der Eltern und Beobachtungen der Interviewer. Sie sind als solche nicht validiert, vielmehr stellen die Ergebnisse unserer Untersuchung, die in den vier nachfolgenden Beiträgen dargelegt werden, eine Konstruktvalidierung dar.

Bei allen untersuchten Kindern wurden die Ergebnisse von Interviews und Beobachtungen nach den Hausbesuchen im Team erörtert. Danach wurde ein Expertenurteil darüber gebildet, ob Ablehnung bzw. Vernachlässigung überhaupt vorlagen, wo nicht, wurden die entsprechenden Kinder der späteren Kontrollgruppe zugeordnet (siehe unten). Bei etwa 15,4% aller Kinder wurde Ablehnung oder Vernachlässigung bejaht. Für sie wurde weiter nach dem Schweregrad gefragt. Ausgeprägte Ablehnung und/oder Vernachlässigung fand sich in etwa 5,5% der Säuglinge, entsprechend bei 9,9% leichtere Formen von Ablehnung oder Vernachlässigung. Unsere Raten müssen wegen der Anreicherung der Stichprobe mit Risikofamilien höher als in unausgelesenen Populationen liegen. Insofern stimmen sie mit der Literatur überein, als z. B. in den Untersuchungen von Engfer (1986) von einem Anteil von 5–10% mißhandelter Kinder in solchen unausgelesenen Stichproben bei einem weiteren Mißhandlungsbegriff ausgegangen wird und von einer Rate ausgeprägter Mißhandlung für 1–1,5% aller Kinder unter 15 Jahren. Bekanntermaßen betrifft das jüngere Kinder wesentlich häufiger. Für sie wurde durch Gelles (1980) bei 3,5% Gewaltanwendung in schädlichem Ausmaß ermittelt. Das Verfahren führte zur Zuordnung aller Säuglinge in vier Gruppen nämlich

- 325 weder abgelehnte noch vernachlässigte Säuglinge (Kontrollgruppe der folgenden Beiträge),

- 25 (nur) abgelehnte Säuglinge,
- 11 (nur) vernachlässigte Säuglinge und
- 23 abgelehnte und vernachlässigte Säuglinge.

Das sind die Gruppierungen, auf die sich die Angaben der vier nachfolgenden Beiträge beziehen.

Literatur

Engfer, A. (1986) Kindesmißhandlung. Enke, Stuttgart.

Esser, G. Laucht, M., Schmidt, M. H., Löffler, W., Reiser, A., Stöhr, R.-M., Weindrich, D., Weinel, H. (1989) Behavior problems and developmental status of three-month-old infants in relation to organic and psychosocial risks. European Archives, in press

Gelles, R. J. (1980) Violence in the family: Review of Research in the Seventies. J. Marriage and Family, 40, 873–885.

Remschmidt, H. (1985) Kindesmißhandlung und -vernachlässigung. In: Remschmidt, H. (Hrsg.) Kinder- und Jugendpsychiatrie in Klinik und Praxis, Bd. III, 366–373.

Rutter, M. & Quinton, D. (1977) Psychiatric Disorder – ecological factors and concepts of causation. In: M. Mc Gurk (Hrsg.) Ecological Factors in Human Development. North Holland, Amsterdam

Voll, R., Allehoff, W. H., Esser, G., Poustka, F. & Schmidt, M. H. (1982) Widrige familiäre und soziale Bedingungen und psychiatrische Auffälligkeit bei Achtjährigen. Z. Kinder- Jugendpsychiatrie, 10, 100–109.

Vernachlässigende und ablehnende Mütter in Interaktion mit ihren Kindern

Günter Esser und Hiltrud Weinel

1. Einleitung

Die frühe Mutter-Kind-Interaktion wird in allen entwicklungstheoretischen Ansätzen als entscheidend für die spätere seelische Gesundheit des Kindes angesehen. Besondere Schwerpunkte haben die Deprivationsforscher Spitz und Goldfarb, die Psychoanalytikerin Margret Mahler und die modernen Interaktionsforscher Bateson, Minuchin, Olson, Bowlby und Ainsworth gesetzt. Der Interaktionsansatz trägt der Tatsache Rechnung, daß nicht nur die Mutter sondern auch das Kind entscheidend die Beziehung der frühen Dyade bestimmt. In der Interaktion können besonders die Merkmale beobachtet werden, die auf den jeweils anderen Interaktionspartner einwirken.

Mit Hilfe der Videotechnik wurden auch mikroanalytische Beschreibungen der Mutter-Kind-Interaktion möglich (Field u. Fogel 1982, Keller u. Mitarb. 1980, Fogel u. Mitarb. 1982). Im Rahmen der Mannheimstudie wurde ein solches Beurteilungsverfahren entwickelt und auf seine Brauchbarkeit hin überprüft.

2. Fragestellung

In bezug auf das Thema Vernachlässigung und Ablehnung stellt sich folgende allgemeine Frage: Zeigen sich Vernachlässigung und Ablehnung, die aufgrund berichteter Einstellungen und Handlungen der Mütter und dem Pflegezustand des Kindes beurteilt werden (vgl. Beitrag v. Schmidt in diesem Band), in der mikroanalytischen Beobachtung der Mutter-Kind-Interaktion? Welche spezifischen Veränderungen der Interaktion sind zu beobachten?

3. Ergebnisse der Literatur

Es liegen nur wenige Untersuchungen vor, die Vernachlässigung und Ablehnung in Beziehung setzen zu einer differenzierten Beurteilung einer videographisch erfaßten

Mutter-Kind-Interaktion (Schakel 1987, vgl. auch Übersicht von Engfer 1986). So verwenden auch Egeland und Brunnquell (1979) nur eine globale Einschätzung des Mutter- und Kindverhaltens in der Interaktion, können damit aber immerhin bereits besser zwischen mißhandelten und Kontrollkindern unterscheiden als mit allen übrigen erhobenen Variablen von Mutter und Kind. Hinweise ergeben sich allerdings auch aus dem Verhalten von besonderen Risikogruppen für Vernachlässigung und Ablehnung, nämlich jungen Müttern aus schwierigen sozialen Verhältnissen (Field u. Pawlby 1980, Field 1980). Insgesamt verhalten sich vernachlässigende Mütter und Mütter dieser Risikogruppe passiver, distanzierter und stereotyper in der Interaktion, d. h. sie vokalisieren, lächeln und imitieren weniger. Sie sind zudem weniger reaktiv und variabel in ihrem Verhalten, es kommt weniger zu einem gemeinsamen Handeln von Mutter und Kind (Crittenden 1982, Dietrich et al. 1980).

4. Methodik

Projektbeschreibung, Stichproben und Definitionen von Vernachlässigung und Ablehnung sind dem Beitrag von Schmidt in diesem Band zu entnehmen. Die Aufzeichnung der MKI erfolgte im Videolabor der Klinik. Die Mütter erhielten die Instruktion, daß ihr Kind beim Wickeln und Spielen beobachtet werden sollte und sie dies deshalb genauso tun sollten wie zu Hause und daß ihnen dafür insgesamt zehn Minuten Zeit zur Verfügung stünden. Die Interaktion wurde aufgezeichnet von zwei Kameras mit dem split-screen Verfahren.

Die Beurteilung der Mutter-Kind-Interaktion wurde völlig unabhängig von der Einschätzung von Vernachlässigung und Ablehnung vorgenommen. Die Auswerter der MKI kannten weder die Familien noch deren psychosozialen Hintergrund.

Die Auswertung der MKI erfolgte mit Hilfe der Mannheimer Beurteilungsskala zur Erfassung der Mutter-Kind-Interaktion im Säuglingsalter (MBS-MKI-S) von Esser u. Mitarb. (1989). Hierbei handelt es sich um 13 fünfstufige Skalen (8 Mutterskalen, 5 Kindskalen), anhand deren die Mutter-Kind-Interaktion jede Minute eingeschätzt wurde. Es ergaben sich während der zehnminütigen Interaktion also insgesamt 130 Beurteilungen pro Mutter-Kind-Dyade. Die Skalen sind gleichsinnig unipolar, so daß durch einfache Summierung Globalscores gebildet werden können. Die Skalen erwiesen sich als interraterreliabel und valide (Esser u. Mitarb. 1989), ihre Inhalte sind den Tabellen 1 und 2 zu entnehmen.

Tabelle 1: MBS-MKI-S: Skalen zur Beurteilung der Mutter

1. **Emotion** (Gesichtsausdruck)
2. **Zärtlichkeit** (Körperkontakt, Berührung, Körperposition)
3. **Lautäußerungen** (Satzbau, Lautstärke, Tonhöhe, Tempo)
4. **Fehlen verbaler Restriktionen**
   (Fehlen von negativen Äußerungen in Inhalt oder Ton)
5. **Kongruenz / Echtheit**
6. **Variabilität / Abwechslungsreichtum des Verhaltens**
   (zur Lenkung der Aufmerksamkeit/Aktivität des Kindes)
7. **Reaktivität / Sensitivität** (Kontingentes Verhalten)
8. **Stimulation** (Ausmaß, Intensität und Häufigkeit)

Tabelle 2: MBS-MKI-S: Skalen zur Beurteilung des Kindes

1. **Emotion** (Gesichtsausdruck)
2. **Lautäußerungen**
3. **Blickrichtung** (Aufmerksamkeit der Mutter)
4. **Reaktivität**
5. **Interaktionsbereitschaft**

5. Ergebnisse

1. Inwieweit ist die Güte des Mutter-Verhaltens insgesamt in Abhängigkeit von Vernachlässigung und Ablehnung gemindert?

Zur Beantwortung dieser Frage wurde eine zweifaktorielle Varianzanalyse durchgeführt. Unabhängige Variablen waren Ablehnung und Vernachlässigung, als abhängige Variable diente das über alle Skalen und Zeitpunkte summierte Mutterverhalten. Die Ergebnisse zeigt Abbildung 1. Die beiden hochsignifikanten Haupteffekte zeigen an, daß sowohl der Faktor Ablehnung ($p < .003$) als auch der Faktor Vernachlässigung ($p < .007$) die Güte des Mutterverhaltens in der Mutter-Kind-Interaktion negativ beeinflussen. Eine statistische Wechselwirkung war nicht zu beobachten.

2. In welchen spezifischen Bereichen mütterlichen Verhaltens ergeben sich Effekte von Vernachlässigung und Ablehnung?

Zur Beantwortung dieser Frage wurden acht zweifaktorielle Varianzanalysen durchgeführt mit den unabhängigen Variablen Vernachlässigung und Ablehnung. Als abhängige Variablen dienten die über alle Zeitpunkte aufsummierten acht Einzelskalen mütterlichen Verhaltens. Die Ergebnisse sind Tabelle 3 zu entnehmen.

Haupteffekte für Vernachlässigung und Ablehnung gleichermaßen ergeben sich für die Skalen Reaktivität ($p < .003/.002$) und Stimulation ($p < .019/.013$), desglei-

Tabelle 3: Auswirkungen von Vernachlässigung und Ablehnung
Einzelne Bereiche mütterlichen Verhaltens

	HE: Vernachlässigung P <	HE: Ablehnung P <	WW <
Emotion		.001	
Zärtlichkeit		.043	
Lautäußerung	.00	.041	
Fehlen verbaler Restriktionen		.029	
Echtheit	.027		
Variabilität	.002		
Reaktivität	.003	.002	
Stimulation	.019	.013	.026

HE = Haupteffekt
WW = Wechselwirkung

chen für die Skala Lautäußerung, ($p < .000/.041$), wobei hier jedoch die Effekte des Faktors Vernachlässigung deutlich größer sind, was sich nicht nur an der sehr viel höheren Signifikanz, sondern auch absolut numerisch zeigen läßt. Verminderte sprachliche Äußerungen in der Interaktion sind also ein Kennzeichen vernachlässigender Mütter. Darüber hinaus zeigen diese Mütter eine geringere Variabilität in ihrem Verhalten ($p < .002$) und lenken damit die Aufmerksamkeit der Kinder weniger, außerdem wirkt das Verhalten vernachlässigender Mütter weniger kongruent ($p < .027$). Kennzeichen ablehnender Mütter sind vor allem ein weniger freundlicher Umgang mit dem Kind ($p < .001$), weniger Zärtlichkeit ($p < .043$) und mehr negative Äußerungen über das Kind ($p < .029$).

3. Wie dokumentieren sich die Veränderungen mütterlichen Verhaltens im Zeitablauf der MKI?

Zur Beantwortung dieser Frage wurden die Einflüsse von Vernachlässigung und Ablehnung (als unabhängige Variablen) mit Hilfe von 10 zweifaktoriellen Varianzanalysen geprüft. Als abhängige Variablen dienten die pro Meßzeitpunkt aufsummierten Mutterskalen.

Tabelle 4 zeigt die überraschend klaren Ergebnisse. Sie belegen, daß sich der Faktor Vernachlässigung vor allem in der ersten Hälfte der Interaktion und der Faktor Ablehnung vor allem in der zweiten Hälfte der Interaktion negativ auf das mütterliche Verhalten auswirken. Hierzu können zwei Erklärungen angeführt werden. Im ersten Teil des Interaktionsgeschehens steht vor allem die Pflegesituation (Wickeln) im Vordergrund, bei der sich Vernachlässigung offenbar besonders deutlich dokumentiert, während im zweiten Teil der Interaktion, im freien Spiel, besonders die Folgen einer ablehnenden Haltung beobachtet werden können. Als zweite Erklärung kann angeführt werden, daß sich Ablehnung dem Kind gegenüber nicht über die gesamte Länge der Interaktion verbergen läßt.

Die gleichen Fragen, die an das Mutterverhalten gestellt wurden, sollten auch in bezug auf das Kindverhalten beantwortet werden.

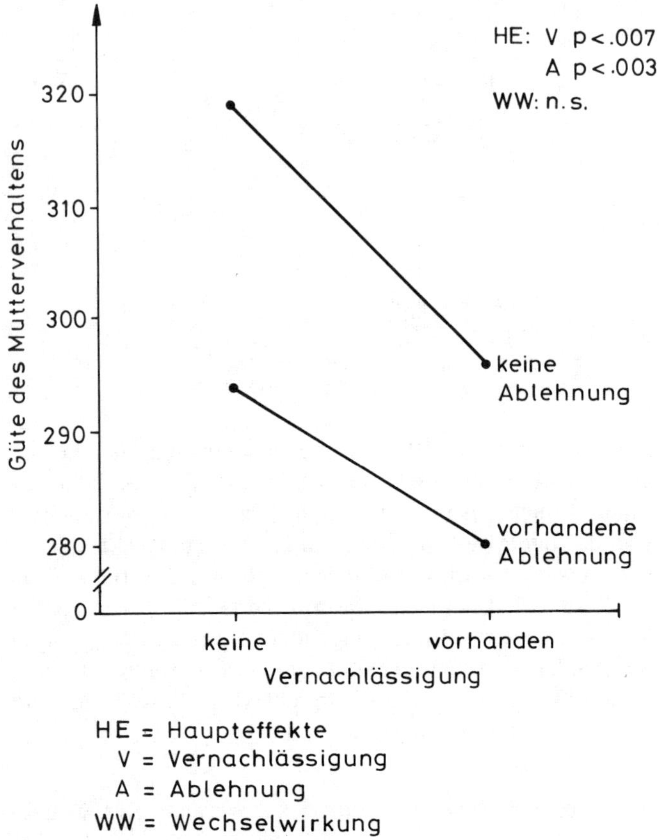

Abbildung 1: Auswirkungen von Vernachlässigung und Ablehnung: *Gesamtverhalten der Mutter*

4. Ist die Güte des Kindverhaltens insgesamt in Abhängigkeit von Vernachlässigung und Ablehnung gemindert?

Zur Beantwortung dieser Frage wurde eine zweifaktorielle Varianzanalyse durchgeführt. Unabhängige Variablen waren erneut Vernachlässigung und Ablehnung, als abhängige Variable diente das über alle Skalen und Zeitpunkte summierte Kindverhalten.

Abbildung 2 zeigt, daß sich keine signifikanten Haupteffekte für die Faktoren Ablehnung und Vernachlässigung ergaben. Auch die scheinbare Wechselwirkung wurde nicht signifikant ($p < .09$).

Tabelle 4: Auswirkungen von Vernachlässigung und Ablehnung: Verlauf mütterlichen Verhaltens

Zeitspanne	HE: Vernachlässigung P <	HE: Ablehnung P <	WW P <
1. Minute	.003		.048
2. Minute	.000	.021	
3. Minute	.001		
4. Minute	.000		
5. Minute	.035	.012	
6. Minute		.000	
7. Minute		.000	
8. Minute		.000	
9. Minute		.013	
10. Minute		.020	

HE = Haupteffekt
WW = Wechselwirkung

Tabelle 5: Auswirkungen von Vernachlässigung und Ablehnung: Einzelne Bereiche kindlichen Verhaltens

	HE: Vernachlässigung P <	HE: Ablehnung P <	WW P <
Emotion			
Lautäußerung			
Blickrichtung			.0043
Reaktivität			
Interaktionsbereitschaft			

HE = Haupteffekt
WW = Wechselwirkung

5. Ergeben sich trotzdem signifikante Unterschiede in spezifischen Einzelbereichen kindlichen Verhaltens?

Diese Frage ist trotz fehlender Gesamteffekte sinnvoll, denn signifikante Ergebnisse in einzelnen Skalen könnten durch die Summenbildung mit anderen Skalen verwischt worden sein. Zur Beantwortung dieser Frage wurden fünf zweifaktorielle Varianzanalysen mit den gleichen uanbhängigen Variablen durchgeführt, abhängige Variablen waren die über alle Zeitpunkte aufsummierten fünf Kindskalen.

Tabelle 5 zeigt, daß in keiner der Kindskalen ein signifikanter Haupteffekt beobachtet wurde. Es ergab sich lediglich eine Wechselwirkung dergestalt, daß Säuglinge, die sowohl vernachlässigt als auch abgelehnt werden, ihre Mütter weniger anschauen und somit weniger auf die Mutter gerichtete Aufmerksamkeit zeigen.

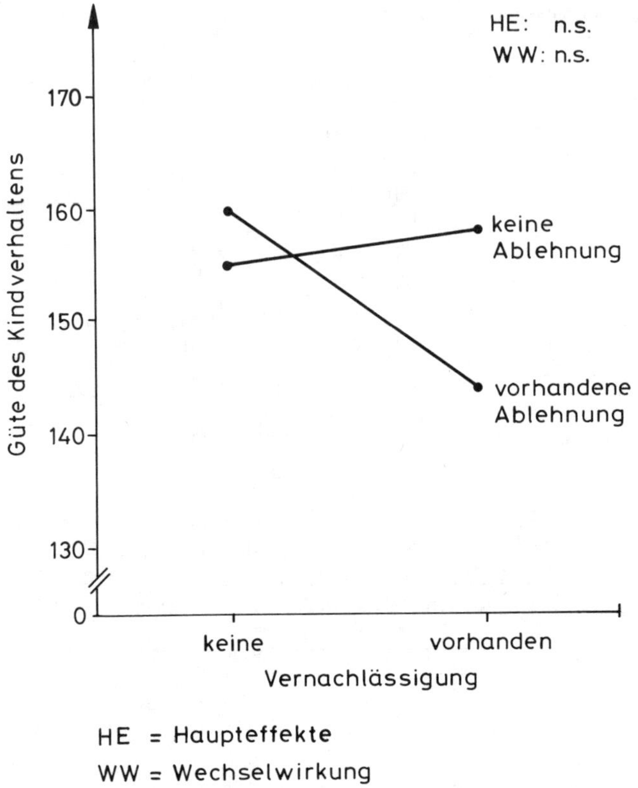

Abbildung 2: Auswirkungen von Vernachlässigung und Ablehnung: *Gesamtverhalten des Kindes*

6. Ergeben sich trotzdem Unterschiede des Kindverhaltens im Zeitablauf?

Diese Frage wurde beantwortet mit Hilfe von zehn zweifaktoriellen Varianzanalysen, in die bei gleichen unabhängigen Variablen und als abhängige Variablen die pro Meßzeitpunkt aufsummierten Kindskalen eingingen. Signifikante Haupteffekte des Faktors Vernachlässigung waren vor allem in den ersten Minuten feststellbar (vgl. Tab. 6).

Verglichen mit den Effekten des Mutterverhaltens müssen diese als eher schwach bezeichnet werden. Signifikante Haupteffekte des Faktors Ablehnung ergaben sich nicht.

Die Effekte auf das Verhalten des Kindes in der Interaktion sind somit deutlich schwächer, das Kindverhalten ist nicht in dem Maße verändert wie das Mutterverhalten. Dies trifft insbesondere für abgelehnte Kinder zu.

Tabelle 6: Auswirkungen von Vernachlässigung und Ablehnung: Verlauf kindlichen Verhaltens

Zeitspanne	HE: Vernachlässigung P <	HE: Ablehnung P <	WW P <
1. Minute	.040		
2. Minute	.013		
3. Minute			
4. Minute	.017		.035
5. Minute			
6. Minute			
7. Minute			
8. Minute			
9. Minute			
10. Minute			

HE = Haupteffekt
WW = Wechselwirkung

An dieser Stelle könnte der methodische Einwand vorgebracht werden, die Kindskalen seien nicht so sensibel wie die Mutterskalen, um Vernachlässigung und Ablehnung zu erfassen. Dies ist nicht der Fall, sie weisen im Gegenteil eine höhere Interraterreliabilität und eine höhere Varianz auf als die Mutterskalen (Esser u. Mitarb. 1989).

7. Welchen Einfluß hat der Schweregrad von Vernachlässigung und Ablehnung auf die Mutter-Kind-Interaktion?

Alle bisher behandelten Fragestellungen wurden hierzu mit Hilfe einfaktorieller Varianzanalysen erneut auf Effekte des Schweregrades (zur Definition vgl. Beitrag von Schmidt) hin untersucht. Dieser hatte auf die Ergebnisse der MKI keinen Einfluß, die leichteren Formen von Ablehnung und Vernachlässigung zeigten die exakt gleichen Effekte wie die schwereren Formen. Es ergab sich auch keinen Trend dahingehend, daß die schwereren Formen zu einer gestörteren Mutter-Kind-Interaktion führen.

6. Schlußfolgerungen

Das veränderte Mutterverhalten bei Vernachlässigung und Ablehnung ist nicht Folge eines weniger zugewandten, schwierigeren Verhaltens des Kindes. Trotz deutlich veränderten Mutterverhaltens verhalten sich die Kinder weitgehend normal. Als Erklärung für diesen Befund könnte einerseits angeführt werden, daß Kinder vor allem die ablehnende Haltung ihrer Mütter nicht oder noch nicht bemerken. Zum zweiten könnte der Befund situationsspezifisch erklärt werden. In der videoaufgezeichneten Interaktion wird eher das Optimum mütterlichen Verhaltens erfaßt, d. h. die Mütter verhalten sich vor der Kamera eher besser als im Alltag. Möglicherweise reicht dieses im Vergleich zum Alltag relativ bessere Verhalten der vernachlässigenden und ablehnenden Mütter bereits aus, das Verhalten ihrer Kinder zu «normalisieren». Nach dieser Argumentation erleben die Kinder in der MKI ihre «beste Mutter».

Auf der anderen Seite lassen sich in der Mutter-Kind-Interaktion spezifische Muster von mütterlicher Ablehnung und Vernachlässigung aufzeigen. Die beiden Formen psychischer Mißhandlung sind somit voneinander unterscheidbar. Dies ist als Beleg für die Güte des Beurteilungsverfahrens anzusehen. Auf der anderen Seite zeigen die Ergebnisse, daß auch leichtere Formen von Vernachlässigung und Ablehnung Berücksichtigung verdienen, weil sie bereits zu einer bedeutenden Veränderung der Mutter-Kind-Interaktion führen.

Literatur

Crittenden, P.M. (1982) Abusing, neglecting, problematic, and adequate dyads: differentiating by patterns of interaction. Merril-Palmer Quarterly of Behavior 28, 201–208.

Dietrich, K.N., Starr, R.H. & Kaplan, M.G. (1980) Maternal stimulation and care of abused infants. In: T.M. Field, S. Goldberg, D. Stern & a. M. Sostek (ed.): High risk infants. Adult and peer interactions. Academic Press, New York, S. 25–41.

Egeland, B. & Brunnquell, D. (1979) An at-risk approach to the study of child abuse. J. American Academy Child Psychiatry, 18, 219–235.

Engfer, A. (1986) Kindesmißhandlung. Enke, Stuttgart.

Esser, G., Scheven,A., Petrova, A., Laucht, M. & Schmidt, M.H. (1989) Mannheimer Beurteilungsskala zur Erfassung der Mutter-Kind-Interaktion im Säuglingsalter (MBS-MKI-S). Z. Kinder- Jugendpsychiat. in Druck.

Field, T.M. (1980). Interactions of preterm and term infants with their lower- and middle-class teenage and adult mothers. In T.M. Field, S. Goldberg, D. Stern & A.M. Sostek (eds.), *High risk infants and children: Adult and peer interactions*. (pp. 113–132). New York: Academic Press.

Field, T.M. & Fogel, A. (eds.) (1982), Emotion and early interaction. Hillsdale, New Jersey: LEA.

Field, T.M. & Pawlby, S. (1980) Early face to face interactions of British and American working and middleclass mother-infant-dyads. Child development, 51, 250–253.

Fogel, A., Diamond, G.R., Langhorst, B. & Demos, V. (1982) Affective and cognitive aspects of the 2-months-old's participation in face to face interactions with the mother. In E.Z. Tronick (ed.), Social interchange in infancy. Affect, cognition and communication. (pp. 37–57) Baltimore: University Park Press.

Keller, H., Gauda, G. & Miranda, D. (1980) Beobachtung, Beschreibung und Interpretation von Eltern-Kind-Interaktionen im ersten Lebensjahr. Bericht Nr. 80–9, Institut für Psychologie, Technische Hochschule Darmstadt.

Schakel, J.A. (1987) Emotional neglect and stimulus deprivation. In: Brassard, M.R., Germain,R., Hart, S.N. (eds.): Psychological maltreatment of children and youth. Pergamon, New York, S. 100–107.

Mißhandelnde Eltern und ihre psychosoziale Situation

Rosa-Maria Stöhr

1. Einleitung

Bei der Suche nach den Ursachen für Kindesvernachlässigung und Kindesmißhandlung wurden schon sehr früh Merkmale der sozialen Lebensumstände einer Familie als Risikofaktoren diskutiert. So galten Familien aus sozialen Randgruppen aufgrund der häufig in diesem Milieu anzutreffenden sozialen und individuellen Notlagesituation als besonders gefährdet für inadäquate Erziehungsmaßnahmen (Garbarino & Crouter 1978). Klassische Beschreibungsmerkmale solcher unterprivilegierten Familien, die in der Literatur angeführt werden, sind unzureichende Wohnverhältnisse, Arbeitslosigkeit, niedriges Intelligenz- und Bildungsniveau, ungeregeltes Einkommen, Zerrüttung familiärer Bindungen, soziale Isolation und vermehrte psychische Probleme (vgl. Gains et al. 1978, Zenz 1981). Es war naheliegend anzunehmen, auf solch ungünstigem Nährboden wachse die Neigung zu Kindesvernachlässigung bis hin zu schwerster Mißhandlung geradezu zwangsläufig (Mende & Kirsch 1968, Steinhausen 1975).

Obgleich der Stellenwert sozioökonomischer und familiärer Einflußfaktoren zunehmend umstritten ist (Straus 1986), bleiben sie zweifellos wichtige Indikatoren zur Beschreibung des mißhandlungsbegünstigenden Milieus. Kritische Stimmen sehen die Validität der postulierten Zusammenhänge jedoch insbesondere dadurch eingeschränkt, daß die Ergebnisse der meisten Untersuchungen auf retrospektiven Daten beruhen (Engfer 1986).

Der prospektive Ansatz der Mannheimer Längsschnittstudie ist geeignet, diesen Vorbehalt weitgehend zu entkräften. Die kontrovers diskutierte Frage über die Rolle psychosozialer Faktoren bei der Auslösung mütterlicher Mißhandlungen wird deshalb aus diesem Blickwinkel erneut gestellt. Dabei steht hier weniger der tatsächliche Akt der Mißhandlung im Vordergrund als vielmehr dessen Vorphänomen: die Vernachlässigung und Ablehnung des Kindes durch die Mutter.

2. Erfassung der psychosozialen Risikobelastung

Die individuelle psychosoziale Riskobelastung wurde durch ein 4-stündiges standardisiertes Interview mit den Eltern in der häuslichen Umgebung eingeschätzt. Der 11 Kriterien umfassende Risikokatalog trägt in seiner Konzeption der Situation «junge Familie nach der Geburt des ersten Kindes» Rechnung (s. Tab. 1). Wies eine Familie keines der aufgeführten Merkmale auf, galt sie als unbelastet, bei Vorliegen von einem oder zwei der Risikomerkmale wurde sie als leicht, bei drei oder mehr als schwer psychosozial belastet eingeschätzt.

Tabelle 1: Kriterien zur Erfassung psychosozialer Risikobelastungen

Mangelnde schulische bzw. berufliche Bildung der Eltern
op.: a) Mutter und/oder Vater ohne abgeschlossene Berufsausbildung (bei Hauptschulabschluß) oder
b) Mutter und/oder Vater ohne Hauptschulabschluß

2 *Beengte Wohnverhältnisse*
op.: a) > 1 Person pro Raum (incl. Küche), oder < 50 qm, oder
b) < 3 Räume (incl. Küche)

3 *Psychische Störungen der Eltern*
op.: deutliche Beeinträchtigungen der seelischen Gesundheit von KM und/oder KV nach Einschätzung im Interview

4 *Anamnestische Belastungen der Eltern*
op.: a) «broken home» – > 2 Wechsel der familiären Betreuung bis zum 18. Lebensjahr
– Heimaufenthalt; oder
b) Kriminalität nach Angaben im Interview

5 *Gestörte Partnerbeziehung*
op.: Disharmonie, gestörte Kommunikation und/oder unzureichende emotionale Zuwendung in der Elternbeziehung nach Einschätzung im Interview

6 *Frühe Elternschaft*
op.: a) Alter von Mutter und/oder Vater < 18 Jahre bei Geburt des Kindes; oder
b) gemeinsame Haushaltsführung der Eltern < 6 Monate nach Konzeption

7 *Unvollständige Familie*
op.: alleinerziehende Mutter; Kind wächst ohne leiblichen bzw. soziologischen Vater auf

8 *Ungewollte Schwangerschaft*
op.: unerwünschte bzw. überraschende Schwangerschaft, bei der ein Abbruch mit sozialer Indikation ernsthaft in Erwägung gezogen wurde (nach Angaben im Interview)

9 *Mangelnde soziale Integration und Unterstützung der Eltern*
op.: unzureichende Integration (sozial isoliert) *und* unzureichende Unterstützung der Eltern nach Einschätzung im Interview

10 *Chronische Belastungen der Eltern*
op.: jede länger als ein Jahr andauernde starke chronische Belastung von Mutter oder Vater nach Einschätzung im Interview

11 *Mangelndes Coping*
op.: mangelnde Fähigkeiten zur Bewältigung von Stressbelastungen und/oder von altersspezifischen Entwicklungsaufgaben von Mutter und/oder Vater nach Einschätzung im Interview

Außerdem fragten wir die Eltern, wie sehr sie das Kind in der bis dahin gewohnten Lebenssituation beeinträchtigt und wie gut sie sich den durch die Geburt des Kindes bedingten Veränderungen anpassen konnten.

3. Ergebnisse

Zum Vergleich mit der Kontrollgruppe psychosozial unbelasteter Mütter wurden folgende Gruppen von Müttern herangezogen: (a) Mütter, die ihre Kinder ablehnen; (b) Mütter, die neben ihrer ablehnenden Haltung deutliche Zeichen von Vernachlässigung in der Pflege und Anregung des Kindes zeigten. Durch diese Differenzierung sollten auch nicht randständige Familien in ihrem, die Entwicklung des Kindes beeinträchtigenden Erziehungsverhalten erfaßt werden. (c) Zudem wurden die Mütter nach dem Ausmaß ihres kindschädigenden Verhaltens unterschieden, was zu einer Abstufung nach leichten und schweren Formen von Ablehnung bzw. Vernachlässigung führte.

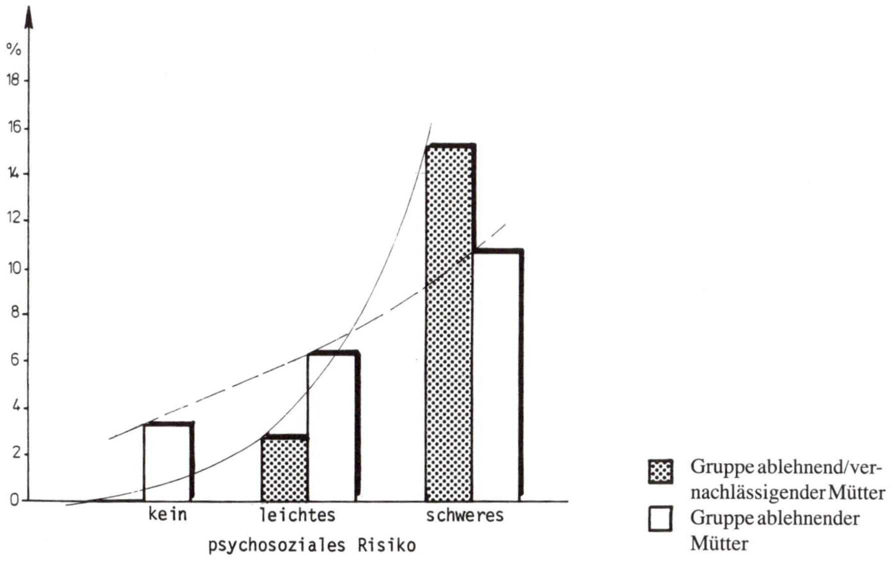

Abbildung 1: Verteilung ablehnend und ablehnend/vernachlässigender Mütter auf das psychosoziale Risiko

Abbildung 1 gibt Aufschluß über die Verteilung der Mütter mit ablehnendem sowie mit ablehnend/vernachlässigendem Verhalten auf die psychosozialen Risikogruppen. Es wird deutlich, daß der Anteil ablehnender Mütter mit dem Ausmaß der Risikobelastung sichtbar ansteigt, und zwar in annähernd linearer Form. Ablehnung bzw. eine gefühlsarme Beziehung zum Kind finden wir auch bei Müttern, deren individuelle und familiäre Situation weitgehend belastungsfrei ist (geringe Signifikanz).

Am eindrucksvollsten ist der Effekt des psychosozialen Risikos bei den Müttern, die ihre Säuglinge nicht nur ablehnen, sondern auch vernachlässigen. In Abhängigkeit vom Risiko steigen die Häufigkeiten exponentiell an, wobei in der Gruppe ohne psychosoziale Risikobelastung keine Mutter als auffällig im Sinne von Vernachlässigung *und* Ablehnung beurteilt wurde. Daraus folgt, daß Mißhandlungen durch psychosozial unbelastete Mütter am ehesten als Ablehnung in Erscheinung treten, wobei die betroffenen Kinder trotz geringer emotionaler Wärme noch angemessen versorgt und gepflegt werden.

Zieht man zum Vergleich die beiden Teilgruppen «leichte» und «schwere» Formen früher Mißhandlung heran, so ergibt sich eine ähnliche Verteilungscharakteristik (vgl. Abb. 2). Die Abbildung zeigt, daß leichte Formen von Mißhandlungen in

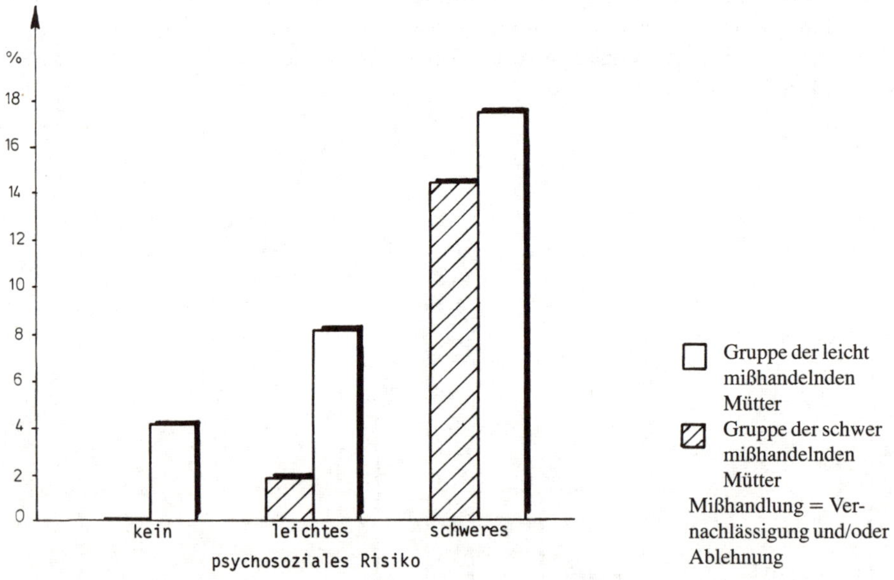

Abbildung 2: Verteilung leicht und schwer mißhandelnder Mütter auf das psychosoziale Risiko

allen Gruppen vorkommen, unabhängig davon, ob die Familien psychosozialen Belastungen ausgesetzt sind oder nicht. Mit wachsendem Risiko nehmen sie zu und erreichen einen Häufigkeitsgipfel in der Hochrisikogruppe. Dabei verdoppelt sich ihr Auftreten von Gruppe zu Gruppe. Schwere Frühformen der Mißhandlung finden sich hingegen nur in den beiden psychosozialen Risikogruppen. Auch hier ist ein exponentieller Anstieg erkennbar. Je höher also die psychosoziale Belastung einer Familie ist, desto größer ist die Mißhandlungsneigung der Mütter, bzw. desto geringer ihre Fähigkeit, angemessen auf die Bedürfnisse des Kindes zu reagieren.

	Ablehnung	Ablehnung Vernachlässigung
	Signifikanz	Signifikanz
Ungewollte Schwangerschaft	* * *	* * *
Unvollständige Familie	* * *	* * *
Schlechte Bewältigung	*	* * *
Emotionale Unreife		* * *
Mangelnde Bildung		* * *
Beengte Wohnverhältnisse		* * *
Chronische Belastung		* * *
Psychische Störungen		* *
Anamnestische Belastungen		* *
Mangelnde Integration		
Gestörte Partnerschaft		

* $p \leq .05$
* * $p \leq .01$
* * * $p \leq .001$

Abbildung 3: Signifikante psychosoziale Einzelrisiken bei Ablehnung und Ablehnung/Vernachlässigung

Geht man der Frage nach, welche der einzelnen Risikomerkmale am engsten mit Typ und Ausprägung früher Mißhandlung (Ablehnung/Vernachlässigung) verknüpft sind, zeigen sich deutliche Unterschiede zwischen den ablehnenden und den ablehnend/vernachlässigenden Müttern. So kommen bei den ablehnenden Müttern nur die Merkmale ungewollte Schwangerschaft, unvollständige Familie und schlechte Bewältigung signifikant häufiger vor als in der Kontrollgruppe.
Wesentlich eindrucksvoller sind die Ergebnisse bei den Müttern, die es neben einer liebevollen Zuneigung auch an der notwendigen Fürsorge fehlen lassen. Sie scheinen die typischen Zeichen randgruppenspezifischer Herkunft in sich zu vereinen. Abgesehen von den Merkmalen disharmonische Partnerbeziehung sowie mangelhafte soziale Integration und Unterstützung weisen sie alle anderen Risikobelastungen signifikant häufiger auf als die Kontrollgruppe.

Differenziert man weiter nach dem Ausmaß des frühen Mißhandlungsverhaltens (vgl. Abb. 4), so wird deutlich, daß Mütter, die ihre Kinder leicht mißhandeln, häufiger ungewollt schwanger wurden, Streßsituationen schlechter bewältigen und alleinerziehend sind. Daneben finden sich bei ihnen häufiger ein geringer Bildungsstand und eine frühe Elternschaft. Schwer mißhandelnde Mütter heben sich durch fast alle Risikomerkmale von unauffälligen Müttern ab. Lediglich ihre Partnerbeziehungen und ihre anamnestische Vergangenheit sind nicht von denen der Kontrollgruppe verschieden. Bei diesen hochbelasteten Müttern wirkt sich auch die mangelnde Einbindung in ein soziales Netzwerk ungünstig aus (Gil 1975).

	Leichte Mißhandlung	Schwere Mißhandlung
	Signifikanz	Signifikanz
Ungewollte Schwangerschaft	* * *	* * *
Unvollständige Familie	* * *	* * *
Schlechte Bewältigung	* * *	* * *
Emotionale Unreife	* *	* * *
Mangelnde Bildung	* *	* * *
Beengte Wohnverhältnisse	*	* * *
Psychische Störungen		* * *
Chronische Belastung	*	* * *
Mangelnde Integration		* *
Anamnestische Belastungen		
Gestörte Partnerschaft		

* $p \leq .05$
* * $p \leq .01$
* * * $p \leq .001$

Abbildung 4: Signifikante psychosoziale Einzelrisiken bei leichter und schwerer Mißhandlung

Vergleicht man das Risikodiagramm der Mütter, die ihre Kinder sowohl ablehnen als auch vernachlässigen, mit dem der Mütter mit eher schweren Formen der Mißhandlung, fällt auf, daß die Belastungsmerkmale in ihrer Konstellation und Auftretenshäufigkeit annähernd identisch sind. Man kann daraus den Schluß ziehen, daß bei beiden Gruppen von Müttern das erhöhte psychosoziale Risiko eine erhebliche Bedeutung für ihre Mißhandlungsneigung besitzt. Mit zunehmender Risikobelastung steigt dabei die Gefahr für das in diesem Milieu aufwachsende Kind, mißhandelt zu werden.

Offen bleibt nunmehr die Frage, welche Kombination der Risikomerkmale eine aussagekräftige Vorhersage auf die hier untersuchten Mißhandlungsformen erlaubt und wie hoch deren Erklärungswert ist. Mit Hilfe einer schrittweisen logistischen Regressionsanalyse wurden deshalb aus den ursprünglichen elf Risikokriterien jene ermittelt, die in erster Linie für nur ablehnendes bzw. vernachlässigend/ablehnendes Verhalten prädiktive Bedeutung haben. Für die Gruppe der vernachlässigenden/ablehnenden Mütter fand sich die in Tabelle 1 dargestellte Prädiktorkombination. Die Koeffizienten geben Auskunft über die Erhöhung des Vernachlässigungs/Ablehnungsrisikos bei Vorliegen des jeweiligen psychosozialen Belastungsmerkmals. Z.B. steigt bei Müttern, die ihre Säuglinge in alleiniger Verantwortung erziehen, die Wahrscheinlichkeit für Mißhandlungen um das fast achtzehnfache gegenüber den Müttern an, die in eine Partnerschaft eingebunden sind.

In der Gruppe der ablehnenden Mütter dagegen gibt es lediglich eine Variable, die

Tabelle 2: Optimale Prädiktorenkombination (odds ratios) zur Vorhersage von Ablehnung und Ablehnung/Vernachlässigung: Ergebnisse logistischer Regressionsanalysen

	Ablehnung Vernachlässigung	Ablehnung
unvollständige Familie	17,957	
schlechte Bewältigung	9,974	
mangelnde Bildung	8,398	
ungewollte Schwangerschaft		7,448
Anteil aufgeklärter Variation R_c (%)	44,15	9.95

als Prädiktor geeignet ist: die ungewollte Schwangerschaft, die per se Indifferenz und Unsicherheit der werdenden Mütter zum Ausdruck bringt. Alle übrigen psychosozialen Risikomerkmale haben im Alter von drei Monaten keine wesentliche Bedeutung für die Vorhersage von mütterlichem Ablehnungsverhalten. Möglicherweise werden sie erst in späteren Entwicklungsabschnitten relevant werden.

4. Diskussion

Die dargestellten Ergebnisse lassen den Schluß zu, daß ablehnendes und vernachlässigendes Mutterverhalten durchwegs eine mehrfach determinierte Genese besitzt. Geringe Belastungen führen seltener zu Mißhandlungen im Säuglingsalter. Meist sind es mehrere schwierige Lebenssituationen, die in ihrem Zusammenwirken die Entwicklung einer ungestörten Mutter-Kind-Beziehung behindern oder zumindest erschweren. Dabei scheinen nach den Erkenntnissen der vorliegenden Studie Merkmale wie mangelhafte schulische und berufliche Bildung, unvollständige Familie und schlechte Bewältigungsmechanismen für die Gruppe der vernachlässigend/ablehnenden Mütter und ungewollte Schwangerschaft für die Gruppe der ablehnenden Mütter kennzeichnend zu sein.

Das Risiko für kindschädigendes Verhalten steigt mit dem Ausmaß der psychosozialen Notlage eindeutig an. Je schwieriger die sozioökonomische und innerfamiliäre Lebenslage mit dem daraus resultierenden hohen Konfliktpotential, desto nachlässiger und indifferenter die Mutter-Kind-Beziehung und desto größer die Gefahr für die Entstehung eines «mißhandlungsträchtigen Milieus».

Viele Indizien auch dieser Untersuchung sprechen für eine enge Verknüpfung zwischen hoher psychosozialer Belastung und mißhandlungsbegünstigendem Verhalten. Doch ist der Schluß unzulässig, diese allein seien für erzieherische Mißstände verantwortlich. Oft genug kämpfen Eltern mit denselben existenziellen Problemen oder erleben ähnliche Belastungen, ohne daß ihre Beziehung zum Kind oder die erzieherische Verantwortung darunter leiden. Defizitäre soziale Lebensumstände müssen nicht notgedrungen im Teufelskreis kindlicher Deprivation und Mißhandlung enden. Zumindest sind sie allein nicht verantwortlich, wenn Eltern in abnormer Weise ihre Kinder vernachlässigen, ablehnen oder physisch und psychisch quälen. Es gilt deshalb, neben der Suche nach typisch randgruppenspezifischen und familiendynamischen Korrelaten auch Merkmale des Kindes und der Mutter-Kind-Beziehung auf ihren Erklärungswert hin zu überprüfen, um der Ursache von Kindesmißhandlung und ihren frühen Erscheinungsformen auf die Spur zu kommen.

Literatur:

Engfer, A. (1986) Kindesmißhandlung. Stuttgart, Enke.

Gains, R., Sandgrund, A., Green, A.H. et al. (1978) Etiological factors in child maltreatment: A multivariate study of abusing, neglecting and normal mothers. J. Abnorm. Psychol. 87, 531.

Garbarino, J. & Crouter, H (1978) Defining the community context for parent-child relations: The correlates of child maltreatment. Child Dev. 49, 604.

Gil, D. (1975) Violence Against Children, Harvard Univ. Press, in: Bast, H., Bernecker, H. u. a.: Gewalt gegen Kinder – Kindesmißhandlung und ihre Ursachen. Rowohlt, Reinbek 241–262.

Mende, U. & Kirsch, H. (1968) Beobachtungen zum Problem der Kindesmißhandlung. Forschungsbericht Deutsches Jugendinstitut München.

Steinhausen, H.Ch. (1975) Sozialmedizinische Aspekte der körperlichen Kindesmißhandlung. In Bast, H. & Bernecker, A: Gewalt gegen Kinder -Kindesmißhandlung und ihre Ursachen. Rowohlt, Reinbek 277–292.

Straus, M.A. (1980) Stress and physical child abuse. Child Abuse and Neglect 4, 75–88.

Trube-Becker, E. (1977) The Death of children Following Negligence – Social Aspects. Child Abuse and Neglect 1, 25–30.

Trube-Becker,E. (1982) Gewalt gegen das Kind. Heidelberg, Kriminalistik.

Zenz, G. (1981) Kindesmißhandlung und Kindesrechte, Suhrkamp, Frankfurt.

Individuelle Merkmale mißhandelter Kinder

Manfred Laucht

1. Einleitung

Das in der jüngsten Vergangenheit gewachsene Interesse am Thema Kindesmißhandlung hat nicht nur das öffentliche Bewußtsein gegenüber dem Phänomen der «Gewalt gegen Kinder» geschärft, es hat auch dazu beigetragen, daß sich die wissenschaftlichen Vorstellungen über die Ursachen dieser schwersten Störung der Eltern-Kind-Beziehung erheblich gewandelt haben (Engfer 1986). So gingen erste klinische Erklärungsansätze noch davon aus, daß die primären Ursachen bei den unmittelbaren Bezugspersonen (also zumeist den Eltern) zu suchen seien (Kempe et al. 1962, Steele & Pollock 1978). Gestützt auf die Analyse besonders schwerwiegender Einzelfälle zeichneten sie das Bild psychopathologisch extrem auffälliger Elternpersönlichkeiten, die sich in vielerlei Hinsicht von «normalen» Eltern unterscheiden. Auf der anderen Seite wurden aus soziologischer Sicht gesamtgesellschaftliche Bedingungen angeschuldigt, die das Vorkommen von Mißhandlungen in bestimmten Sozialschichten begünstigen und legitimieren können (Gil 1979, Goode 1975). Kindesmißhandlungen sind nach dieser Sichtweise lediglich eine Manifestationsform von Gewalt in zwischenmenschlichen Beziehungen. Sie spiegeln gesellschaftliche Werthaltungen und Einstellungen gegenüber Kindern im besonderen (Stichwort «Kinderfeindlichkeit») und gegenüber Gewaltanwendung im allgemeinen wider.

Beide Ansätze, der psychopathologische wie der soziologische, sind freilich wenig geeignet, die wahren Hindergründe von Kindesmißhandlungen aufzuklären. Angesichts solcher Bemühungen entsteht vielmehr der Eindruck, daß einzelne Personen oder die Gesellschaft als Ganze zum Sündenbock gemacht werden sollen. Wie genauere Untersuchungen nämlich recht bald zeigten, sind weder alle, ja nicht einmal die meisten mißhandelnden Eltern psychopathologisch auffällig, noch ist Mißhandlung ein Phänomen, das auf bestimmte Sozialschichten begrenzt ist (vgl. Smith 1975, Straus 1980).

Neuere Erklärungsansätze stellen deshalb *interaktionale Aspekte* in den Vordergrund (Belsky 1980, Parke & Lewis 1981). Sie begreifen Kindesmißhandlung als komplexes Zusammenspiel verschiedener Faktoren, die gemeinsam und in Wechselwirkung die Manifestation mißhandelnden Elternverhaltens begünstigen. Mißhandlungen erscheinen dabei nicht als mit Absicht und in vollem Bewußtsein der Folgen ausgeführte Handlungen, sondern als Ausdruck elterlicher Hilflosigkeit und Überforderung, mit den Bedürfnissen eines Kindes angemessen umzugehen. Neben Merkmalen der Eltern und der Familie spielen dabei auch *Merkmale des Kindes selbst* eine nicht unerhebliche Rolle. Gemeint sind Eigenschaften eines Kindes, die zu Störungen der Eltern-Kind-Beziehung beitragen und schließlich zur Mißhandlung führen können.

Die Vorstellung von *Risikofaktoren* auf seiten der Opfer elterlicher Mißhandlung wird durch eine Reihe von Befunden gestützt, die darauf hinweisen, daß sich die betroffenen Kinder in mancherlei Hinsicht von nicht-mißhandelten Kindern unterscheiden. Im folgenden soll zunächst ein kurzer Überblick über die wichtigsten in der Literatur berichteten Ergebnisse zum Thema «Merkmale mißhandelter Kinder» gegeben werden (vgl. dazu die ausgezeichnete Übersicht bei Engfer 1986), um dann die Ergebnisse der Mannheimer Risikokinderstudie (Esser et al. 1989, Laucht et al. 1989, Schmidt in diesem Band) darzustellen, die sich ausführlich mit Merkmalen solcher Kinder *im Säuglingsalter* befasst.

Erste Hinweise auf spezifische Eigenschaften mißhandelter Kinder beruhen auf der Auswertung einer größeren Zahl von Polizei- und Gerichtsakten. Danach sind folgende Kinder unter den Mißhandlungsopfern mehr oder weniger deutlich überrepräsentiert:

1) Säuglinge und Kleinkinder
   («gefährlichste Periode»: 3 Monate bis 3 Jahre)
2) Jungen (ab Pubertät: Mädchen)
   (ca. 54%)
3) zu früh geborene bzw. bei Geburt untergewichtige Kinder
   (3× so häufig)
4) Kinder mit Verhaltensproblemen
   (ca. 3O% nach Elternangaben)

Bei der Interpretation dieser Befunde ist zu berücksichtigen, daß es sich um vergleichsweise alte Daten handelt, die zudem in hohem Maße selegiert sind und retrospektiv, ohne Vergleichsgruppen, erfaßt wurden. Eine bessere Bewertungsgrundlage geben die Ergebnisse einer Reihe kontrollierter Studien, die in neuerer Zeit prospektiv und mit parallelisierten Vergleichsgruppen durchgeführt wurden (vgl. u. a. Egeland & Vaughn 1981, Sherrod et al. 1984). Sie verwässern allerdings das bis dahin entstandene Bild vom Mißhandlungsopfer: In einer wenig eindeutigen Befundlage fallen die Hinweise auf vermehrte perinatale Belastungen bei mißhandelten Kindern eher widersprüchlich aus. Nicht einmal in der Hälfte der Untersuchungen ergaben sich signifikante Zusammenhänge. Am ehesten scheint noch eine Beziehung mit häufiger Hospitalisierung im ersten Lebensjahr nachweisbar. Auch die Untersuchungen, bei denen Verhaltenskompetenzen des Neugeborenen oder «schwierige» Temperamentmerkmale des Säuglings als Prädiktoren für spätere Mißhandlungen verwendet wurden, führten zu keinem einheitlichen Ergebnis (Egeland & Brunnquell 1979, Vietze et al. 1982).

Die Gründe für die widersprüchlichen Befunde liegen im wesentlichen in methodischen Unzulänglichkeiten der Studien. So fehlt beispielsweise zumeist eine ausreichende Differenzierung der untersuchten Kindmerkmale. Vor allem aber scheint das Problem einer geeigneten Kontrollgruppe nicht hinreichend gelöst. Die Mannheimer Risikokinderstudie mit einer Stichprobe von annähernd 400 Kindern, die durch eine systematische Variation von organischen und psychosozialen Risiken zusammengestellt wurde und deren Entwicklung langfristig verfolgt wird, bietet eine geeignete methodische Grundlage, um nochmals der Frage nachzugehen: Gibt es frühe Risikomerkmale aufseiten des Kindes, die eine Prognose von Kindesmißhandlungen erlauben?

2. Ergebnisse

Im folgenden werden Ergebnisse vorgestellt, die sich auf die in der Mannheimer Risikokinderstudie untersuchten Vorformen mütterlicher Mißhandlungen im Säuglingsalter beziehen. Wie schon oben bei Schmidt ausgeführt, werden mehrere Gruppen mißhandelter Kinder abgegrenzt, die einer Kontrollgruppe nicht mißhandelter Kinder gegenüber gestellt werden. Die Gruppen unterscheiden sich (1) hinsichtlich des *Ausmaßes* der Mißhandlung (Kinder, die eher *leichte*, und Kinder, die eher *schwere* Formen von Mißhandlungen erfahren haben) und (2) hinsichtlich des *Manifestationstyps* von Mißhandlung (*vernachlässigte* Kinder, *abgelehnte* Kinder und solche, die sowohl vernachlässigt als auch abgelehnt wurden). Dabei wird der Frage nachgegangen, ob die Kinder der verschiedenen Mißhandlungsgruppen hinsichtlich (1) biologischer Merkmale (Geschlecht), (2) organischer Risikomerkmale bei Geburt sowie (3) psychologischer Entwicklungsmerkmale im Gestationsalter von drei Monaten signifikant von den Kindern der Kontrollgruppe abweichen.

Abbildung 1 zeigt den Anteil von *Jungen* in den verschiedenen Mißhandlungsgruppen, verglichen mit der Kontrollgruppe. In der oberen Graphik wird deutlich, daß Jungen bei den schweren Mißhandlungsformen überwiegen. Aus der unteren Abbildung geht hervor, daß Jungen insbesondere eher abgelehnt werden. Alle Unterschiede entsprechen auch zahlenmäßig der aus der Literatur bekannten leicht erhöhten Gefährdung des männlichen Geschlechts für Mißhandlungen im Kindesalter. Im vorliegenden Fall sind sie jedoch – wegen der im Vergleich zur Literatur geringen Stichprobengröße – nicht statistisch signifikant.

Die Verteilung der Kinder mit unterschiedlichen *organischen Risikobelastungen* in den beiden Mißhandlungsgruppen, verglichen mit der Kontrollgruppe, ist in Abbildung 2 dargestellt. Dabei ergeben sich Hinweise, daß leichte Belastungen bei den mißhandelten Säuglingen häufiger vorkommen. Allerdings ist auch dieser Unterschied ohne statistische Signifikanz. Betrachtet man die Beziehung zwischen Mißhandlung und den in der Mannheimer Studie erfaßten *prä- und perinatalen Einzelrisiken* findet man zwar, daß Frühgeburtlichkeit – wie in der Literatur manchmal belegt – bei den schwer mißhandelten Kindern etwas stärker vertreten ist, doch werden z. B. stark untergewichtige Säuglinge entgegen dieser Erwartung eher weniger Opfer von

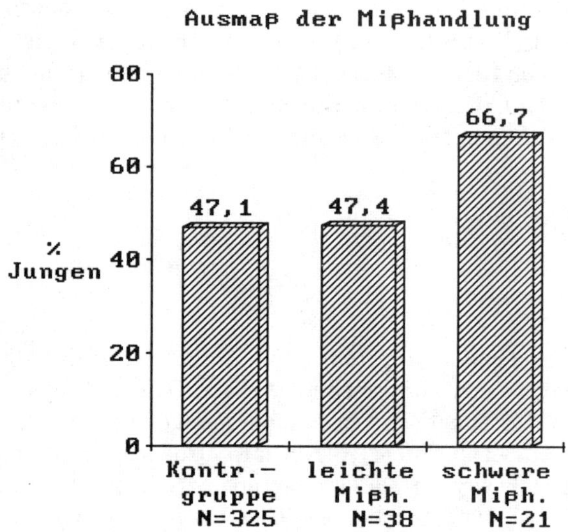

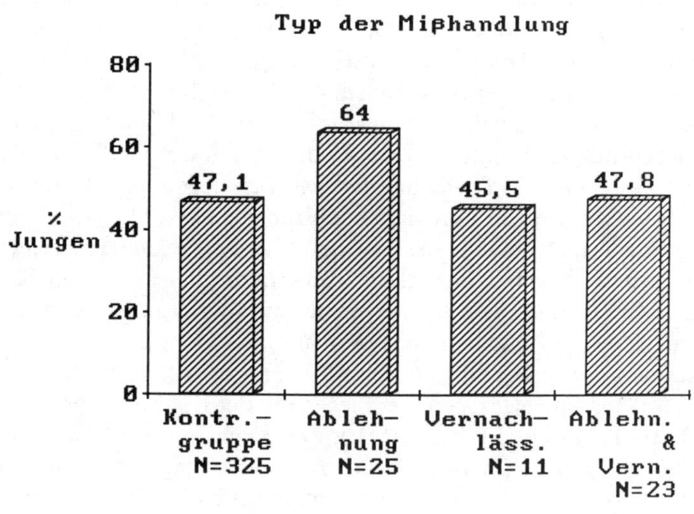

Abbildung 1: Kindesmißhandlung und Geschlecht des Kindes

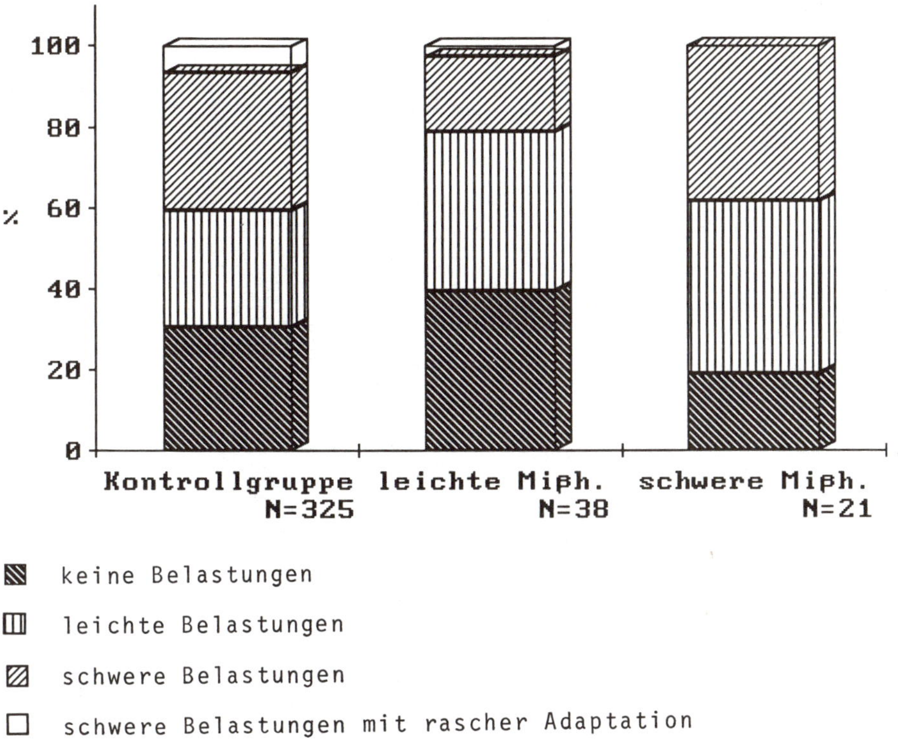

Abbildung 2: Kindesmißhandlung und prä-/perinatale Risikobelastungen

Mißhandlungen. Diese und alle anderen Beziehungen zwischen organischen Einzelrisiken und Mißhandlung sind freilich statistisch ohne Bedeutung.

Kein Zusammenhang besteht weiterhin zwischen *neurologischen Auffälligkeiten des Neugeborenen* und späteren Mißhandlungen. Alle Unterschiede – egal, ob in Abhängigkeit vom Ausmaß oder vom Typ der Mißhandlung – sind statistisch und absolut zu vernachlässigen. Gleiches gilt im übrigen für die – hier nicht dargestellte – *Dauer und Häufigkeit stationärer Behandlungen* in Neonatal- und Säuglingszeit, die ebenfalls in keinem signifikanten Zusammenhang mit den Mißhandlungsmerkmalen stehen. Zu ganz anderen Ergebnissen gelangt man freilich, wenn man *Entwicklungsmerkmale im Alter von drei Monaten* bei den mißhandelten Säuglingen betrachtet. Hier findet sich eine Reihe deutlicher Unterschiede zur Kontrollgruppe. Im einzelnen zeigt sich:

– daß der Anteil der Säuglinge, die in ihrer *geistigen Entwicklung* verzögert sind, unter den Mißhandelten statistisch bedeutsam erhöht ist ($p<.0005$). Dies gilt insbesondere für schwer mißhandelte Säuglinge sowie für solche, die sowohl abgelehnt als auch vernachlässigt werden ($p<.01$) (vgl. Abbildung 3).

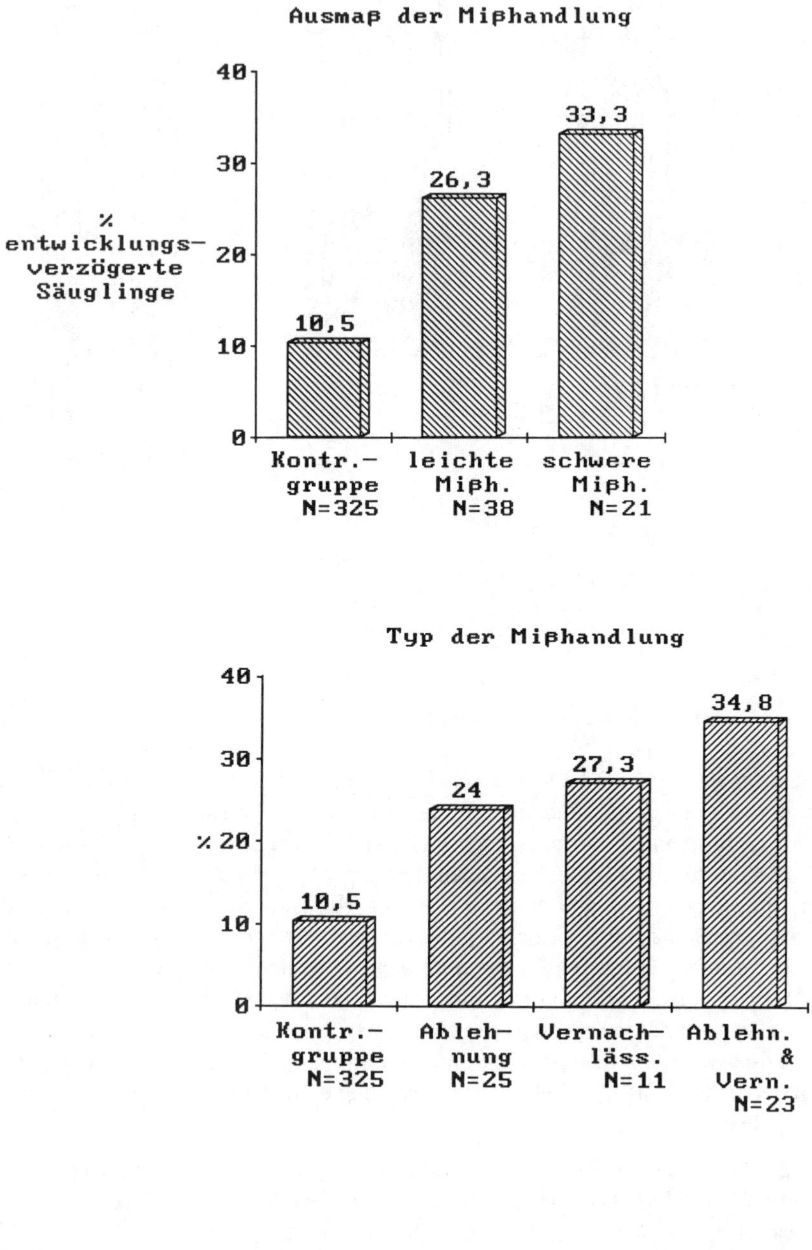

Abbildung 3: Kindesmißhandlung und geistige Entwicklungsverzögerung im Alter von 3 Monaten

– daß die Rate der *Verhaltensauffälligkeiten* unter den Mißhandelten hochsignifikant ansteigt ($p<.0001$). Nahezu jeder zweite schwer mißhandelte Säugling weist Verhaltensauffälligkeiten auf gegenüber jedem neunten aus der Vergleichsgruppe. Dies gilt insbesondere für Säuglinge, die abgelehnt werden ($p<.01$) bzw. zusätzlich vernachlässigt werden ($p<.01$) (vgl. Abbildung 4).

Bei Betrachtung der *spezifischen Auffälligkeiten*, die für die mißhandelten Säuglinge kennzeichnend sind, finden sich folgende Merkmale an erster Stelle: (1) *dysphorische* Säuglinge, die häufig und lange schreien; (2) *dysrhythmische* Säuglinge, die hinsichtlich ihrer biologischen Bedürfnisse (Trinken, Verdauen, Schlafen) für die Eltern unberechenbar sind; und (3) Säuglinge mit *Aufmerksamkeitsstörungen*, deren Aufmerksamkeit nur schwer zu erregen und aufrechtzuerhalten ist. Dies gilt insbesondere für das Verhalten des Säuglings im Sozialkontakt. Ferner zeichnen sich mißhandelte Säuglinge dadurch aus, daß vermehrt *Eßprobleme* berichtet werden und daß sie auf Fremdumgebung eher *ängstlich und abweisend* reagieren.

Eine Differenzierung der Auffälligkeiten nach Ausmaß und Typ der Mißhandlung, auf die hier nur kurz eingegangen werden kann, führt zu folgendem Ergebnis: Zum einen steigt die Auffälligkeitsrate mit dem Ausmaß der Mißhandlung (was nicht weiter verwundert), zum anderen findet sich ein spezifisches Auffälligkeitsmuster bei den *abgelehnten* Säuglingen, das sich von demjenigen der anderen Gruppen unterscheidet. Neben den oben angeführten Symptomen weisen abgelehnte Säuglinge vermehrt Auffälligkeiten im *vegetativen* Bereich auf (Eß-, Schlaf- und Verdauungsschwierigkeiten).

3. Diskussion

Nach allem – so die Interpretation dieser Ergebnisse – sind Merkmale des Säuglings offenbar wenig geeignet, spätere Störungen der Mutter-Kind-Beziehung vorherzusagen: Merkmale des Neugeborenen – insbesondere solche, die seine Betreuung erschweren können, wie prä- und perinatale Risikobelastungen oder neurologische Auffälligkeiten – stehen in keinem bedeutsamen Zusammenhang mit Mißhandlungen im Säuglingsalter. Gegenteilige Befunde, die in der Literatur berichtet werden, beruhen vermutlich auf einer Scheinkorrelation, die durch eine dritte Variable – nämlich ungünstige psychosoziale Lebensbedingungen der Mutter – gestiftet wird, die sowohl das Risiko für prä- und perinatale Komplikationen des Säuglings als auch das Risiko für Mißhandlungen erhöht. Vermischungen dieser Einflußfaktoren werden in der Mannheimer Risikokinderstudie aufgrund des gewählten Untersuchungsdesigns ausgeschaltet.

Der genannte Befund bedeutet freilich nicht, daß Eigenschaften des Kindes grundsätzlich als Auslöser für Kindesmißhandlungen zu vernachlässigen sind; sie können diese Funktion prinzipiell zu jedem späteren Zeitpunkt in der Entwicklung übernehmen. Bei späterer Betrachtung bleibt allerdings unklar, welche Merkmale eines mißhandelten Kindes *Folge* oder *Ursache* elterlicher Mißhandlungen sind.

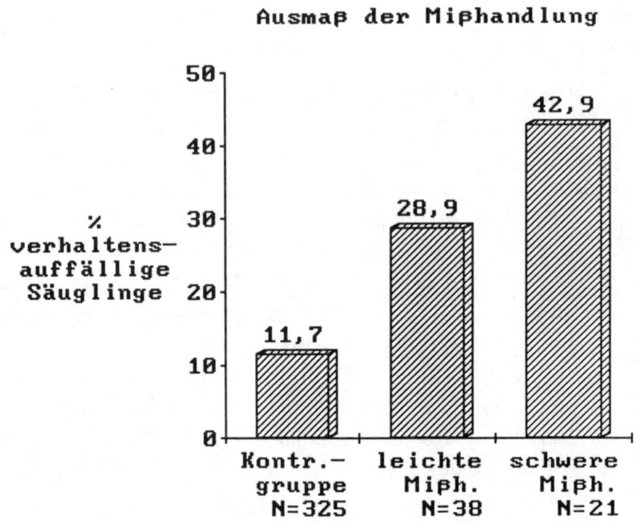

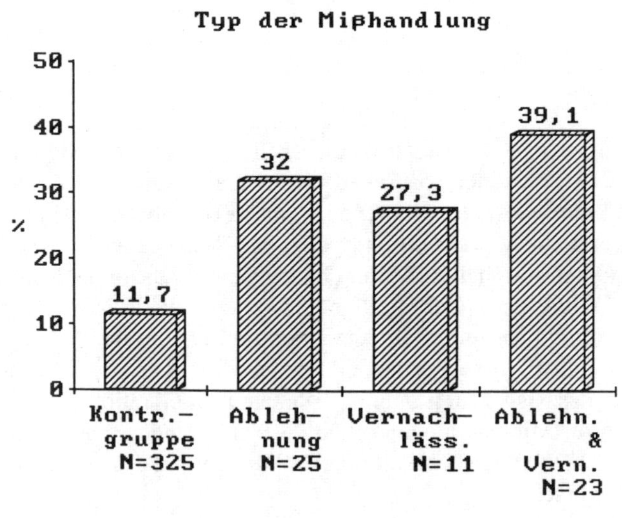

Abbildung 4: Kindesmißhandlung und psychopathologischer Befund des Säuglings im Alter von 3 Monaten

Diese Einschränkung trifft auch für die hier im Gestationsalter von drei Monaten gefundenen Auffälligkeiten der mißhandelten Säuglinge im Bereich der kognitiven und sozial-emotionalen Entwicklung zu: Sind sie eher als Folge mütterlicher Ablehnung und/oder Vernachlässigung zu bewerten oder eher als Auslöser für solche mütterlichen Verhaltensweisen?

Zieht man nochmals das spezifische Auffälligkeitsmuster der mißhandelten Säuglinge zu Rate (dysphorisch, dysrhythmisch und wenig zugewandt), dürfte eine Entscheidung schwerfallen. Die genannten Eigenschaften stimmen zwar durchaus mit theoretischen Vorstellungen über die Auswirkungen früher deprivierender Erfahrungen überein (vgl. Bowlby 1953, Spitz 1945); sie können aber ebenso gut als deren Ursache angesehen werden, wenn man z.B. an Thomas & Chess' Beschreibungen des «difficult» oder des «slow-to-warm-up» infant denkt (vgl. Thomas, Chess & Birch 1968).

Festhalten läßt sich immerhin: Obschon mehr als die Hälfte der verhaltensauffälligen Säuglinge (55,6%) aus der Gruppe mit schweren prä- und perinatalen Komplikationen stammt, sind nicht sie es, die vermehrt mißhandelt werden. Vielmehr ist unter den verhaltensauffälligen Säuglingen *ohne* organische Risikobelastung die Rate der Mißhandlungen signifikant erhöht. Dieser Befund allerdings steht im Widerspruch zu der Annahme, daß «schwierige» Säuglinge generell häufiger mißhandelt werden, und ist eher mit Vorstellungen zu vereinbaren, die Verhaltensauffälligkeiten des Säuglings als Folge elterlicher Ablehnung und/oder Vernachlässigug betrachten. Er mag aber auch nur bedeuten, daß Säuglinge nach schweren prä- und perinatalen Komplikationen, die verhaltensauffällig werden, weniger mißhandlungsgefährdet sind als andere Säuglinge mit Verhaltensauffälligkeiten. Dies vielleicht deshalb, weil ihre Eltern eine Erklärung dafür haben, weshalb ihr Kind «schwierig» ist?

4. Literatur

Belsky, J. (1980) Child maltreatment. An ecological integration. American Psychologist 35, 320–335.

Bowlby, J. (1953) Some pathological processes set in train by the early mother-child separation. J. ment. Science, 90, 265–272.

Egeland, B., Brunnquell, D. (1979) An at-risk approach to the study of child abuse. J. Amer. Acad. of Child Psyciatry 18, 219–235.

Egeland, B., Vaughn, B. (1981) Failure of «bond formation» as a cause of abuse, neglect, and maltreatment. Amer. J. Orthopsychiatry 51, 78–84

Engfer, Anette (1986) Kindesmißhandlung. Ursachen-Auswirkungen-Hilfen. Enke, Stuttgart.

Esser, G., Laucht, M., Schmidt, M.H., Löffler, W., Reiser, A., Stöhr, R.-M., Weindrich, D., Weinel, H. (1989) Behavior problems and developmental status of three-month-old infants in relation to organic and psychosocial risks. European Archives, in press.

Gil, D.G. (1979a) Confronting societal violence by recreating communal institutions. Child Abuse and Neglect 3, 1–7.

Gil, D.G. (1979b) Societal violence and violence in families. In: D.G. Gil (ed.), Child abuse and violence. 357–385.

Goode, W.J. (1975) Gewalt und Gewalttätigkeit in der Familie. In: AG Kinderschutz: Gewalt gegen Kinder. Rowohlt, Hamburg.

Kempe, C.H., Silverman, F.N. Steele, B.F., Droegemueller, W., Silver, H.K. (1962) The battered child syndrome. J. Amer. med. Ass. 181, 17–24.

Laucht, M., Esser, G. & Schmidt, M.H.: Verhaltensauffälligkeiten und Entwicklungsstörungen im Säuglingsalter: Einfluß von organischen und psychosozialen Risikofaktoren. In H.M. Weinmann (Hrsg.), Aktuelle Neuropädiatrie 1988. Berlin: Springer, 1989.

Parke, R.D., Lewis, N.G. (1981) The family in context: a multilevel interactional analysis of child abuse. In: R.E. Henderson (ed.), Parent-child interaction. Theory, research, and prospects. Academic Press, New York, 169–204.

Sherrod, K.B., O'Connor, S., Vietze, P.M., Altemeier, W.A. (1984) Child health and maltreatment. Child Development 55, 1174–1183.

Smith, S.M. (1975) The battered child syndrome. Butterworth, London.

Spitz, R.A. (1945) Hospitalism: An inquiry into the genesis of psychiatric conditions in early childhood – Psychoanalytic study of the child 1,53–74.

Steele, B.F., Pollock, C.B. (1978) Eine psychiatrische Untersuchung von Eltern, die Säuglinge und Kleinkinder mißhandelt haben. In: R.E. Helfer, C.H. Kempe (Hrsg.), Das geschlagene Kind. Suhrkamp, Frankfurt, 161–243.

Straus, M.A. (1980) Stress and physical child abuse. Child Abuse and Neglect 4, 75–88.

Thomas, A., Chess, S. & Birch, H.G. (1968) Temperament and behavior disorders in children. University Press, New York.

Vietze, P.M., O'Connor, S., Hopkins, J.B., Sandler, H.M., Altemeier, W.A. (1982) Prospective study of child maltreatment from a transactional perspective In: R.H. Starr (ed.), Child abuse prediction: policy implications. Ballinger, Cambridge/Mass, 135–156.

Auswirkungen von Frühformen der Kindesmißhandlung auf die kindliche Entwicklung vom 3. zum 24. Lebensmonat

Diana Weindrich und Walter Löffler

1. Einleitung:

Erste Ergebnisse der Mannheimer Risikokinderstudie zu Auswirkungen von Frühformen mütterlicher Ablehnung und Vernachlässigung auf die kindliche Entwicklung im Alter von drei Monaten haben gezeigt, daß bereits zu diesem frühen Zeitpunkt deutliche Unterschiede hinsichtlich Verhaltensauffälligkeiten und geistigem Entwicklungsstand zwischen abgelehnten und/oder vernachlässigten Säuglingen und einer Vergleichsgruppe bestehen (Laucht in diesem Band). Im folgenden werden Ergebnisse vorgestellt, die bei einer Nachuntersuchung der mit drei Monaten untersuchten Kinder im Alter von zwei Jahren gewonnen wurden.

Grundsätzlich bietet der hier verfolgte prospektive Ansatz günstige Voraussetzungen, um Aussagen über die Ursachen und Folgen von Kindesmißhandlung zu machen. Denn nur die Analyse von Kind- und Elternmerkmalen zu zwei verschiedenen Zeitpunkten und ihrer wechselseitigen Beeinflussungen läßt die Beantwortung der Frage zu: Beeinflußt das Kind die Eltern oder sind es umgekehrt die Eltern, die den ungünstigen Entwicklungsverlauf ihres Kindes in Gang setzt. Die folgende Analyse bezieht sich zunächst nur auf Veränderungen der kindlichen Entwicklung im Alter von zwei Jahren, die in Abhängigkeit von Mißhandlungen im Alter von drei Monaten auftreten. Die Auswertungen auf Elternseite sind beabsichtigt, aber wegen der laufenden Untersuchung noch nicht abgeschlossen.

Die Ergebnisse empirischer Untersuchungen zu Auswirkungen von Kindesmißhandlungen im frühen Kindesalter auf die weitere Entwicklung der betroffenen Kinder sind – weil sich die Studien hinsichtlich der Mißhandlungsformen, Dauer der Mißhandlung, Wahl der Kontrollgruppe und Zeitpunkt der festgestellten Mißhandlung erheblich unterscheiden – ausgesprochen uneinheitlich. Dennoch wird in der vorwiegend angelsächsischen Literatur (vgl. u. a. Lynch & Roberts 1982, Cicchetti & Rizley 1981) von einem spezifischen Einfluß von Mißhandlung – so unterschiedlich diese auch operationlisiert wird – auf die spätere kindliche Entwicklung ausgegangen. In älteren Studien wurde ein direkter Zusammenhang zwischen schwersten körperlichen Mißhandlungen und Körperbehinderungen bzw. Retardierungen bei einem Viertel bis der Hälfte der erhobenen Fälle festgestellt (Elmer & Gregg 1967, Martin et al. 1974, Lynch 1978) . Ähnliches gilt für den Zusammenhang von schweren Hirnverletzungen und geistiger Behinderung (u. a.Elmer &

Gregg 1967, Morse et al. 1970, Birell & Birell 1968, Martin 1972, Lynch 1978). In den letzten 20 Jahren wurde die Bedeutung von subtileren Formen der Kindesmißhandlung im Sinne eines «mißhandelnden Milieus» für kindliche Fehlentwicklungen erkannt (Egeland & Sroufe 1981, Burgess & Conger 1978, Patterson 1982, Elmer 1977, Rutter 1985). Für folgenschwerer als die direkte Einwirkung von Schlägen – von Extremfällen abgesehen – hält man ein ungünstiges, unkindgemäßes familiäres Umfeld, in dem es zu wenig Anregung und Zuwendung und zuviel Einschränkungen, Drohungen und Bestrafungen gibt. So finden sich bei Nachuntersuchungen aller so mißhandelten Kinder bei etwa einem Viertel Sprachentwicklungsverzögerungen (Egeland & Sroufe 1981, Lynch & Roberts 1982). Auch sind die betroffenen Kinder im Schulalter nicht nur weniger leistungsfähig, sondern bleiben hinter ihrem eigenen möglichen Niveau zurück (z. B. Blager & Martin 1976, Martin & Rodeheffer 1982, Lynch & Roberts 1982). Die sozial-emotionale Entwicklung nachuntersuchter mißhandelter Kinder läßt sich insgesamt im Vergleich zu gut betreuten Kindern als beeinträchtigt beschreiben. Es finden sich unter ihnen häufiger aggressive, freudlose und mißtrauische Kinder, die unglücklicherweise gerade aufgrund solcher Eigenschaften immer wieder Zurückweisung und Ablehnung erfahren (Martin & Beezley 1976 a, Lynch & Roberts 1982, Engfer 1982).

2. Methode

Die im folgenden dargestellten Ergebnissen der Mannheimer Risikokinderstudie beruhen auf Daten der ersten Nachuntersuchung im Alter von 24 Monaten. Es handelt sich dabei um eine Teilstichprobe von 191 Kindern, die bislang nachuntersucht und ausgewertet werden konnte. Sie setzt sich aus einer Kontrollgruppe von N = 160 und einer Gruppe von N = 31 Kindern zusammen, die im Alter von drei Monaten entweder vernachlässigt (4 Kinder), abgelehnt (17 Kinder) bzw. vernachlässigt und abgelehnt (10 Kinder) wurden.

Diese Teilstichprobe ist repräsentativ für die Gesamtstichprobe von N = 384 Kindern hinsichtlich der Verteilung auf die Risikogruppen, der Risikomerkmale der betroffenen Familie, der Verteilung über die einzelnen Mißhandlungskonstellationen sowie auch hinsichtlich der gefundenen Zusammenhänge zwischen Mißhandlung und Entwicklungsstand im Alter von drei Monaten (vgl. Laucht im gleichen Band).

3. Ergebnisse

Die vorliegenden Ergebnisse geben Aufschluß zu der Frage, wie sich Kinder entwickelt haben, die im Alter von drei Monaten von ihrer Mutter abgelehnt und/oder vernachlässigt wurden. Ihre Entwicklung mit zwei Jahren unterscheidet sich in zwei Bereichen von den Kindern der Kontrollgruppe.

Tabelle 1: Kindesmißhandlung und Merkmale des Kindes im Alter von drei und 24 Monaten: signifikante Unterschiede zur Kontrollgruppe

Alter	drei Monate	24 Monate	3–24 Monate
Neurologische Anfälligkeit			
Körperliche Gesundheit			
Mentaler Entwicklungsrückstand (MDI)	**	**	
Motorischer Entwicklungsrückstand (PDI)		**	*
Kinderpsychiatrische Auffälligkeit	**		**

* ≤ .05; **≤ .01

Wie Tabelle 1 zeigt, sind mißhandelte Kinder gegenüber der Kontrollgruppe in ihrer kognitiven Entwicklung verzögert, und sie weisen mehr Verhaltensauffälligkeiten auf. So gesehen, sind sie in beiden Entwicklungsbereichen auffällig geblieben, denn sie zeigten bereits bei der Untersuchung mit drei Monaten die gleichen Abweichungen von der Kontrollgruppe (s. Abbildung 1 und). Keine Unterschiede finden sich dagegen bei einem Vergleich der beiden Gruppen hinsichtlich ihrer neurologischen und körperlichen Gesundheit. Als neues auffälliges Merkmal ist jedoch inzwischen eine im Vergleich zur Kontrollgruppe häufigere Verzögerung im Bereich der psychomotorischen Entwicklung festzustellen.

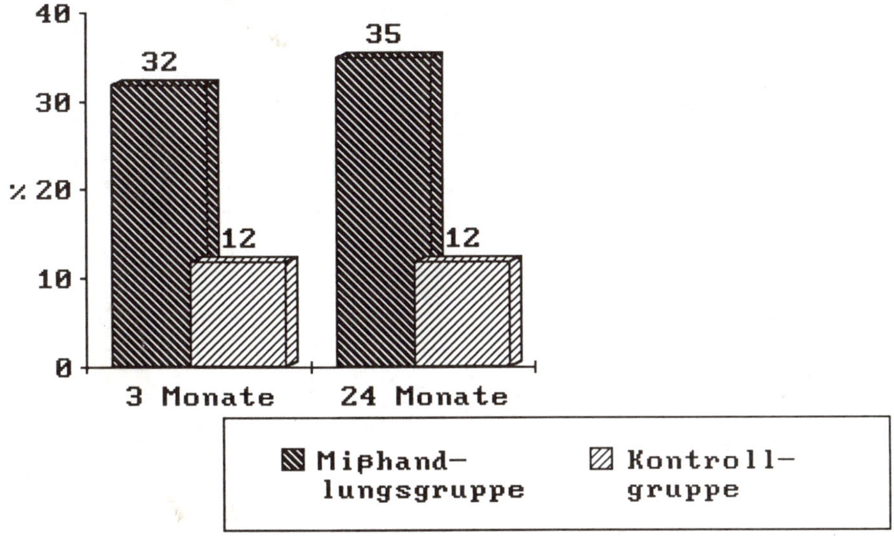

Abbildung 1: Kindesmißhandlung und mentaler Entwicklungsrückstand (MDI) im Alter von 3 und 24 Monaten
(% entwicklungsverzögerter Säuglinge)

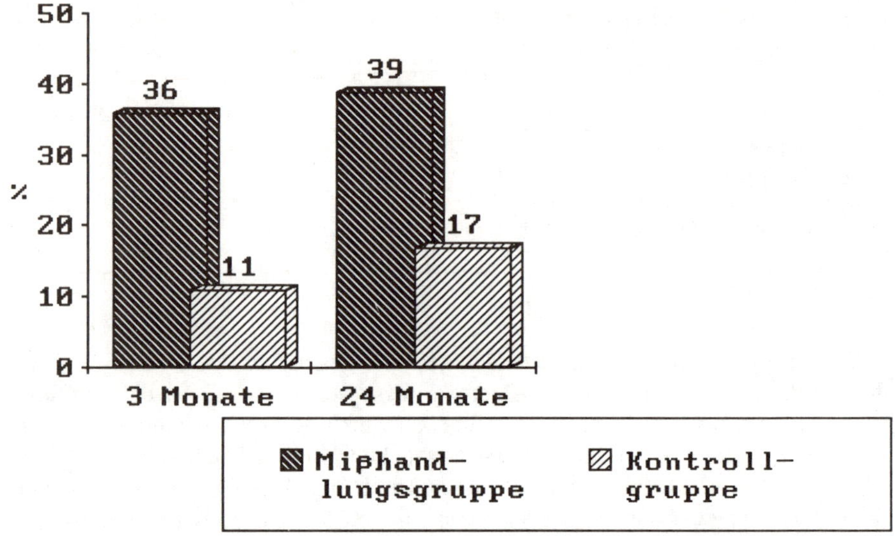

Abbildung 2: Kindesmißhandlung und kinderpsychiatrische Auffälligkeit im Alter von 3 und 24 Monaten (% verhaltensauffälliger Säuglinge)

Verhaltensauffälligkeiten

Eine genauere Analyse der Verhaltensauffälligkeiten zeigt, daß Störungen der Aufmerksamkeit und verminderte Belastbarkeit über den untersuchten Zeitraum persistieren, während Eßstörungen, dysrhythmisches Verhalten, dysphorische Stimmung und Kontaktstörungen remittiert sind. Als neue Verhaltensauffälligkeit ist hypermotorisches Verhalten dazugekommen (s. Tabelle 2).

Tabelle 2: Kindesmißhandlung und kindliche Verhaltensauffälligkeiten im Alter von drei und 24 Monaten: signifikante Unterschiede zur Kontrollgruppe

Alter	drei Monate	24 Monate
Eßstörung	*	
Hypomotorisches Verhalten		
Hypermotorisches Verhalten		*
Disrhythmisches Verhalten	**	
Dysphorische Stimmung	**	
Hypersensibilität		
Apathie		
Irritierbarkeit		
Verlangsamte Anpassung		
Verminderte Belastbarkeit	*	*
Kontaktstörung	**	
Distanzstörung		
Aufmerksamkeitsstörung	**	**

* $p \leq .05$; **$p \leq .01$

Bei der Nachuntersuchung im Alter von zwei Jahren wurde neben Verhaltensauffälligkeiten, die aufgrund von Temperamentmerkmalen bestimmt wurden, auch eine Reihe von psychopathologischen Symptomen erfaßt, die für diese Altersgruppe relevant sind. Tabelle 3 zeigt, hinsichtlich welcher Symptome sich die Mißhandlungs- und die Kontrollgruppen unterscheiden.

Tabelle 3: Kindesmißhandlung und kindliche Verhaltensauffälligkeiten im Alter von drei und 24 Monaten: signifikante Unterschiede zur Kontrollgruppe

Einschlafstörung	**
Wutanfälle	*
Ungehorsam	**
Kontaktaufnahme gegenüber Fremden	**

* $p \leq .05$; **$p \leq .01$

Danach sind die Kinder der Mißhandlungsgruppe als Zweijährige häufiger ungehorsam, schlafen schlecht, d. h. erst nach langer Zeit bzw. nur unter Protest ein, neigen zu Wutanfällen und sind bei der Kontaktaufnahme gegenüber Fremden entweder extrem scheu oder distanzlos. Insgesamt entspricht diese Beschreibung dem aggressiven, mißtrauischen und freudlosen Mißhandlungsopfer der Literatur. Bereits im Alter von zwei Jahren droht das abgelehnte Kind in jenen Teufelskreis zu geraten, der es inzwischen auch außerhalb der häuslichen Umgebung als «schwierig» erscheinen läßt.

Die bisher dargestellten Ergebnisse haben möglicherweise den Eindruck erweckt, es handle sich bei der Gruppe der abgelehnten und/oder vernachlässigten Kinder um eine homogene Gruppe, die hinsichtlich ihrer kognitiven, psychomotorischen und sozio-emotionalen Entwicklung von einer Gruppe völlig unauffälliger Kontrollkindern abweicht, und daß innerhalb der einzelnen Gruppen über den untersuchten Zeitraum wenig Veränderungen stattgefunden haben. Dieser Eindruck ist jedoch unrichtig: Manches im Alter von drei Monaten auffällige Kind ist zwischenzeitlich in die Gruppe der unauffälligen übergewechselt, wie auch umgekehrt manches Kind erst im Alter von zwei Jahren auffällig geworden ist. Daneben bleibt ein Teil der Kinder zu beiden Zeitpunkten stabil unauffällig bzw. auffällig. Hinsichtlich dieser Veränderungen unterscheiden sich die untersuchten Gruppen, wie in Tabelle 4 dargestellt ist. Sie zeigt die Veränderungsraten auffälliger Befunde für vernachlässigte/abgelehnte Kinder und Kontrollkinder von drei Monaten nach 24 Monaten. Als auffällige Befunde werden auch bei dieser Berechnung die schlechtesten 15% unserer mit Risikokindern angereicherte Stichprobe definiert. Als gebessert gelten die Kinder, die mit drei Monaten einen auffälligen und mit 24 Monaten einen nicht auffälligen Befund aufweisen, als verschlechtert diejenigen, die mit drei Monaten unauffällig und mit 24 Monaten auffällig waren. Die erste Spalte weist den Anteil der gebesserten Kinder, die zweite Spalte den Anteil der verschlechterten Kinder an der Gesamtzahl der im Alter von drei Monaten unauffälliger Kinder aus. Bei gleich hoher Genesungsrate (ca. ¾) in bezug auf geistige Entwicklungsrückstände ist die Rate der Verschlechterungen in der Gruppe V/A (37%) hochsignifikant größer als in

Tabelle 4: Prognose vernachlässigter und abgelehnter Säuglinge von drei Monaten zu 24 Monaten

		Besserungsrate (%)			Verschlechterungsrate (%)		
		N			N		
MDI	KG	(8)	75		(152)	9	****
	V/A-G	(7)	71		(24)	37	
PDI	KG	(15)	80	*	(145)	10	
	V/A-G	(5)	20		(26)	19	
Psych. Auff.	KG	(17)	88	*	(143)	17	*
	V/A-G	(11)	55		(20)	35	

* $p < .05$ einseitig
**** $p < .0001$ einseitig

MDI = Mental Developmental Index
PDI = Psychomotor Developmental Index
KG = Kontrollgruppe
V/A-G = Gruppe der vernachlässigten und abgelehnten Kinder

der Kontrollgruppe (9%). In Bezug auf motorische Entwicklungsrückstände zeigen V/A Kinder eine signifikant geringere Besserungsrate (20% vs. 80%). Das gleiche gilt für Verhaltensauffälligkeiten (55% vs. 88%), wo zusätzlich eine höhere Verschlechterungsrate (17% vs 35%) zu beobachten ist.

4. Diskussion

Es wurde davon berichtet, wie sich 31 Kinder, die im Alter von drei Monaten von ihren Müttern vernachlässigt und/oder abgelehnt wurden, bis zum Alter von zwei Jahren hinsichtlich ihrer körperlichen, geistigen und seelischen Entwicklung im Vergleich zu einer nicht mißhandelten Kontrollgruppe von 160 Kindern entwickelt haben. Es hat sich gezeigt, daß diese Kinder mit zwei Jahren nach wie vor im Vergleich zur Kontrollgruppe in der geistigen und seelischen Entwicklung auffällig waren. Mit zwei Jahren hinzugekommen ist eine leichte Verzögerung im Bereich der psychomotorischen Entwicklung. Was die Verhaltensauffälligkeiten anbetrifft, wurden mißhandelte Kinder mit zwei Jahren hypermotorischer als die Kinder der Kontrollgruppe beurteilt. Unverändert geblieben ist die mit drei Monaten schon festgestellte verminderte Belastbarkeit und die gestörte Aufmerksamkeit mißhandelter Kinder. Außerdem weisen mißhandelte Kinder mehr Probleme beim Einschlafen auf, sind in der Kontaktaufnahme gegenüber Fremden auffälliger, haben häufiger Wutanfälle und verhalten sich häufiger ungehorsam als Kinder der Kontrollgruppe. Insgesamt entsteht so das Bild eines motorisch unruhigen, wenig belastbaren Kindes, das sich nur schwer anleiten und lenken läßt und das in seiner Entwicklung im kognitiven und psychomotorischen Bereich verzögert ist. Die Entwicklung mißhandelter Säuglinge ist also erheblich ungünstiger als bei den Kontrollkindern. Bestehende Entwicklungsrückstände persistieren stärker,und die Wahrscheinlichkeit für neu auftretende Entwicklungsrückstände ist erhöht. Was die genauen Einflußfaktoren für diese

Unterschiede sind, kann zu diesem Zeitpunkt, da die Elterneinflüsse mit zwei Jahren noch nicht in die Auswertung mit einbezogen wurden, nicht eindeutig analysiert werden. Dies wird erst nach Abschluß der Nachuntersuchung möglich sein.

5. Literatur

Birell, R. G., Birell, J. H. W. (1968) The maltreatment of children: a hospital survey. Medical. J. Austral. 2 1023–1029.

Blager, F., Martin, H. P. (1976) Speech and language of abused children. In: H.P. Martin (Hrsg.). The abused child. A multidisciplinary approach to developmental issues and treatment. Ballinger, Cambridge/Mass. S. 83–92.

Burgess, R. L., Conger, R. D. (1978) Family interaction in abusive, neglectful, and normal families. Child Development 49 1163–1173.

Cicchetti, D., Rizley, R. (1981) Developmental perspectives on the etiology, intergenerational transmission and sequalae of child maltreatment. In: R. Rizley, D.Cicchetti (Hrsg.). New directions for child development 11. Jossey Bass, San Francisco, S. 31–55.

Egeland, B., Sroufe, L. A. (1981b) Developmental sequalae of maltreatment in infancy. In: R. Rizley, D. Cicchetti (Hrsg.) New directions for child development 11. Jossey Bass, San Francisco, S. 77–92.

Elmer, E. (1977) Follow-up study of traumatized children. Child Abuse and Neglect 1 105–109.

Elmer, E., Gregg, D. (1967) Developmental characteristics of abused children. Pediatrics 50, 596–602.

Engfer, A. (1982) Bedingungen und Auswirkungen harten elterlichen Strafens. Inaugural Dissertation, Universität Trier.

Lynch, M.A., Roberts, J. (1982) Consequences of child abuse. Academic Press, London.

Lynch, M. A. (1978) The follow-up of abused children – a researcher‘s nightmare. In: J. M. Eekelaar, S. H. Katz (Hrsg.), Family violence. An international and interdisciplinary study. Butterworth, Toronto S. 269–280.

Martin, H. P. (1972) The child and his development. In: C. H. Kempe, R. E. Helfer (Hrsg.), Helping the battered child and his family. Lippincott, Philadelphia, S. 93–114.

Martin, H. P., Rodeheffer, M. A. (1982) The psychological impact of abuse on children. In: G. J. Williams, I. Money (Hrsg.), Traumatic abuse and neglect of children at home. Johns Hopkins University Press, Baltimore-London, S. 347–366.

Martin, H .P., Beezley, P. (1976a) Personality of abused children. In: H. P. Martin (Hrsg.), The abused child. A multidisciplinary approach to developmental issues and treatment. Ballinger, Cambridge/ Mass., S. 105–111.

Martin H. P., Beezley, P., Conway, E. F., Kempe, C. H. (1974) The development of abused children. Part I. A review of the literature. Part II. Physical, neurological, and intellectual outcome. Advances in Pediatrics 21 25–73.

Morse, C. W., Sahler, O. J. Z., Friedman, S. B. (1970) A three-year follow-up study of abused and neglected children. Amer. J. Disabled Child 120 439–446.

Patterson, G. R. (1982) Coercive family process. Castalia Publishing Corp., Eugene/Oregon.

Rutter, M. (1985) Family and school influences; meanings, mechanisms and implications. In: A.R. Nicol (Hrsg.), Longitudinal studies in child psychology and psychiatry. Wiley, New York, S. 357–403.

Entwicklung von Gewalt, Diagnose des Mißhandlungssyndroms, Hilfen und Probleme der Helfer

Entwicklung von Gewalt in sogenannten Normalfamilien

Anette Engfer

1. Konsequenzen unterschiedlicher Mißhandlungsbegriffe

Der Begriff der Kindesmißhandlung ist im öffentlichen Bewußtsein einseitig mit der Vorstellung körperlich schwer verletzter Kinder besetzt. Dabei gerät leicht aus dem Blick, daß Kindesmißhandlungen die Endpunkte eines Kontinuums markieren, das von einer angemessenen elterlichen Betreuung über mittlere Formen eines schädigenden Elternverhaltens (wie z. B. häufiges Schimpfen, Schlagen oder Bestrafen mit Liebesentzug) bis hin zu Mißhandlungen, im Extremfall bis zur Tötung von Kindern reichen kann.

Dementsprechend gibt es unterschiedliche Definitionen der Kindesmißhandlung bzw. der Gewalt gegen Kinder. Eng gefaßte Definition subsumieren unter den Begriff der Mißhandlung nur die Fälle, in denen die Kinder diagnostizierbare körperliche Verletzungen aufweisen oder lebensgefährlich bedroht erscheinen. Weit gefaßte Definitionen umfassen demgegenüber alle gewaltförmigen elterlichen Erziehungshandlungen, und zwar unabhängig davon, ob sie beim Kind diagnostizierbare körperliche oder psychische Beeinträchtigungen zur Folge haben (vgl. dazu den weit gefaßten Begriff der Kindesmißhandlung bzw. -vernachlässigung von Schmidt et al. in diesem Band).

Die Bedeutsamkeit dieser unterschiedlichen Mißhandlungsbegriffe zeigt sich in einer Reihe von Bereichen (zur ausführlicheren Diskussion vgl. Engfer 1986, S. 3ff.):

(1) In den Aussagen über die Häufigkeit von Kindesmißhandlungen: Bei den ca. 1.200 Fällen pro Jahr, in denen die Kriminalpolizei ermittelt, handelt es sich vorwiegend um Mißhandlungen im engeren Sinne. Bei den in den Medien genannten astronomischen Zahlen über die Häufigkeit von Mißhandlungen in der Bundesrepublik wird demgegenüber ein anderer, weiterer Mißhandlungsbegriff zugrunde gelegt: dann meint man eben nicht schwerverletzte Kinder, sondern alle die Fälle, in denen Kinder häufig beschimpft, geschlagen oder auf andere Weise hart bestraft werden.

(2) In der diagnostischen Praxis und den damit verknüpften Problemen der Fehlklassifikation: Wenn man in der klinisch-diagnostischen Praxis einen zu engen Mißhandlungsbegriff anwendet, werden damit Fälle im Vorfeld der eigentlichen Mißhandlung leicht «übersehen» (=falsch negative Klassifikation), was bei Säug-

lingen und Kleinkindern verhängnisvolle Folgen haben kann. Auf der anderen Seite sind weitere Mißhandlungsbegriffe eher mit einer erhöhten Zahl falsch-positiver Fälle verknüpft, d. h. von Fällen, die unter einigen Aspekten wie Mißhandlungen aussehen, es in Wirklichkeit aber nicht sind. Die stigmatisierenden Folgen dieser Fehlklassifikation für die betroffenen Familien liegen natürlich auf der Hand. Dennoch ist in vielen Fällen ein weiter Mißhandlungsbegriff vorzuziehen, vor allem dann, wenn Problemlagen im Vorfeld eigentlicher Mißhandlungen erkannt werden sollen.

(3) In der Forschungspraxis: Studien, die von klinisch oder kriminologisch erfaßten Mißhandlungsfällen ausgehen, um zumeist retrospektiv mißhandlungsrelevante Bedingungen zu erfassen, benutzen einen relativ engen Mißhandlungsbegriff zur Definition ihrer Ausgangsstichproben (vgl. z. B. Trube-Becker 1982). Demgegenüber verwenden sozialwissenschaftliche, vor allem aber prospektiv angelegte Forschungsansätze eher weiter gefaßte Mißhandlungsbegriffe, um die Bedingungen sichtbar zu machen, die mit der Gewalt gegen Kinder im Vorfeld der eigentlichen Mißhandlung zusammenhängen (vgl. z. B. die Beiträge von Schmidt et al. in diesem Band).

2. Besonderheiten sozialwissenschaftlicher Forschungsansätze

Sozialwissenschaftliche Forschungsansätze versuchen durch das Studium sogenannter «Normalfamilien» die Dynamik des Gewalthandelns im Kontext familiärer Beziehungen und Lebensumstände zu verstehen. Was unterscheidet diesen Zugang von Studien, die von klinischen oder kriminologisch erfaßten Mißhandlungsfällen ausgehen und mißhandlungsrelevante Bedingungen eher retrospektiv erfassen?

(1) Wenn man von Aktenanalysen oder den Fällen ausgeht, die in Kliniken oder auf Jugendämtern gesehen werden, sind die Ausgangsstichproben von vornherein einseitig verzerrt. Hier sind sozial benachteiligte Gruppen in der Regel überrepräsentiert, weil solche Gruppen öffentlich stärker überwacht sind und weil bei ihnen die Diagnose der Mißhandlung auch eher gestellt wird.

(2) Bei retrospektiv angelegten Studien ist nie auszuschließen, daß die Merkmale, die man für Ursachen der Gewalt hält, als Konsequenz der Tatsache entstanden sein können, daß die Eltern wegen der ihnen zur Last gelegten Tat angezeigt, beraten oder vielleicht auch schon therapiert wurden.

(3) Häufig fehlen auch angemessene Kontrollgruppen, anhand derer man feststellen kann, ob die erfaßten Merkmale überhaupt gewaltspezifisch sind, d. h. ob nicht andere Eltern ähnliche Merkmale aufweisen, ohne daß sie ihre Kinder mißhandeln.

Hierzu ein Beispiel: Im Klientel deutscher Kinderschutzeinrichtungen sind Alleinerziehende mit über 40 Prozent der Fälle gegenüber dem Bevölkerungsdurchschnitt überrepräsentiert (vgl. Kinderschutzzentrum München 1988). Das kann zu dem Schluß verführen, daß Alleinerziehende besonders gewaltgefährdet sind. Demgegenüber ergab eine Prospektivstudie in den USA, daß Mütter, die ihre Kinder allein aufziehen, deutlich weniger gewaltgefährdet sind als Mütter, die in (zumeist problematischen) Partnerschaften leben (vg. Altemeier et a. 1982). Daß Alleinerziehende aus unterprivilegierten Schichten gleichwohl im Hinblick auf Vernachlässigungen gefährdet sein können, zeigen die Prospektivstudien von Egeland & Brunnquell (1979) und Stöhr (in diesem Band).

Prospektive Studien an repräsentativen «Normalstichproben» haben also den Vorteil, daß die Ausgangsstichproben relativ unverzerrt sind, daß man gewaltfördernde Bedingungen untersuchen kann, bevor es zu gewaltsamen Erziehungskonflikten in den Familien kommt, und schließlich hat man natürliche Kontrollgruppen gewaltfreier Familien, an denen man überprüfen kann, wie gewaltspezifisch bestimmte Merkmale überhaupt sind.

3. Erklärungsansätze von Kindesmißhandlungen und forschungsleitende Hypothesen

Im folgenden werden wir sehr verkürzt die Erklärungsansätze von Kindesmißhandlungen darstellen, die für die Anlage unserer eigenen empirischen Untersuchungen ausschlaggebend waren (zur ausführlicheren Darstellung vgl. Engfer 1986, 1989).

(1) Im sogenannten psychopathologischen Erklärungsmodell werden elterliche Persönlichkeitsprobleme (besonders Depressionen, Selbstwertprobleme usw.) für Kindesmißhandlungen verantwortlich gemacht (vgl. z. B. Steele & Pollock 1978). Diese Persönlichkeitsprobleme werden aus ungünstigen Entwicklungsbedingungen in der Kindheit der Eltern, vor allem aus der Vorerfahrung mit Ablehnung und Mißhandlung hergeleitet. Dieser Erklärungsansatz findet seinen griffigen Ausdruck in der These, daß «schlagende Eltern selbst einmal geschlagene Kinder waren» (Ammon 1979).

(2) In soziologischen Überlegungen werden eher andere Bedingungen für die Gewalt gegen Kinder verantwortlich gemacht – so z. B. die Zugehörigkeit zu den unteren Schichten unserer Gesellschaft und das Zusammentreffen von Lebensbelastungen und mangelnden Unterstützungssystemen, weil Familien mit Gewaltproblemen als sozial isoliert gelten (vgl. z. B. Gelles 1987, Garbarino & Gilliam 1980).

(3) Noch anders werden die Bedingungen der Gewalt gegen Kinder im sozialsituationalen Erklärungsmodell gesehen. Hier werden körperliche Bestrafungen und auch Mißhandlungen als Endpunkte eskalierender Machtkämpfe gesehen, wo Kinder mit schwierigen Verhaltensweisen ihre Eltern so enervieren, daß sie schließlich aus Ohnmacht und Ärger ihre Kinder verprügeln (vgl. Patterson 1982, Starr 1988).

Faßt man diese Überlegungen in der Form von Hypothesen zusammen, so ist zu erwarten, daß Eltern, die ihre Kinder schlagen

- mehr Persönlichkeitsprobleme haben,
- eher darüber berichten, in der Kindheit selbst mißhandelt oder abgelehnt worden zu sein,
- eher den unteren Sozialschichten angehören,

- unter stärkeren Lebensbelastungen leiden,
- sozial isoliert sind,
- »schwierige» Kinder haben und
- sich in der Beziehung zu diesen Kindern häufig ohnmächtig und hilflos fühlen.

4. Methodik der Untersuchungen

In einem querschnittlichen Untersuchungsansatz wurden Ende der 70er Jahre 570 bundesdeutsche Familien mit Kindern im Alter zwischen 8 und 14 Jahren im Hinblick auf die Häufigkeit und die Bedingungen harter Strafen untersucht. Diese Aussagen über die Anwendung körperlicher Bestrafungen wurden auf Seiten der Eltern und der Kinder erfaßt. Die methodischen Details dieser Untersuchung sollen hier nicht dargestellt werden, sie finden sich bei Schneewind et al. (1983, S. 83ff.) und Engfer (1982).

In einer zweiten Studie wurde eine kleinere Gruppe von 38 Familien kontinuierlich mit dem Ziel beobachtet, bei diesen Familien mit Säuglingen und Kleinkindern Gewaltprobleme aus früh erfaßten Merkmalen der Mutter-Kind-Beziehung vorherzusagen (zu den methodischen Details vgl. Engfer 1988)[1].

In beiden Studien konnten natürlich nicht Kindesmißhandlungen im engeren Sinne, sondern nur gewaltförmige Eltern-Kind-Beziehungen im mittleren Bereich des oben angesprochenen Gewaltkontinuums erfaßt werden.

5. Ergebnisse

Im folgenden sollen zusammenfassend die Ergebnisse dargestellt werden, in denen beide Studien in überraschender Weise übereinstimmten:

(1) Auch in sogenannten «Normalfamilien» werden Kinder geschlagen. In der querschnittlichen Untersuchung Ende der 70er Jahre berichteten ca. ein Drittel der befragten Eltern, ihre Kinder zu verprügeln, in 10 Prozent der Fälle geschah dies relativ häufig und unter Zuhilfenahme gefährlicher Gegenstände wie Stock, Gürtel und dgl.

Hier mag man einwenden, daß diese Daten Ende der 70er Jahre erhoben wurden und deshalb heutzutage, nämlich zehn Jahre später, keine Gültigkeit mehr haben. Dagegen sprechen leider die Ergebnisse einer neueren Umfrage der Zeitschrift Eltern, wo gleichfalls zwei Drittel der befragten Eltern angaben, ihre Kinder körperlich zu bestrafen (vgl. Eltern 1988).

[1] Dieses Forschungsprojekt wurde von der Deutschen Forschungsgemeinschaft gefördert. Ich danke Maria Gavranidou und Lind Heinig für ihre Hilfe bei der Datenerhebung und -auswertung.

In der Nachfolgestudie gab es bei 18 Prozent der Familien (N = 7) Gewaltprobleme. Dabei handelte es sich wohlgemerkt nicht um die üblichen kleineren Erziehungskonflikte, in deren Verlauf Kinder den vielzitierten Klaps auf den Po bekommen, sondern um wiederkehrende angespannte Konfliktsituationen, in denen die Mütter sich nicht mehr zu helfen wußten und aus Ärger und Ohnmacht ihre Kinder schlugen.

Die in der zweiten Studie beobachtete größere Häufigkeit dieser Probleme hat vermutlich mit dem wesentlich jüngeren Alter dieser Kinder zu tun: die meisten Konflikte entstanden im Verlauf des zweiten und dritten Lebensjahres, und es ist zu vermuten, daß für einen Teil dieser Familien die Gewaltprobleme auf diese schwierige Entwicklungsphase der Kinder beschränkt bleiben.

(2) In keiner der beiden Studien fanden sich Zusammenhänge zwischen der Sozialschicht der Eltern und der Häufigkeit körperlicher Bestrafungen. Dieses Ergebnis ist eine wichtige Korrektur der gängigen Annahme, daß Gewaltprobleme im wesentlichen ein Unterschicht-Phänomen sind.

(3) Gleichfalls nicht bestätigen ließ sich die Hypothese der sozialen Isolation von Familien, in denen Kinder geschlagen werden.

(4) Besonders wichtig erscheint uns der Befund, daß sich schlagende Eltern von nicht-gewalttätigen Eltern nicht im Hinblick auf ihre Vorerfahrungen mit Gewalt und Ablehnung in ihrer eigenen Kindheit unterscheiden. In der zweiten Studie gab es in der Vergleichsgruppe der nicht-schlagenden Mütter sogar mehr Mütter, die über besonders negative Vorerfahrungen mit selbsterfahrenen Schlägen berichteten, ohne daß sie diese selbsterfahrene Gewalt an die eigenen Kinder weitergaben.

Welche Bedingungen haben es diesen Müttern ermöglicht, mit der Tradition der selbsterfahrenen Gewalt zu brechen? Zumindest in der gegenwärtigen Situation der Mütter ergaben sich eine Reihe solcher «schützenden» Bedingungen, und dazu gehörte, daß diese Mütter gesundheitlich und psychisch wesentlich stabiler waren, in einer harmonischen Partnerschaft lebten, ihre Kinder von Anfang an unproblematisch fanden und in der Beziehung zum Kind geduldig und flexibel reagieren konnten. Diese Befunde decken sich weitgehend mit den Ergebnissen von Egeland (1988) zu den Bedingungen, die das Risiko von Mißhandlungen bei ehemals geschlagenen Müttern vermindern.

Wie es möglich war, daß diese Mütter trotz negativer Kindheitserfahrungen diese psychische Stabilität entwickeln konnten, wissen wir nicht. Aber auch so ist das Ergebnis interessant, weil damit die Annahme korrigiert wird, daß negative Kindheitserfahrungen notwendig und auf Dauer psychisch beeinträchtigend wirken.

Nun zu den Merkmalen, in denen sich Eltern mit Gewaltproblemen deutlich von nicht-schlagenden Eltern unterscheiden:

(5) Eltern mit Gewaltproblemen haben deutlich mehr mit Beeinträchtigungen ihres seelischen Wohlbefindens zu kämpfen. Sie sind häufiger depressiv, nervös und erschöpft. Diese Erschöpfungszustände waren bei den Müttern der zweiten Studie in der Zeit nach der Entbindung besonders ausgeprägt.

(6) Zu den Lebensbelastungen, die in diesen Familien gehäuft beobachtet werden,

gehören vor allem chronische Erkrankungen der Mütter und ausgesprochen konfliktträchtige Ehepartnerbeziehungen.In der zweiten Studie kam es in der Hälfte der gewaltbelasteten Familien auch zu tätlichen Auseinandersetzungen in der Partnerbeziehung.

(7) In beiden Untersuchungen wurde das Verhalten der Kinder von den Eltern als ausgesprochen «schwierig» erlebt. Die älteren Kinder der ersten Studie erschienen aus elterlicher Sicht aggressiv, ungehorsam, niedergeschlagen und lustlos. Die wesentlich jüngeren Kinder der zweiten Untersuchung erschienen den Müttern «schwierig», weil sie als Säuglinge viel schrieen, unruhig und schlecht zu trösten waren, später schlecht gehorchten, in ihrem Verlangen nach Aufmerksamkeit ausgesprochen fordernd und oft mißlaunig waren.

In der ersten Studie entsprachen die elterlichen Aussagen in wichtigen Punkten dem Selbstbild der Kinder, die in ihrem Ringen um freundliche elterliche Zuwendung weitgehend resigniert und sich mit der Rolle des «bösen Kindes» abgefunden hatten und deren Minderwertigkeitsgefühle sich – besonders bei den Jungen – in aggressiven Verhaltenstendenzen Luft machten.

Die Kinder der zweiten Studie waren zu jung, um befragt zu werden. Aber wir konnten ihr Verhalten beobachten. Dabei zeigte sich, daß sich die später geschlagenen Kinder als Neugeborene in ihrem Verhalten nicht von den Kindern der Vergleichgruppe unterschieden. Allerdings erschienen sie in späteren Beobachtungssituationen unglücklicher, quengeliger und ungehorsamer. Demnach sind es offenbar nicht die «schwierigen» Verhaltensmerkmale neugeborener Säuglinge, die spätere Gewaltprobleme vorhersagen lassen. Vielmehr sind es Verhaltensmerkmale, die erst später und möglicherweise als Auswirkungen bestimmter Beziehungserfahrungen beobachtbar werden (vgl. dazu die direkt vergleichbaren Befunde von Laucht und Weindrich & Löffler in diesem Band).

(8) In beiden Untersuchungen fanden wir ein Syndrom elterlicher Gefühle und Einstellungen, das in der Beziehung zu Kindern besonders verhängnisvoll zu sein scheint: Auf der einen Seite Gefühle der Hilflosigkeit und Überforderung, auf der anderen Seite eine Art Perfektionismus mit dem Anspruch, in der Erziehung der Kinder alles richtig machen zu wollen, mit der Vorstellung, daß Kinder auf keinen Fall verwöhnt werden dürfen und daß sie ihren Eltern unbedingt gehorchen müssen. Dieses Einstellungssyndrom ähnelt in manchen Punkten dem Konzept der «Ablehnung», das die Mannheimer Forschungsgruppe (vgl. Schmidt et al. in diesem Band) zur Operationalisierung ihres weiteren, auch pyschische Formen einschließenden Mißhandlungsbegriffe verwendet hat. Wenn solche eher «strengen» Erziehungseinstellungen mit elterlichen Erschöpfungszuständen und problematischen Verhaltensweisen der Kinder zusammentreffen, scheint sich dadurch beträchtlich das Risiko zu erhöhen, daß Eltern ihre Kinder schlagen.

6. Schlußfolgerungen für die klinische Praxis

Welche Bedeutung könnten diese Ergebnisse für die klinische Praxis haben? In der klinischen Praxis ist es kaum möglich, Familien mit einem so umfangreichen Instrumentarium zu untersuchen, wie es in diesen Studien geschehen ist. Deshalb müßten unsere prognostischen Verfahren für die Praxis entsprechend vereinfacht werden. Allerdings lassen sich aus diesen Ergebnissen jetzt schon einige Anhaltspunkte für eine präventive Interventionspraxis ableiten.

(1) Alle Einrichtungen und Personen, die ohnehin junge Familien und Kleinkinder betreuen, sollten über Risikomerkmale für Gewaltprobleme informiert werden. Das heißt, die vorhandenen Dienste der Säuglingsschwestern, Kinderärzte, Hebammen, Sozialarbeiter usw. sollten nicht nur erfahren, an welchen Verletzungssyndromen Kindesmißhandlungen zu erkennen sind. Obgleich diese Aufklärungs- und Informationsarbeit ungeheuer wichtig ist, reicht sie nicht aus, weil Gewaltprobleme erst dann erkannt werden, wenn die Kinder schon zu Schaden gekommen sind.

Bei dieser Diagnose von Risikomerkmalen ginge es nicht darum, festzustellen, ob Mütter ihre Kinder mißhandeln oder nicht, sondern es ginge um die Bereitstellung von Hilfen im Vorfeld dessen, was zu einer Mißhandlung führen könnte.

(2) Da aufgrund meiner Ergebnisse solche Notlagen nicht auf Angehörige der unteren Schichten beschränkt sind, sollte man bei Müttern aller Schichten auf derartige Alarmsignale achten.

(3) Meinen Ergebnissen zufolge ist die soziale Isolation nicht das vorangige Problem dieser Familien. Auch in anderen Untersuchungen (z. B. bei Egeland & Brunnquell 1979, Altemeier et al. 1982, zusammenfassend auch Seagull 1987) zeigt sich, daß Freunde und Bekannte offenbar nicht vor den Gewaltproblemen schützen können, die ihren Ursprung wohl eher in den innerfamiliären Beziehungen haben. Gleichwohl kann es nützlich sein, wenn Familien mit professionellen Unterstützungssystemen wie z. B. den Kinderschutzzentren (vgl. Kinderschutzzentrum München 1988) verschaltet werden, die ihnen bei der Bewältigung dieser innerfamiliären Probleme helfen können.

Dazu gehören vermutlich nicht nur Maßnahmen zur Entlastung erschöpfter und kranker Mütter in der Zeit unmittelbar nach der Entbindung oder Maßnahmen, die den Müttern den Umgang mit viel schreienden Säuglingen erleichtern (vgl. z. B. Gray 1987). Hierzu müßten unbedingt auch Maßnahmen zählen, die geeignet sind, die Probleme und Konflikte in der Partnerschaft angemessen zu bewältigen.

(4) Schließlich ist zu überprüfen, welche der vorhandenen Dienste mit welchen Maßnahmen solchen jungen Familien am wirksamsten helfen können. Das erfordert eine Bestandsaufnahme und Evaluation der angebotenen Hilfen, damit Wirkungen und Nebenwirkungen solcher Maßnahmen beurteilt werden können.

7. Konsequenzen für künftige Forschungsaktivitäten

Allgemein muß es das Ziel künftiger Forschungsaktivitäten sein, ein prognostisches Instrumentarium zu entwickeln, mit dessen Hilfe man relativ ökonomisch und treffsicher Familien identifizieren kann, die später Gewaltprobleme entwickeln. Darüber hinaus geht es darum, geeignete Interventionsmaßnahmen zu finden, mit denen man präventiv der Entwicklung dieser Probleme begegnen kann.

In unserer zweiten Längsschnittstudie konnten wir recht früh, nämlich schon vier Monate nach der Entbindung, die Merkmale feststellen, die mit späteren Gewaltproblemen verknüpft waren. Dennoch müßten diese Befunde an einer größeren Stichprobe repliziert werden. Dabei wären vor allem folgende Fragen zu beantworten:

(1) Welche der von uns festgestellten Merkmale sind für die Prognose wirklich entscheidend, welche sind eher vernachlässigenswert?

Ein Problem unserer zweiten Studie bestand neben der geringen Stichprobengröße darin, daß sich die prognostisch relevanten Merkmale z. T. erheblich überlappten. Deshalb hat im Hinblick auf dieEntwicklung eines möglichst ökonomischen Instrumentariums die Frage nach den wirklich entscheidenden Prädiktoren vorrangige Bedeutung (vgl. hierzu z. B. den Beitrag von Stöhr in diesem Band).

(2) Welche und wie viele dieser Merkmale potenzieren sich im Sinne eines kumulativen Risikos?

Hier ist daran zu denken, daß das Vorhandensein eines Risikofaktors für die Prognose von Gewaltproblemen möglicherweise unbedeutend ist, daß aber das Zusammentreffen von zwei oder mehr Risken das Mißhandlungsrisiko potenzieren kann.

(3) Wie treffsicher ist die Prognose von Gewaltproblemen?

Wenn man feststellen will, in welchen Familien später wirklich Gewaltprobleme entstehen, dürfte man sich nicht darauf beschränken, als Kriterium der Prognose nur die Fälle zu berücksichtigen, die als Mißhandlungsfälle in Kliniken oder Kinderschutzeinrichtungen landen. Vielmehr müßten die sogenannten «Risikofamilien» längsschnittlich und über einen relativ langen Zeitraum intensiv beobachtet werden, damit feststellbar wird, ob, zu welchem Zeitpunkt und für welche Dauer in den Familien diese Probleme auftauchen.

Durch so eine Dauerbeobachtung wäre auch dem Problem der Fehlklassifikation besser beizukommen, das sich immer dann stellt, wenn man aus irgendwelchen, nur einmal festgestellten Risikomerkmalen Gewaltprobleme zu prognostizieren versucht (vgl. hierzu Browne & Saqi 1988).

Allerdings sind die Kosten eines solchen Forschungsansatzes nicht zu übersehen. Die bestehen zum einen in dem hohen Personal- und Kostenaufwand, der mit prognostischen Längsschnittstudien dieser Art verknüpft ist (vgl. hierzu Nicol 1985). Kosten gibt es auch auf Seiten der Familien, die einer derartigen Dauerbeobachtung unterworfen werden, weil sie sich öffentlich überwacht und kontrolliert fühlen können.

Schließlich ergeben sich ethische Probleme: es ist kaum zu verantworten, Familien, die viele Risikomerkmale für die Entwicklung von Gewaltproblemen aufweisen, ganz ohne Hilfe zu lassen und der Entwicklung dieser Probleme aus wissenschaftlicher Distanz gleichsam nur zuzuschauen. Deshalb wären hier präventive Formen der Hilfe anzubieten.

(4) Welche Maßnahmen der Prävention sind geeignet und wirksam?

Um festzustellen, welche Maßnahmen der präventiven Hilfe geeignet und wirksam sind, wäre folgender Untersuchungsansatz zu realisieren (vgl. hierzu die vorbildliche Studie von Olds et al. 1986): Risikofamilien wären verschiedenen Interventionsgruppen zuzuteilen, in denen Maßnahmen der Prävention in systematisch gestaffeltem Umfang angeboten würden. Interventionsfreie Vergleichsgruppen sollten die Möglichkeit haben, die ohnehin vorhandenen Dienste der Hilfe und Beratung in der für alle Familien offenen Form in Anspruch zu nehmen.

Dabei sollte man sich davor hüten, die Ziele derartiger Präventionsprogramme zu eng zu definieren und nur die Prävention von Gewaltproblemen zum Effizienzkriterium zu machen. Denn es ginge ja allgemeiner darum, die Lebenschancen von Kindern in Familien zu verbessern. Unter dieser allgemeinen Zielsetzung sind auch die Kosten nicht zu scheuen, die mit der Realisierung eines derartig aufwendigen Forschungsprogramms verknüpft wären.

Literatur

Altemeier, W. A., O'Connor, S., Vietze, P. M., Sandler, H. M., Sherrod, K. B. (1982) Antecedents of child abuse. Behavioral Pediatrics 100: 823–829.

Ammon, G. (1979) Kindesmißhandlung. Kindler, München.

Browne, K, Saqi, S. (1988) Approaches to screening for child abuse and neglect. In: Early prediction and prevention of child abuse. K. Browne, C. Davies und P. Stratton (Hrsg.), Wiley, New York: 57–87.

Egeland, B. (1988) Breaking the cycle of abuse: implications for prediction and intervention. In: Early prediction and prevention of child abuse. K. Browne, C. Davies und P. Stratton (Hrsg.), Wiley, New York: 87–99.

Egeland, B. Brunnquell, D. (1979) An at-risk approach to the study of child abuse. J. Amer. Acad. Child Psychiatr. 18: 219–235.

Eltern (1988) Geht's nicht ohne Klaps und Prügel? In: ELTERN 8/1988: 40–42.

Engfer, A. (1982) Auswirkungen harten elterlichen Strafens. Inauguraldissertation, Universität Trier.

Engfer, A. (1986) Kindesmißhandlung. Ursachen, Auswirkungen, Hilfen. Enke, Stuttgart.

Engfer, A. (1988) Zur prognostischen Identifizierung gewaltbelasteter Familien. In: Wie normal ist die Normalfamilie? M. Cierpka u. E. Nordmann (Hrsg.) Springer, Heidelberg: 63–108.

Engfer, A. (1989) Gewalt gegen Kinder in der Familie. In: Einführung in die Familienpädagogik. B. Paetzold u. L. Fried (Hrsg.) Beltz, Weinheim: 240–259.

Garbarino, J. Gilliam, G. (1980) Unterstanding abusive families. Lexington, Lexington, Mass.

Gelles, R. J. (1987) Family violence. Sage, Newbury Park.

Gray , P. (1987) Crying baby. How to cope. Wisebuy, London.

Kinderschutzzentrum München (1988) Kinderschutz in München. Jahresbericht 1988. Broschüre, München.

Nicol, A. R. (1985) Introduction. In: Longitudinal studies in child psychology and psychiatry. A. R. Nicol (Hrsg.) Wiley, Chichester: 1–11.

Olds, D. H., Henderson, C. R., Chamberlain, R., Tatelbaum, R. (1986) Preventing child abuse and neglect: a randomized trial of nurse home visitation. Pediatrics 78: 65–78.

Patterson, G. (1982) Coercive family process. Castalia, Eugene, Oregon.

Schneewind, K. A., Beckmann, M., Engfer, A. (1983) Eltern und Kinder. Kohlhammer, Stuttgart.

Seagull, E. A. W. (1987) Social support and child maltreatment: a review of evidence. Child Abuse and Neglect 11: 41–52.

Starr, R. H. (1988) Physical abuse of children. In: Handbook of family violence. V. B. van Hasselt, R. L. Morrison, A. S. Bellack u. M. Hersen (Hrsg.) Plenum, New York: 119–155.

Steele; B. F., Pollock, C. B. (1978) Eine psychiatrische Untersuchung von Eltern, die Säuglinge und Kleinkinder mißhandelt haben. In: Das geschlagene Kind. R. E. Helfer u. C. H. Kempe (Hrsg.) Suhrkamp, Frankfurt: 161–243.

Trube-Becker, E. (1982) Gewalt gegen das Kind. Vernachlässigung, Mißhandlung, sexueller Mißbrauch und Tötung von Kindern. Kriminalistik Verlag, Heidelberg.

Zur Diagnose «Kindesmißhandlung»: Ein Modell des ärztlichen Urteilsfindungsprozesses und Ansätze zu seiner empirischen Überprüfung

Ulrich Frick, Reiner Frank und Christian Schött

Die wissenschaftliche Diskussion zum Thema «Kindesmißhandlung» erlebte in den 80er Jahren im deutschsprachigen Raum eine starke (quantitative) Ausweitung. Dabei besteht ein erheblicher zeitlicher Rückstand in der Bearbeitung des Themas im Vergleich zur Situation in den angloamerikanischen Staaten, wo nach der Verabschiedung des «Child Abuse Prevention and Treatment Act» von 1973 in den USA eine regelrechte «abuse industry» (Honig 1986) entstanden ist. Zudem ist die hiesige «scientific community» keineswegs der Motor der öffentlichen Diskussion, sondern folgt lediglich der erfolgreichen Durchsetzung von «Kindesmißhandlung» und «Gewalt gegen Frauen» als soziales (und nicht medizinisches) Problem unter dem neuen Oberbegriff «Gewalt in Familien». Die Akteure dieses öffentlichen Diskurses sind die sogenannte Kinderschutzbewegung (vgl. Kinderschutzzentrum München 1988) und die Frauenbewegung (z. B. Stark & Flitkraft 1988). Die Tatsache, daß die Deutsche Gesellschaft für Kinder- und Jugendpsychiatrie das Thema zu einem Hauptthema ihrer XXI. wissenschaftlichen Tagung erhoben hat, ist durchaus auch als Versuch einer professionellen «Wiederaneignung» des Gegenstandes zu sehen, der vor dem Hintergrund einer auf breiter Linie vollzogenen »Skandalisierung» von Gewalt in Familien (vgl. Honig 1986) keinesfalls als gesellschaftlich neutraler, medizinischer Wissensakkumulierungsprozeß mißdeutet werden darf[1].

In die Durchführung eines Forschungsprogrammes zur Optimierung ärztlicher Interventionsansätze bei Kindesmißhandlungen involviert, angetreten unter einem empirisch-quantitativen Paradigma, stellte sich sehr bald heraus, daß ohne Rekurs auf wissenssoziologische und theoretische Beiträge die Bearbeitung des Mißhandlungsthemas einerseits Gefahr läuft, konkretistisch Legitimationshilfen für Hilfsangebote («. . . aber man muß doch irgendetwas unternehmen!») bereitzustellen, ohne deren Relevanz oder mögliche ungewollte Konsequenzen zu untersuchen. Andererseits liefe sie als Risiko unreflektierter Parteinahme für das medizinische Paradigma

[1] Ein konkretes Beispiel für die umstrittene Meinungsführerschaft zum Thema «Gewalt in Familien» habe ich auf einem Seminar der Thomas-Dehler-Stiftung in München im Juli 1989 erlebt: Deutlich wurde vor allem, daß die im Dreieck zwischen Kinderschutzbewegung, Pädiatrie und Kinderpsychiatrie, sowie feministisch orientierter Sozialarbeit ausgetragene Auseinandersetzung um Erklärungsmodelle und Interventionsansätze selbstverständlich auch unmittelbare finanzielle Folgerungen (Öffentliche Förderung/Nichtförderung von Projekten und Institutionen) nach sich zieht.

(Kindesmißhandlung als ausschließlich medizinisch-psychiatrisches Problem) innerhalb eines gesellschaftlichen Konfliktes um Definitionsmacht und Ressourcen-Zugang, wie er derzeit um das Thema «Gewalt in Familien» entbrannt ist.

Darum wird in dieser Arbeit versucht, zunächst den medizinischen Zugang zum Thema durch eine Analyse von «Diagnose» und »Diagnosestellung» und ihre Implikationen genauer zu beschreiben. Dadurch wird es im zweiten Schritt möglich, in Gegenüberstellung mit sozialwissenschaftlichen Denkweisen das Erkennen von mißhandelten Kindern als sozial vermittelten Urteilsprozeß zu reformulieren. Über die daran gebundenen Handlungsalternativen, deren Zwecke und Konsequenzen, gelangt der dritte Abschnitt zu einer speziellen Indikationsstellung ärztlicher Befunderhebung und professionellen Urteilens im Zusammenhang mit «Kindesmißhandlung». Diese Vorgehensweise wird im anschließenden vierten Abschnitt am Beispiel der Ärzte in der Münchner Universitätskinderklinik demonstriert. Den Abschluß bildet ein Programm zur empirischen Überprüfung der vorgelegten Gedanken, das Grundgerüst einer zwischenzeitlich durchgeführten, aber derzeit noch nicht vollständig ausgewerteten Erhebung am von-Hauner'schen Kinderspital in München.

1. Medizinische Konzepte von ‹Krankheit› und ‹Diagnose›

Wenn man in einem ersten Schritt «Diagnose» als das Erkennen und Benennen eines Krankheitsgeschehens festhält (vgl. Priebe 1989), folgt daraus zwangsläufig die Bestimmung des theoretischen Konzeptes «Krankheit» als Anschlußproblem. Beide Begriffe sind nur in Koppelung verstehbar. Dabei kann «Erkennen und Benennen» einerseits ein routiniertes Abhaken von Symptomlisten bei gut beschriebenen Krankheitsbildern bedeuten (‹diagnosis as list-matching› vgl. Miller et al. 1981). Zum zweiten kann damit aber auch gemeint sein das völlig neue Erkennen und Dechiffrieren eines bislang unbekannten Krankheitszusammenhanges. Im Sinne des Cannonschen Homöostase-Gedankens wird «Krankheit» dabei keinesfalls statisch als pathologischer Ist-Zustand eines Menschen begriffen, sondern als prozeßhafte Reaktion eines organischen Systems auf störende Reize aus der Umwelt. Das (dynamische) Gleichgewicht des Organismus inmitten seiner feindlichen Umwelt soll durch das Regelungsgeschehen der Krankheit auf altem oder neuem Niveau wieder hergestellt werden (Für die folgende Darstellung vgl. Murphy 1988).

Bei der Erstellung einer Diagnose vollzieht der Diagnostiker eine Abbildung von empirischen Daten (den Symptomen) in die Sprache der Wissenschaft (der Medizin), in ihren Behandlungskontext und in ihren Vorstellungs- und Erklärungsraum. Dieser Abbildungsprozeß läuft über drei verschiedene Ebenen: von den einzelnen Symptomen des individuellen Patienten (Datenebene) über das Gesamtbild seines klinischen Erscheinungsbildes (Ebene der Manifestationen) hin zu den zugrundeliegenden Krankheitsmechanismen (nosologische Ebene). Es existieren drei Denkrichtungen, wie diese drei Ebenen (Daten, Manifestationen, Nosologie) miteinander in Beziehung gesetzt werden müssen:

Die «substantialistische» Denkweise beschreibt «Krankheit» als eine unabhängige Wesenheit, eine Entität getrennt von den Patienten und ihren Symptomen. Unterschiedliche Patienten mit möglicherweise nur mäßig ähnlichen Symptomen können alle an ein und derselben, identischen Krankheit leiden. Diagnostik bestimmt diesen nosologischen Gegenstand. Als Beispiel läßt sich eine Virusinfektion mit bestimmbarem Erreger anführen.

Demgegenüber behaupten «nominalistisch» orientierte Medizintheoretiker, «Krankheit» ließe sich wirklich korrekt nur auf der Ebene der Manifestationen erfassen: Herr X hat sich mit dem Messer am Daumen verletzt, er blutet, ein Nerv ist durchtrennt, usw.. «Krankheitsbilder» im Sinne von Syndromen ließen sich allenfalls rechtfertigen als Cluster von gleichen Störungen ähnlichen Ausmaßes oder teilweise identer Konfigurationen unterschiedlicher Einzelbefunde in diesem unendlichen Ähnlichkeitsraum potentieller Manifestationen.

Zwischen diesen beiden Positionen vermittelt die ekklektizistische Auffassung des Krankheitsbegriffes, indem sie je nach Wissensfortschritt in der Medizin die eine oder andere Anschauungsweise bevorzugt: Eine Diagnose «Schizophrenie» ohne genaue Kenntnis der Ätiologie und des nosologischen Agens wäre demnach auf der Ebene der Manifestationen anzusiedeln. «Syphilis» dagegen kann als nosologischer Gegenstand eindeutig bestimmt werden.

Die medizinische Denkweise um die Diagnose »Kindesmißhandlung» besitzt einige Ähnlichkeiten mit der substantialistischen Auffassung einer Krankheit: Hinter der Oberschenkelfraktur des Säuglings X.Y., hinter dem desolaten Allgemeinzustand des Kleinkindes G., jenseits der Verhaltensauffälligkeiten des Jugendlichen Z. vermuten Ärzte eventuell einen gesonderten Mechanismus, der diese Symptome hervorbringt: die Mißhandlung. Zudem wirkt dieser Mechanismus auch auf die Schicksale vieler, vordergründig äußerst verschiedener Kinder ein und wird für die erhobenen Befunde als kausaler Faktor interpretiert. Kempes »battered child syndrome» begründete diese Tradition, die bis heute weitgehend die medizinische Diskussion beherrscht (z. B. Newberger et al. 1977; in Deutschland jüngst Lamesch 1988).

2. «Kindesmißhandlung» als soziale Rekonstruktion

Am sogenannten medizinischen Krankheitsmodell als Erklärungsgrundlage vor allem für psychiatrische Störungen wurde in der Vergangenheit aus der Sicht der Sozialwissenschaften heftige Kritik geübt (für die Diskussion in Deutschland vgl. besonders die Arbeiten von Keupp). Jüngere Publikationen (z. B. Priebe 1989) berücksichtigen die Einwände aus Antipsychiatrie, Soziologie und Sozialpsychologie insofern, als für Krankheitsbilder, bei denen Störungen der Interaktion im sozialen Umfeld des Patienten mitdiskutiert werden müssen, sowohl die Rolle des Diagnostikers als Teil dieses sozialen Umfeldes mit reflektiert wird, als auch der Paradigmenwechsel hin zu einer »bio-psycho-sozialen Verursachung» vollzogen scheint.

»Kindesmißhandlung, -vernachlässigung, sexueller Mißbrauch» werden vor diesem Hintergrund als Störung der Interaktion des Kindes mit seinen Eltern begriffen. Das Zuschreiben vorliegender (körperlicher oder verhaltensmäßiger) Befunde auf diese spezielle Interaktionsweise der Eltern/Betreuungspersonen mit dem Kind sollte man daher richtiger nicht als «Diagnose», sondern als den Versuch einer Rekonstruktion bezeichnen. Aus den Symptomen (Daten) wird nicht mehr eine «Krankheit» des Kindes, auch nicht mehr eine Pathologie der mißhandelnden Eltern[2] erschlossen, sondern die der medizinischen Diagnose «Fraktur» vorausgegangene Handlungssequenz wird aufgedeckt.

Dabei zeigt sich diese Rekonstruktion im doppelten Sinne als »sozial»: Zum einen geht es um das Erkennen von Interaktionen, von sozialen Sachverhalten. Andererseits ist natürlich die Bewertung dieser Interaktionen als Mißhandlung selbstverständlich ein sozial vermittelter Prozeß. Honig (1986) arbeitet akribisch die historisch-kulturellen Bedingungen dieses Bewertungsprozesses als politische Auseinandersetzung um gesellschaftliche Wertvorstellungen und Orientierungen heraus. Werthaltungen (Wolff et al. 1987; Raupp 1988) und professionelle Rolle (Gelles 1982) bestimmen die Erkenntnisse über Mißhandlung, ja selbst das weitere Schicksal eines mißhandelten oder auch unauffälligen Kindes wird von der Tatsache der «Diagnosestellung» als labeling-Prozeß entscheidend mitbestimmt (Gelles 1975).

Unter dieser Reformulierung von Mißhandlungsdiagnostik als »Sozialer Rekonstruktion» lassen sich für die ärztliche Sicht entscheidende neue Gesichtspunkte für die Zusammenarbeit mit relevanten Nachbardisziplinen angeben: Die Psychoanalyse beschäftigt sich seit jeher mit der Rekonstruktion von (frühkindlichen) Interaktionsprozessen. Die Symptome eines Patienten werden dort explizit als Signale verstanden, die auf zugrundeliegende psychische Störungen verweisen sollen. Der psychoanalytische Prozeß stellt auch Hilfsmittel für deren Dechiffrierung zur Verfügung (z. B. analytische Spieltherapie). Erkenntnisse aus Kriminologie und Entwicklungspsychologie müssen bei der Glaubwürdigkeitsprüfung berücksichtigt werden (vgl. Benedek & Schetky 1987a, 1987b). Die Sozialpsychologie bietet ihre Erkenntnisse über menschliches Urteils(un)vermögen an, über Mechanismen sozialer Wahrnehmung, über die Dynamik von Familiensystemen und vieles mehr. Die Soziologie schließlich kann helfen bei Fragen nach überindividuellen Aspekten einer Mißhandlungs»diagnose»: Wie ist die Legitimierung von Gewalt und Gewalthandlungen über die Gesellschaft, über Schichten verteilt? Welche kulturellen Bedingungen für Gewalthandlungen lassen sich erkennen? Originär soziologischer Konzepte (des Begriffes der strukturellen Gewalt von Galtung, 1975) bedient sich die Mißhandlungsdiskussion beispielsweise bei der Einordnung von Vernachlässigungsschäden, wenn diese nicht personal zugeordnet werden können, sondern als Folgen der Lebensbedingungen von Erwachsenen und Kindern aufzufassen sind.

[2] Zur Kritik des psychopathologischen Erklärungsmodelles für Kindesmißhandlung vgl. Engfer 1986, insbesondere S. 42ff; sowie Gelles 1973.

3. Zwecke und mögliche Folgen einer Diagnosestellung

Im Unterschied zur rechtlichen Situation in den Vereinigten Staaten (wo der Großteil der Forschungsarbeiten zu ‹child abuse & neglect› geleistet wird) besteht in der Bundesrepublik keine Meldepflicht für Kindesmißhandlung. Dies eröffnet den beteiligten Institutionen aus Sozialarbeit und Medizin eine größere Flexibilität in ihrer Vorgehensweise bei der Rekonstruktion von Mißhandlungen. Dennoch scheint es der Mühe wert, sich die möglichen Motive einer Diagnostik und deren erwartbare Folgerungen vor Augen zu führen (vgl. Elffors 1988):

1. In der Mehrzahl aller Fälle dient in der Medizin das Erstellen einer Diagnose der Zuweisung des Patienten zu einer geeigneten Therapie. Die Diagnose wirkt als Verteilerstation zwischen Beschwerden und Behandlung. Oft bleibt eine solche Diagnose dem Patienten selber völlig unbekannt und wird nur innerhalb des behandelnden Personals, in der Kliniköffentlichkeit kommuniziert. Der Wahrheitsgehalt der Diagnose ist dabei eigentlich nebensächlich. Was interessiert, ist lediglich die Frage: Bekommen die richtigen Personen die richtige Therapie? Die Qualität der Diagnose relativiert sich am zu erwartenden Nutzen/Risiko-Verhältnis nachfolgender Behandlungsmaßnahmen (Miller et al. 1981).
2. Die Diagnose dient oft auch dazu, den weiteren klinischen Verlauf einer Erkrankung vorherzusagen. Als Werkzeug zur Prognose ermöglicht sie im Optimalfall die Antizipation weiterer Komplikationen und geeignete Gegenstrategien. Unter diesen Umständen wird man von ihr eine möglichst hohe Spezifität verlangen, die maximale Sicherheit, die Krankheit korrekt auszuschließen, damit das Unterlassen von Vorkehrungen legitimiert ist. Beim gegenwärtigen Stand der Forschung zur Kindesmißhandlung, und wohl auch prinzipiell (Interaktionsgeschehen!) scheint es fraglich, ob Mißhandlungsdiagnostik unter diesem prognostischen Anspruch überhaupt antreten kann.
3. Um den Verlauf einer Krankheit genauer beschreiben zu können, dient eine Diagnose als primär wissenschaftlich orientiertes Klassifikationsverfahren. Etwa bei Studien zu den Langzeitauswirkungen von Mißhandlung (z.B. Lynch & Roberts 1982) stünde Diagnostik unter diesem Primat, homogene, exakt definierte und gemessene Subgruppen aufzufinden.
4. Ein besonderer Fall liegt dann vor, wenn die Diagnose-Stellung als formaler Akt erfolgen soll, etwa als medizinisches Gutachten im Rahmen einer Sorgerechtsauseinandersetzung. Die besonderen Abhängigkeiten und Kriterien eines solchen Begutachtungsprozesses können im Rahmen dieser Arbeit nicht weiter erörtert werden.
5. Oft bildet eine Diagnose aber auch nur eine vorübergehende Arbeitshypothese, wenn man zur Festlegung weiterer diagnostischer Schritte erst einmal die Richtung festzulegen hat, in der man weiterhin gewillt ist, genauer nachzuforschen. Solch eine «Verdachtsdiagnose» kann im Falle einer vermuteten Mißhandlung zur stationären Aufnahme führen, damit weitere Evaluierungsschritte überhaupt ermöglicht werden, ohne daß die somatischen Befunde die Hospitalisierung bereits rechtfertigen würden. Die Validität einer solchen interimistischen Hypo-

these braucht sicherlich nicht sehr hoch zu sein, zu fordern ist in diesem Zusammenhang für eine interimistische Verdachtsdiagnose lediglich ein möglichst hoher sog. negativer prädiktiver Wert (Prozentsatz korrekter ausschließender Diagnosen).

Das von den Ärzten des von-Haunerschen Kinderspitals der Universität München angewandte Beobachtungsschema zur Kindesmißhandlung bezieht sich auf die Punkte 1 (Diagnose = Therapiezuweisung) und 5 (interimistische Hypothese) dieser Aufzählung. Es soll sichergestellt werden, daß möglichst kein potentiell mißhandeltes Kind einer genaueren Begutachtung seiner persönlichen Lage entgeht, und daß neben der normalen medizinischen Versorgung auch die in der Klinik speziell eingerichtete Betreuung solcher Kinder (Frank, 1985) durch das sogenannte «Team» (Pädiater, Kinderpsychiater, Sozialarbeiter, Psychologe) eingeschaltet wird.

Deshalb wird höchstmögliche Sensitivität angestrebt. Die Frage der Spezifität kann als weniger wichtig gewertet werden: Zum einen bleibt die «Etikettierung» der betroffenen Familie zunächst innerhalb der Kliniköffentlichkeit (selbst diese wird nur partiell hergestellt). Negative Folgen einer ‹false positive›-Klassifikation erscheinen uns deshalb erheblich geringer als die Kosten einer ‹false-negative›-Entscheidung (vgl. auch Tsujimoto & Berger, 1988). Das hohe Risiko einer ‹false-negative›-Diagnose unterstreichen beispielsweise Ergebnisse von Newberger et al. (1973), die von bis zu 10% Rückfällen bei mißhandelten Kindern innerhalb eines Jahres berichten.

4. Das Beobachtungsraster der Münchner Universitätskinderklinik

Abbildung 1 veranschaulicht die Grundgedanken der Vorgehensweise: In einem ersten Schritt bewerten die Ärzte der Klinik bei der Vorstellung des Kindes eine Liste körperlicher, relativ eindeutiger Symptome einer Mißhandlung (Unterprogramm 1). Können diese alle verneint werden, beantwortet der Aufnahmearzt eine zweite Liste von sog. unspezifischen Symptomen (körperliche Symptome, Umstände der Aufnahme usw.) im Unterprogramm 2. Falls sich auch hier keine Auffälligkeiten ergeben, bewertet der Arzt noch eine dritte Liste (Unterprogramm 3) von unspezifischen, psychischen Symptomen auf das Vorliegen von Verdachtsmomenten hin. Erst wenn diese drei Erhebungen alle ohne Hinweise auf Mißhandlung blieben, ist das ärztliche Personal nicht mehr zu weiteren Evaluierungsschritten verpflichtet.

Wenn allerdings irgendwo in dieser Unterssuchungsreihe Verdachtsmomente auftauchen, dann sollte eine spezielle »Zusatz-Diagnostik» (Unterprogramm 4) anlaufen. Darunter ist nur zum Teil das Erheben zusätzlicher Daten und Befunde zu verstehen. Zum größeren Teil bleibt das dann einzuschaltende Mißhandlungsteam an der Klinik aufgefordert, diejenigen Informationen, die in einer ausführlichen Kindes- und Sozialanamnese sowieso erhoben werden sollten, unter dem Gesichtspunkt des aufgetretenen «Verdachtes» neu zu bewerten.

Die einzelnen Symptome der Subprogramme (Abb. 2 bis 6) sind vielerorts bereits

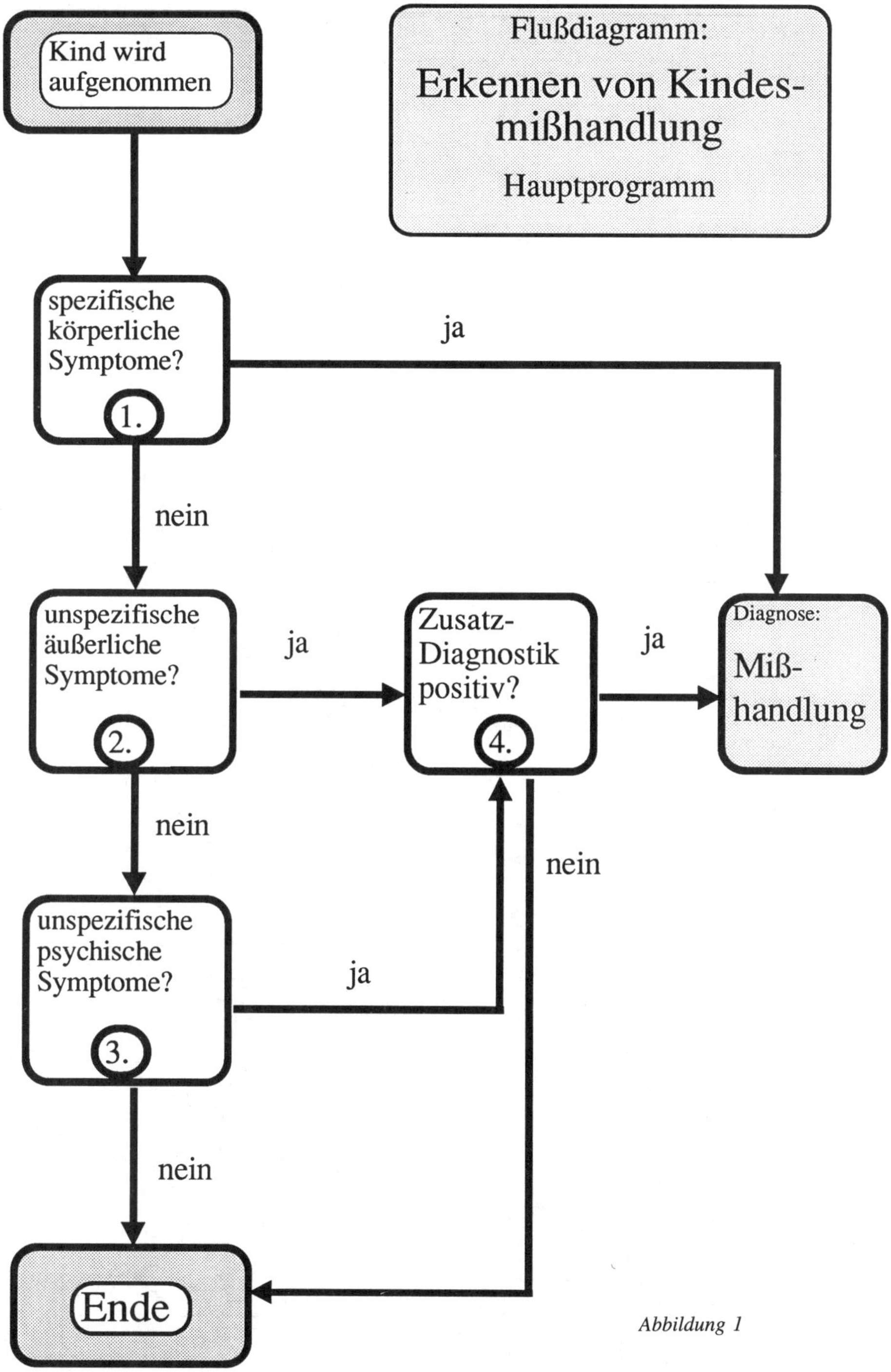
Flußdiagramm:
Erkennen von Kindesmißhandlung
Hauptprogramm
Kind wird aufgenommen
spezifische körperliche Symptome?
1.
ja
nein
unspezifische äußerliche Symptome?
2.
ja
Zusatz-Diagnostik positiv?
4.
ja
Diagnose:
Miß-handlung
nein
nein
unspezifische psychische Symptome?
3.
ja
nein
Ende

Abbildung 1

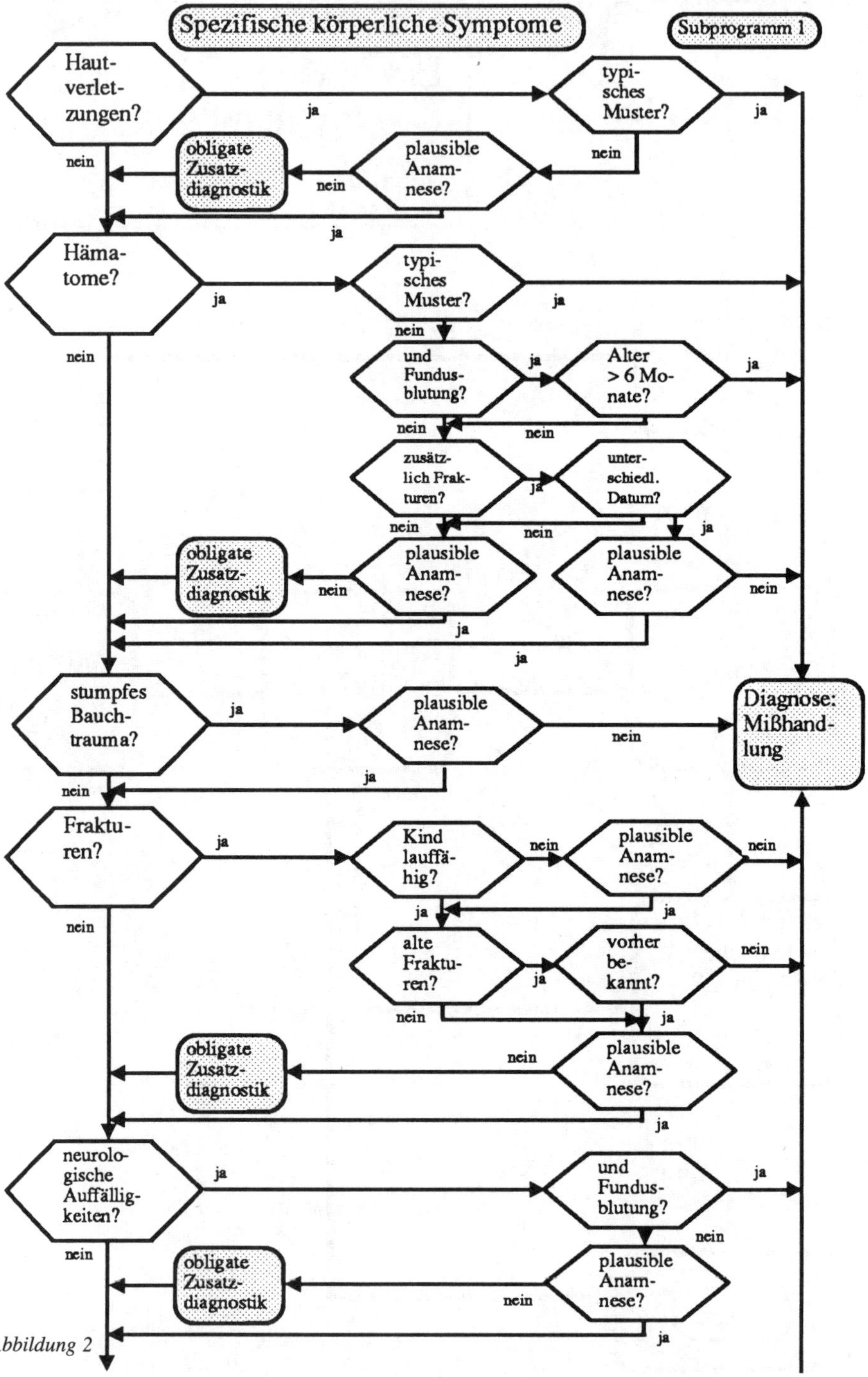

Spezifische körperliche Symptome
Subprogramm 1
Haut-
verlet-
zungen?
ja
typi-
sches
Muster?
ja
nein
plausible
Anam-
nese?
nein
obligate
Zusatz-
diagnostik
nein
ja
Häma-
tome?
ja
typi-
sches
Muster?
ja
nein
nein
und
Fundus-
blutung?
ja
Alter
> 6 Mo-
nate?
ja
nein
nein
zusätz-
lich Frak-
turen?
ja
unter-
schiedl.
Datum?
nein
nein
ja
obligate
Zusatz-
diagnostik
nein
plausible
Anam-
nese?
plausible
Anam-
nese?
nein
ja
ja
stumpfes
Bauch-
trauma?
ja
plausible
Anam-
nese?
nein
Diagnose:
Mißhand-
lung
nein
ja
Fraktu-
ren?
ja
Kind
lauffä-
hig?
nein
plausible
Anam-
nese?
nein
nein
ja
ja
alte
Fraktu-
ren?
ja
vorher
be-
kannt?
nein
nein
ja
obligate
Zusatz-
diagnostik
nein
plausible
Anam-
nese?
ja
neurolo-
gische
Auffällig-
keiten?
ja
und
Fundus-
blutung?
ja
nein
nein
obligate
Zusatz-
diagnostik
nein
plausible
Anam-
nese?
ja

Abbildung 2

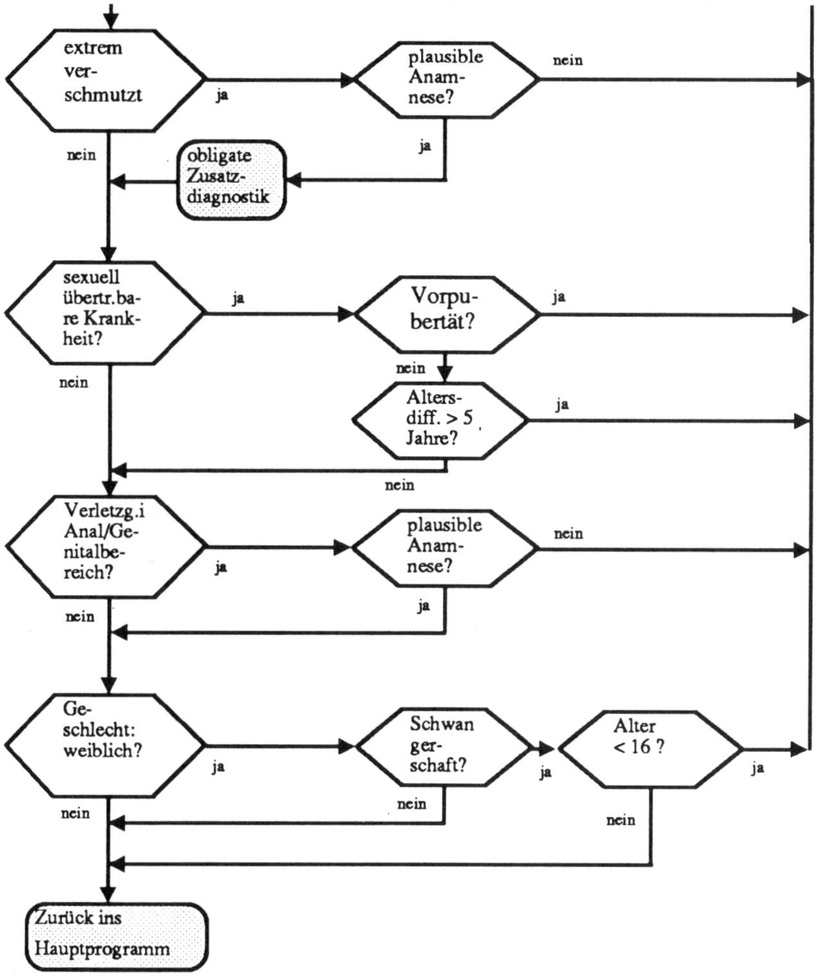

extrem ver-schmutzt
ja
plausible Anam-nese?
nein
ja
nein
obligate Zusatz-diagnostik
sexuell übertr.ba-re Krank-heit?
ja
Vorpu-bertät?
ja
nein
nein
Alters-diff. > 5 Jahre?
ja
nein
Verletzg.i Anal/Ge-nitalbe-reich?
ja
plausible Anam-nese?
nein
ja
nein
Ge-schlecht: weiblich?
ja
Schwan ger-schaft?
ja
Alter < 16 ?
ja
nein
nein
nein
Zurück ins Hauptprogramm

Abbildung 3

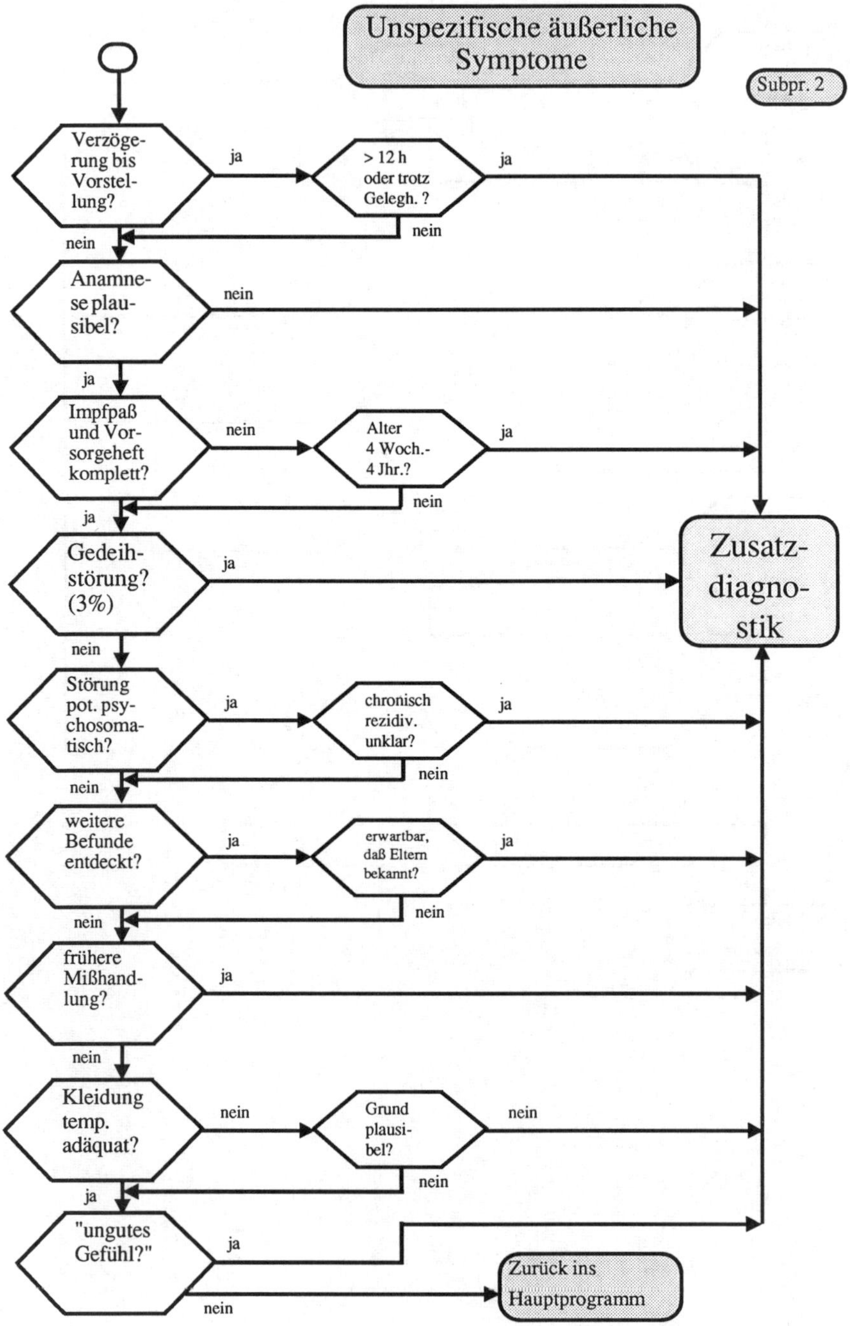
Unspezifische äußerliche Symptome
Subpr. 2
Verzögerung bis Vorstellung?
ja
> 12 h oder trotz Gelegh. ?
ja
nein
nein
Anamnese plausibel?
nein
ja
Impfpaß und Vorsorgeheft komplett?
nein
Alter 4 Woch.- 4 Jhr.?
ja
nein
ja
Gedeihstörung? (3%)
ja
Zusatzdiagnostik
nein
Störung pot. psychosomatisch?
ja
chronisch rezidiv. unklar?
ja
nein
nein
weitere Befunde entdeckt?
ja
erwartbar, daß Eltern bekannt?
ja
nein
nein
frühere Mißhandlung?
ja
nein
Kleidung temp. adäquat?
nein
Grund plausibel?
nein
nein
ja
"ungutes Gefühl?"
ja
nein
Zurück ins Hauptprogramm

Abbildung 4

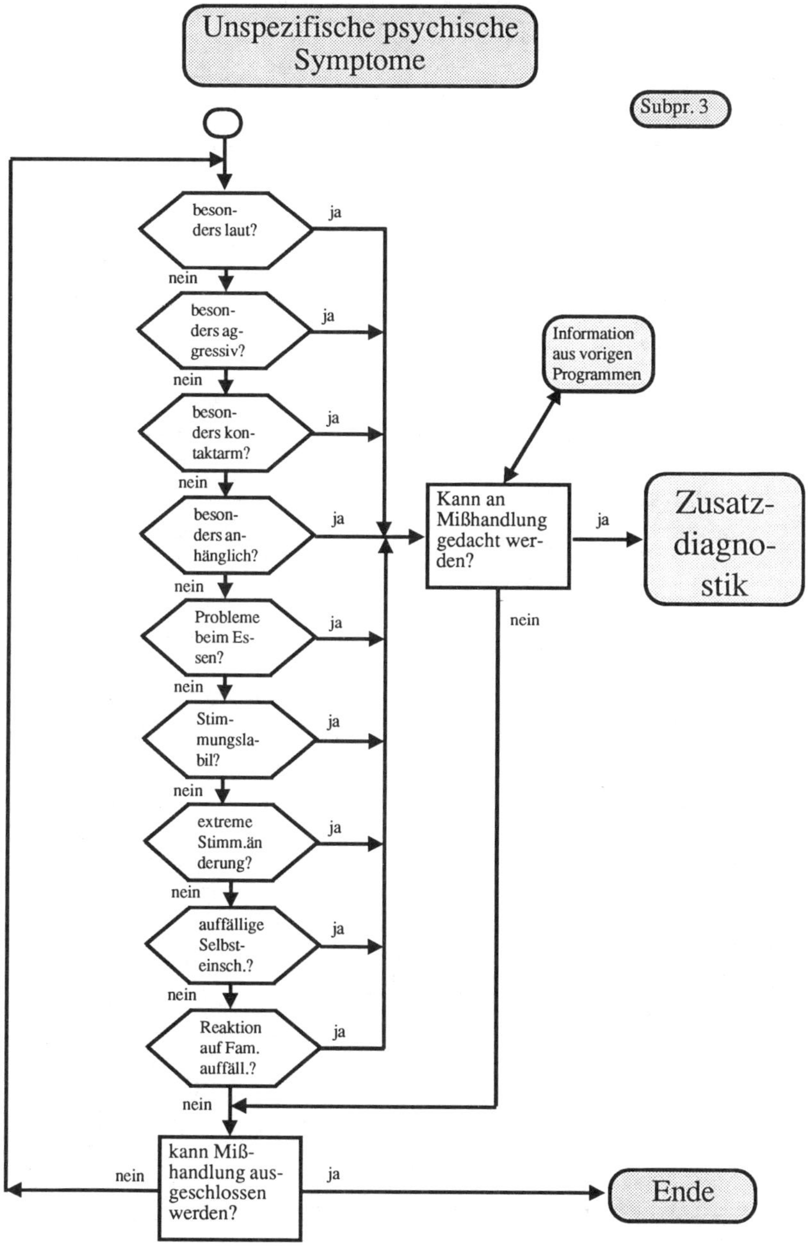

Unspezifische psychische Symptome
Subpr. 3
besonders laut?
ja
nein
besonders aggressiv?
ja
nein
besonders kontaktarm?
ja
nein
besonders anhänglich?
ja
nein
Probleme beim Essen?
ja
nein
Stimmungslabil?
ja
nein
extreme Stimm.änderung?
ja
nein
auffällige Selbsteinsch.?
ja
nein
Reaktion auf Fam. auffäll.?
ja
nein
Information aus vorigen Programmen
Kann an Mißhandlung gedacht werden?
ja
nein
Zusatzdiagnostik
kann Mißhandlung ausgeschlossen werden?
nein
ja
Ende

Abbildung 5

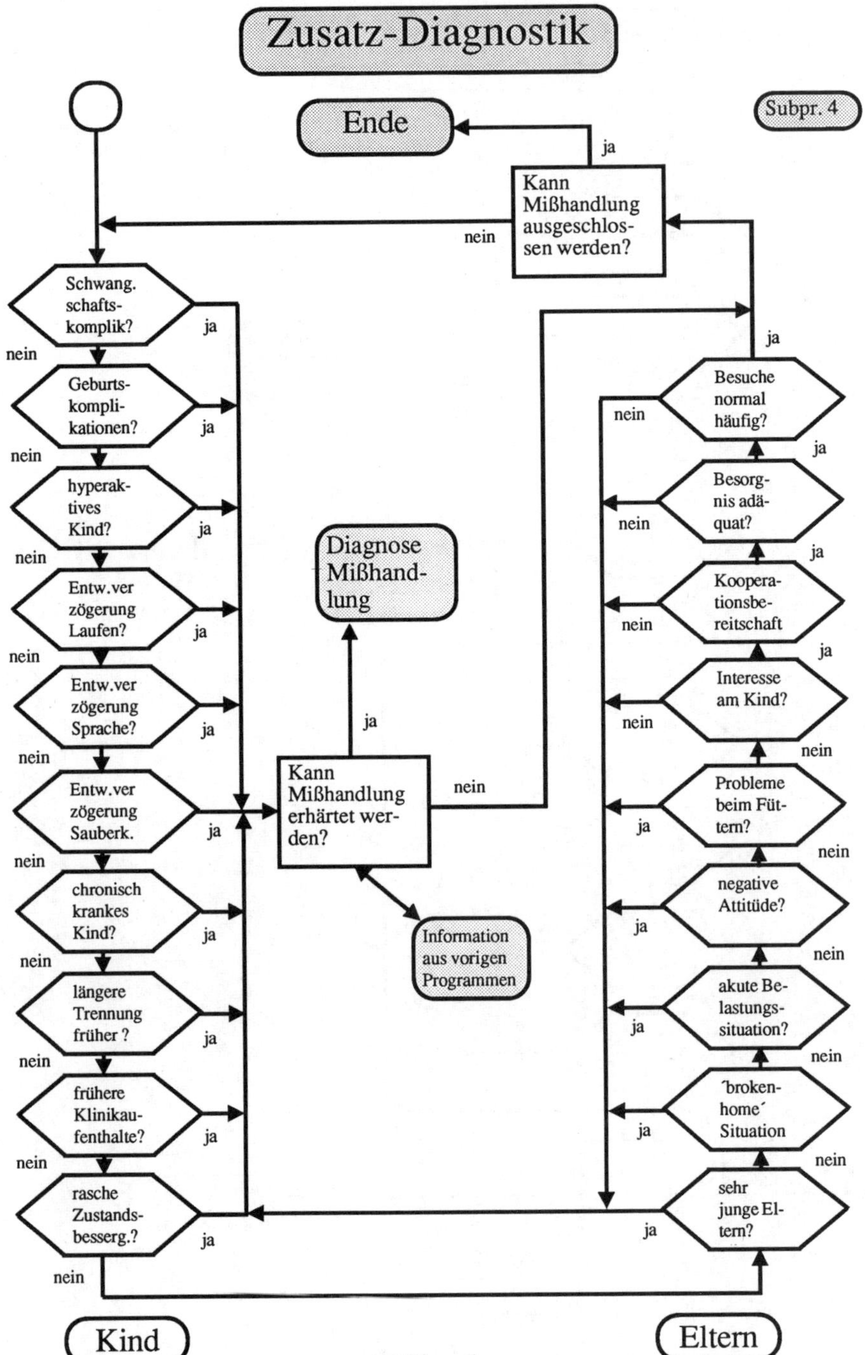
Zusatz-Diagnostik
Ende
Subpr. 4
ja
Kann Mißhandlung ausgeschlossen werden?
nein
Schwang. schafts- komplik?
ja
nein
Geburts- kompli- kationen?
ja
nein
hyperak- tives Kind?
ja
nein
Entw.ver zögerung Laufen?
ja
nein
Entw.ver zögerung Sprache?
ja
nein
Entw.ver zögerung Sauberk.
ja
nein
chronisch krankes Kind?
ja
nein
längere Trennung früher ?
ja
nein
frühere Klinikaufenthalte?
ja
nein
rasche Zustands- besserg.?
ja
nein
Diagnose Mißhandlung
ja
Kann Mißhandlung erhärtet werden?
nein
Information aus vorigen Programmen
ja
Besuche normal häufig?
nein
ja
Besorgnis adäquat?
nein
ja
Kooperationsbereitschaft
nein
ja
Interesse am Kind?
nein
nein
Probleme beim Füttern?
ja
nein
negative Attitüde?
ja
nein
akute Belastungs- situation?
ja
nein
'broken- home' Situation
ja
nein
sehr junge Eltern?
ja
Kind
Eltern

Abbildung 6

ausführlich beschrieben worden (Für eine Zusammenfassung vgl. Engfer 1986; oder Wittenhagen et al. 1979). Der spezielle Anspruch der vorliegenden Arbeit besteht nicht darin, «neue» Symptome als hinweisgebend zu beschreiben, oder bei bereits bekannten Symptomen differentialdiagnostisch relevante, neue Randbedingungen auszuarbeiten. Vielmehr geht es einerseits darum, eine klinisch handhabbare «checklist» zu erstellen, und somit eine Zusammenfassung und Vereinheitlichung des ärztlichen Vorgehens voranzutreiben[3]. Zum zweiten sollen aber auch die Mechanismen des Urteilsprozesses genauer beschrieben und empirisch überprüfbar werden.

Auch wenn die Subprogramme 1 und 2 suggerieren, es handle sich in diesem Flußdiagramm um eindeutige Entscheidungen, um klare JA/NEIN-Alternativen, so darf man sich nicht darüber täuschen, daß sich in den Entscheidungsrauten «plausible Anamnese?» und »typisches Muster?» hochkomplexe Urteilsprozesse verbergen, die einer starken Inter- und Intra-Rater-Variabilität unterworfen sein werden. Deren Bedingungen und Abhängigkeiten sind derzeit noch ungenügend erforscht[4]. Ansonsten dürften diese Programme selbsterklärend sein. Subprogramm 2 widmet sich einigen unspezifischen, körperlichen Symptomen (wie z. B. dem ‹failure to thrive›-Syndrom), aber auch den Umständen und der Geschichte der Kontaktaufnahme zum kindlichen Patienten (zeitliche Verzögerungen im Vorfeld, inadäquate Kleidung usw.). Als unverzichtbare »Restkategorie» hat sich in der Diskussion mit den Pädiatern die Möglichkeit herausgestellt, eine genauere Abklärung eines »unguten Gefühles» veranlassen zu können, ohne dafür bereits zum Formulieren expliziter Begründungen gezwungen zu sein. Manche Aspekte der Arzt-Kind-Interaktion, der Arzt-Eltern-Interaktion, oder der Eltern-Kind-Interaktion beim Erstkontakt können solch ein «ungutes Gefühl» hervorrufen, ohne daß dem Diagnostiker es möglich ist, diese Momente bereits klar zu benennen.

Im Subprogramm 3 (unspezifische psychische Symptome) findet sich eine Auflistung psychischer Symptome des Kindes, die alle unter dem Oberbegriff «auffällig» zusammengefaßt werden können. Deren Spezifität für eine vorangegangene Mißhandlung wird allgemein als gering diskutiert (Benedek & Schetky 1987b), jedoch kann unter den oben aufgeführten besonderen Interessen der Erhebungssituation auf diese Liste nicht verzichtet werden. Es muß auch darauf hingewiesen werden, daß Verhaltensbeobachtungen wie «besonders laut», «stimmungslabil» etc. zweifellos unscharfe Begriffe darstellen im Sinne der mathematischen fuzzy-set Theorie. Dies bedeutet, daß bei einer Modellierung des Diagnoseprozesses (Wetter 1983) eine doppelte Unsicherheit zu berücksichtigen ist: Einerseits bleibt es beim derzeitigen Wissensstand unklar, mit welcher Wahrscheinlichkeit eine «extreme Stimmungsänderung» des Kindes als Reaktion auf die Hospitalisierung einen Hinweis auf

[3] Damit wird aber auch der Forderung von Haugaard & Emery (1989) nach einer Transparenz der zugrundeliegenden Operationalisierung bei Studien zur Prävalenz von Mißhandlungen genüge geleistet.

[4] Auf dem benachbarten Feld von «Gewalt gegen Frauen» existiert aber eine brillante Studie von Stark et al. (1979), die sich insbesondere den gesellschaftlichen Bedingungen eines Erkennens und Codierens von «Gewalt» als Verletzungsursache widmet.

Mißhandlung leistet[5]. Andererseits muß neben diesem «Wahrscheinlichkeitsgehalt» der extremen Stimmungsänderung auch ihr «Wahrheitsgehalt» (die Wahrscheinlichkeit, mit der der Diagnostiker imstande ist, das Vorliegen des Symptomes richtig zu erfassen) berücksichtigt werden. Diesbezügliche Forschung auf dem Feld der Mißhandlungsthematik bildet derzeit allenfalls ein Desideratum.

Subprogramm 4 (Zusatz-Diagnostik) enthält zwei – erweiterbare – Listen von Merkmalen des Kindes oder der Eltern, die sich in case-control-Studien (z.B. Murphy et al. 1981) oder in prospektiven Studien (z.B. Engfer 1988) als bedeutsam erwiesen haben. Die Besonderheit von Subprogramm 3 und 4 besteht darin, daß im Unterschied zu den «eindeutigen» (zur Einschränkung vgl. oben) Entscheidungsbäumen der vorangegangenen Programme diese beiden Prozeduren sozusagen «in Schleife» laufen: Die Einzelitems der jeweiligen Liste können in einer quantifizierten Antwort (mehr oder weniger an Zustimmung) der Reihe nach bearbeitet werden. Nach jedem Schritt schließt sich ein doppelter Urteilsprozeß an: Kann der Verdacht definitiv gefaßt werden (Subprogramm 3), kann die Diagnose erhärtet werden (Subprogramm 4)? Wenn diese Fragen verneint werden (vorläufig), dann entscheidet ein zweiter Mechanismus über die Fortsetzung der Programmbearbeitung: Kann der Verdacht definitiv ausgeschlossen werden? Falls auch dafür noch ungenügende Entscheidungsgrundlagen vorliegen, wird das jeweilige Subprogramm weiter abgearbeitet. Die interne Charakteristik dieser Verknüpfungs- und Bewertungsprozeduren bleibt derzeit noch unbekannt.

5. Empirische Überprüfung

Das hier vorgelegte Konzept zur Entscheidung stellt zunächst das Ergebnis einer Selbstreflexion des sogenannten Mißhandlungsteams in der genannten Klinik dar. Die beteiligten »Mißhandlungsspezialisten» begreifen dieses Modell als Abbild ihrer Vorgehensweise (vgl. auch Kintzer 1986). Für den überwiegenden Teil der in der Klinik arbeitenden Ärzte oder Schwestern bildete dieser Algorithmus zunächst wohl eher ein normatives Konzept denn eine Widerspiegelung ihrer geübten Praxis. Jedoch soll die Einsatzfähigkeit und die Übereinstimmung des geschilderten Programmes mit der tatsächlich praktizierten Diagnostik empirisch überprüft werden.

Zu diesem Zweck wurden im Zeitraum zwischen dem 1. 12. 1988 und dem 31. 3. 1989 alle in die Klinik stationär aufgenommenen Kinder nach den Vorgaben des beschriebenen Beobachtungsrasters registriert. Der gewonnene Datensatz umfaßt n = 1257 Kinder. Als Datenquellen wurden die Angaben von Ärzten und Pflegepersonal zu verschiedenen Zeitpunkten des Klinikaufenthaltes eines Kindes benutzt. Beide Berufsgruppen beurteilen die einzelnen Fragestellungen des oben geschilderten Beobachtungsrasters, soweit ihnen die jeweiligen Informationen zugänglich

[5] Lamesch (1988) behauptet, ein «umgekehrter Hospitalismus» habe beweisenden Charakter für eine Mißhandlung. Dies unterlegt er nicht mit empirischen Befunden.

sind, in detaillierter, standardisierter Form. Zusätzlich werden die behandelnden Ärzte und Schwestern zu verschiedenen Zeitpunkten nach ihrer Diagnose bezüglich Mißhandlung, Vernächlässigung und sexuellem Mißbrauch befragt. Dies ermöglicht den Vergleich von theoretischem Modell mit praktischer diagnostischer Tätigkeit. Weiter können auch die Prävalenz und die Sensitivität wie Spezifität von Einzelsymptomen innerhalb einer Klinikpopulation bestimmt werden, weil eine geeignete Vergleichsgruppe von Kindern mit registriert wurde. Eine zentrale Fragestellung für die Auswertung liegt in der Praktikabilität des Schemas im normalen Klinikbetrieb.

Die Ergebnisse dieser Vollerhebung werden nach Abschluß der Auswertungsphase gesondert publiziert werden. Als erste Reaktion im Binnenverhältnis der Klinik bleibt eine deutliche Sensibilisierung des gesamten Personals für die Mißhandlungsproblematik zu berichten, welche auch zu einem Anstieg der Zahlen erkannter Mißhandlungsfälle führte.

Literatur:

Benedek E. P. & Schetky, D. H. (1987a) Clinical experience: Problems in validating allegations of sexual abuse, part 1: Factors affecting perception and recall of events. J. Amer. Acad. Child Adol. Psychiat., 26/6, 912–915.

Benedek, E. P. & Schetky, D. H. (1987b). Clinical experience: Problems in validating allegations of sexual abuse, part 2: Clinical evaluation. J. Amer. Acad. Child Adol. Psychiat., 26/6, 916–921.

Elffors, L. (1988). On assessing the validity of the main diagnosis in patient data bases: The impact of aims for making diagnosis. Theoretical Medicine, 9/2, 141–150.

Engfer, A. (1986). Kindesmißhandlung. Ursachen Auswirkungen Hilfen. Stuttgart: Enke.

Engfer, A. (1988). Zur prognostischen Identifizierung gewaltbelasteter Familien. In Cierpka, M. (Hrsg.). Vierter Workshop für Familienforschung in Psychiatrie und Psychotherapie. Berlin/Heidelberg/New York: Springer.

Frank, R. (1985). Recognition and management of child abuse in a children's hospital. School Psychology International, 6, 159–166.

Galtung, J. (1975). Strukturelle Gewalt. Beiträge zur Friedens- und Konfliktforschung. Reinbek: Rowohlt.

Gelles, R. J. (1973). Child abuse as psychopathology: A sociological critique and reformulation. Amer. J. Orthopsychiat., 43/4, 611–621.

Gelles, R. J. (1975). The social construction of child abuse. Amer. J. Orthopsychiat., 45/3, 363–371.

Gelles, R. J. (1982). Problems in defining and labeling child abuse. In Starr, R. H. (Hrsg.), Child abuse prediction (S. 1–30). Cambridge, Mass.: Ballinger.

Haugaard, J. J. & Emery, R. E. (1989). Methodological issues in child sexual abuse research. Child Abuse & Neglect, 13, 89–100.

Honig, M. S. (1986). Verhäuslichte Gewalt. Frankfurt: Suhrkamp.

Kinderschutzzentrum München (1988). Kinderschutz in München: Jahresbericht 1988. München: Deutscher Kinderschutzbund.

Kintzer, I. (1986). Interventionsmaßnahmen – Prävention und Therapie. In Engfer, A. (Hrsg.), Kindesmißhandlung (S. 125–158). Stuttgart: Enke.

Kotelchuk, M. (1982). Child abuse and neglect: Prediction and misclassification. In Starr, R. H. (Hrsg.), Child abuse prediction (S. 67–104). Cambridge, Mass.: Ballinger.

Lamesch, A. (1988). Das Syndrom des geschlagenen Kindes. Z. Allg. Med., 64, 137–142.

Lynch, M. A. & Roberts, J. (1982). Consequences of child abuse. London, New York: Academic Press.

Miller, M. C., Westphal, M. C. & Reigart, J. R. (1981). Mathematical models in medical diagnosis. New York: Praeger.
Murphy, E. A. (1988). The diagnostic process, the diagnosis and homeostasis. Theoretical Medicine, 9/2, 151–167.
Murphy, J. F., Jenkins, J., Newcombe, R. G. & Sibert, J. R. (1981). Objective birth data and the prediction of child abuse. Archives of Disease in Childhood, 56, 295–297.
Newberger, E. H., Hagenbuch, J. J., Ebeling, N. B. et al. (1973). Reducing the literal and human cost of child abuse: Impact of a new hospital management system. Pediatrics, 51/5, 840–848.
Newberger, E. H., Reed, R. B., Daniel, J. H., Hyde, J. N. & Kotelchuck, M. (1977). Pediatric social illness: Toward an etiologic classification. Pediatrics, 60/2, 178–185.
Parke, R. D. (1982). Theoretical models of child abuse: Their implications for prediction, prevention, and modification. In Starr, R. H. (Hrsg.), Child abuse prediction (S. 31–66). Cambridge, Mass.: Ballinger.
Priebe, S. (1989). Über die Subjektivität der psychiatrischen Diagnose. Psychiat. Prax., 16, 86–89.
Raupp, U. (1988). Messer im Kopf. Sexueller Kindesmißbrauch. demokratisches gesundheitswesen, 10, 10–16.
Stark, E., Flitcraft, A. H. & Frazier, W. (1979). Medicine and patriarchal violence: The social construction of a «private» event. Int. J. of Health Services, 9/3, 461–493.
Stark, E. & Flitcraft, A. H. (1988). Women and children at risk: A feminist perspective on child abuse. International Journal of Health Services, 18/1, 97–118.
Starr, R. H. (Ed.) (1982). Child abuse prediction. Policy implications. Cambridge, Mass.: Ballinger.
Tsujimoto, R. N. & Berger, D. E. (1988). Predicting/preventing child abuse: Value of utility maximizing cutting scores. Child Abuse & Neglect, 12, 397–408.
Wetter, T. (1983). Modellierung des Diagnoseprozesses durch fuzzy-set-Methoden. In Berger, J. & Höhne, K. H. (Hrsg.). Methoden der Statistik und Informatik in Epidemiologie und Diagnostik. (S.426–432) Berlin: Springer.
Wittenhagen, U., Wolff, R., Mahr, R. et al. (1979). Mißhandlung von Säuglingen und Kleinkindern. Erkennen und Helfen. Bonn: Bundesministerium für Jugend, Familie und Gesundheit.
Wolff, G., Scholtischick, A. & Ullrich, G. (1987). Diagnose «Kindesmißhandlung». Konfrontation und Konsequenzen für den Diagnostiker. der Kinderarzt, 18/7, 940–946.

Erfahrungen mit Kinderschutz-Zentren im Versorgungsverbund

Pieter Hutz

Die Aufgabe von Kinderschutz-Zentren besteht in der Hilfe bei Kindesmißhandlung und -vernachlässigung. Diese schließt die Bestrafung und Verfolgung von mißhandelnden Eltern ausdrücklich aus; sie bezieht alle Familienmitglieder in die Hilfe ein und baut auf die Freiwilligkeit und die Kraft der betroffenen Familien. Kinderschutz-Zentren arbeiten sowohl präventiv als auch in der Krisenhilfe bei zugespitzten Familienkonflikten. Daneben führen ihre Mitarbeiter Fortbildungen und Supervisionen für Kollegen anderer Kinderschutzeinrichtungen durch. Das Kinderschutz-Zentrum Berlin, von dem im folgenden die Rede ist, ist ein eingetragener gemeinnütziger Verein. Mit öffentlichen Mitteln finanziert, ist es doch fachlich und organisatorisch unabhängig und verwaltet sich nach basisdemokratischen Grundsätzen.

Einen *Zugang* zum Kinderschutz-Zentrum bildet ein täglich von 9–23 Uhr erreichbarer Krisendienst. Er bietet betroffenen Kindern und Eltern eine erste Hilfe in akuten Familienkrisen. Dieses Angebot reicht von einem beruhigenden telefonischen Gespräch über den Besuch bei der Familie in einer Krise bis zur Unterbringung eines akut gefährdeten Kindes in unserer Kinderwohngruppe, die mit einer begleitenden Familienberatung verbunden ist. Dieser Krisendienst hilft sofort und unmittelbar. Er prüft die mögliche Gefährdung eines Kindes; gegebenenfalls ermutigt er eine Familie, eine weitergehende Hilfe in der Familienberatungsstelle aufzusuchen.

Die *Familienberatungsstelle* macht betroffenen Familien ein kurz-, mittel- oder längerfristiges beraterisches und therapeutisches Angebot. Im Mittelpunkt steht die familientherapeutische Hilfe, deren Arbeit von einer psychoanalytisch-systemischen Sicht des Familiengeschehens geprägt ist. Dieses Angebot wird durch eine kindertherapeutische Hilfe ergänzt, die dann im Vordergrund steht, wenn einem Kind mit einer familientherapeutischen Arbeit nicht hinreichend geholfen werden kann.

In Fällen, in denen materielle und soziale Not die Arbeit an den Familienkonflikten unmöglich macht, erhalten die Familien eine Unterstützung bei der Konsolidierung ihrer sozialen und materiellen Situation und somit eine Grundlage für eine Arbeit an ihren Beziehungskonflikten.

Die *Kinderwohngruppe* ist die stationäre Hilfe dieses Verbundmodells. Sie ist eine Krisenunterkunft für von Mißhandlung und Vernachlässigung bedrohte Kinder. Diese finden hier Schutz vor Mißhandlungen und ein Geborgenheit gewährendes vorübergehendes Zuhause. Während ihres Aufenthalts und darüber hinaus arbeiten die Pädagogen und Berater des Kinderschutz-Zentrums gemeinsam mit der Familie (also auch mit dem Kind) an der Lösung der Familienkonflikte und an einer Perspektive für Kind und Eltern.

Aus den Erfahrungen in der Arbeit mit Familien, der Zusammenarbeit mit Mitarbeitern der Jugend- und Gesundheitsämter und einiger Kinderkliniken wurde ein weiterer Arbeitsbereich *Weiterbildung und Supervision* entwickelt. Zu ihm gehören regelmäßige Blockfortbildungen zum Thema «Krisenhilfe bei Kindesmißhandlung» für Sozialarbeiter und Ärzte von Jugend- und Gesundheitsbehörden, ein festes wöchentliches Angebot «familientherapeutische Supervision» für Mitarbeiter anderer Kinderschutzeinrichtungen und anderes mehr.

Die folgenden vier Gesichtspunkte sind für die Arbeitsweise der Kinderschutz-Zentren und ihre Rolle im System öffentlicher Hilfen charakteristisch.

Der Zugang zum Kinderschutz-Zentrum Berlin

Traditioneller Kinderschutz hat Öffentlichkeitsarbeit über Kindesmißhandlung und Kinderschutz immer zur Verurteilung und Ausgrenzung mißhandelnder Eltern genutzt und einen tiefen Graben zwischen «Mißhandlern» und der übrigen Bevölkerung gezogen. Indem er erstere ins moralische Abseits gestellt hat, trug er zugleich dazu bei, daß Familienbeziehungen sich in der Isolation der Privatsphäre gewaltsam zuspitzen konnten. Er hat so zu dem beigetragen, was er verurteilt und dem er sich zugleich entzogen hat.

Neuer Kinderschutz will demgegenüber Zugänge zu Hilfsangeboten für Kinder und Eltern öffnen, indem er einerseits ihre Ängste ernst nimmt und andererseits ihren wie auch immer verschütteten Wunsch nach Hilfe weckt und unterstützt. Mitarbeiter von Kinderschutz-Zentren schließen deshalb jegliche Art von Bestrafung oder auch nur ihre Androhung aus. Sie erheben Eltern gegenüber auch dann keine Vorwürfe, wenn ein Kind schon verletzt wurde. Sie versuchen nicht, Eltern oder Kinder mit moralischem Druck zur Annahme eines Hilfsangebots zu drängen, und sichern jedermann die Vertraulichkeit ihres Hilfsangebots und auch Anonymität zu.

In Radio, Fernsehen, auf öffentlichen Veranstaltungen und in Broschüren sprechen sie darüber, wie sie Familienkonflikte erleben und verstehen. Sie tun es konkret und mit einer Parteilichkeit für beide Seiten, für Kinder und für Eltern. Sie thematisieren, wie schwer es heutzutage ist, Kinder zu erziehen, wie schwer Kinder einem das Elternsein machen können, vor allem, wenn das eigene Heranwachsen nicht mit guten Erziehungserfahrungen verbunden werden konnte. Sie beschreiben, in welch schreckliche und ausweglose Situationen Eltern und Kinder sich miteinander verstricken können; sie behandeln die ambivalenten Gefühle von Eltern zu ihren Kindern, ihre Erwartungen und Enttäuschungen; sie verschweigen nicht die Wut der Eltern und nicht ihre Fähigkeit, gewalttätig zu sein; sie sprechen über ihre Ängste, es könne noch Schlimmeres passieren, aber auch über die oft noch größere Furcht, eine Mißhandlung könnte entdeckt werden. Sie schildern schließlich die unbeholfenen Versuche, andere, um Hilfe bemüht, auf sich aufmerksam zu machen, und sich zugleich doch argwöhnisch zu verschließen und abwehrend, oft gar feindselig, auf ihre Umwelt zu reagieren.

Die Beschreibung der Hilfsangebote ist einfach und berücksichtigt die schlechten Erfahrungen, die Betroffene mit vorangegangenen Hilfsangeboten gemacht haben. Die Hilfe wird immer als ein Angebot formuliert. Die Ambivalenz gegenüber einem solchen Angebot wird ausdrücklich zugelassen und aufgenommen. Auch in schwierigen Situationen wird kein unnötiger Handlungsdruck erzeugt. Es geht im Gegenteil darum, daß Eltern und Kinder ihre Sprache finden und wir ihnen fördernd zuhören. Schon in der sprechenden Gestaltung ihrer Konflikte machen sie mit sich selbst und mit uns neue Erfahrungen. Manche Familien sagen nach einem ersten Kontakt: «Heute haben wir zum ersten Mal seit Jahren wieder miteinander geredet.»

Die wechselseitige Beschäftigung miteinander, die des Beraters, der sich in die Familie hineinversetzt, wie die der Familie, die sich mit dem Angebot und der Person des Beraters beschäftigt, beginnt schon vor der ersten Begegnung. Sie schafft Neugier und ein wenig Zuversicht, die eine tragfähige Brücke für einen ersten Telefonanruf bildet. Im allgemeinen fühlen sich die Eltern dabei auf zwei Ebenen angesprochen: die der überforderten Eltern, die etwas verändern wollen (sie stärken ihr brüchiges Selbstwertgefühl als Eltern, wenn sie sich selbst um Hilfe bemühen), und die Ebene der Eltern als hilflose und mit der Erziehungsarbeit überforderte Kinder. Diese Art von Öffentlichkeitsarbeit mildert die Angst vor Vorwürfen und Bestrafung – ohne sie jedoch völlig zu beseitigen. Oft hilft eine Schilderung von Familienproblemen den Betroffenen, erstmals eine Sprache und ein ausdrückbares Problembewußtsein für ihre Familiensituation zu finden. Die Betroffenen erkennen sich in diesen Schilderungen wieder und erleben, daß es eine Hilfe gibt. Daß Klienten sich dennoch zögerlich und angstvoll auf den Weg ins Kinderschutz-Zentrum machen, hat neben dem Mißtrauen vor wiederholten schlechten Erfahrungen noch die Angst vor dem Erlebnis und den Folgen einer positiven menschlichen Begegnung zum Grund. Es kommt zu der paradoxen, im Hilfesystem insgesamt zu wenig bedachten Situation, daß die Klienten Angst vor der Hilfe bekommen.

Die Achtung der Freiwilligkeit und Selbstmächtigkeit der Klienten schließt auch ein, jemanden weggehen zu lassen, dem dieses Hilfsangebot nicht zusagt und der dieses Weggehen u. U. braucht, um ein zweites Mal wiederkommen zu können. Eine Grenze findet die Freiwilligkeit dort, wo ein Mitarbeiter ein Kind in seiner Gesundheit oder in seinem Leben bedroht sieht. Auch hier setzt nicht willkürlich und übermächtig eine Maßnahme ein, sondern der Mitarbeiter setzt sich mit den Eltern über seine Sicht und Beweggründe für eine Trennung auseinander. Gelingt es ihm, mit Eltern aus Sorge um ihr Kind und um sie selber über eine notwendige Unterbringung zu sprechen, statt aus Wut und aus Straflust, so können sie diese Auseinandersetzung oft als eine Chance für eine eigene Entscheidung nutzen.

Beziehungsarbeit am Familienkonflikt

Das Zusammenleben der Generationen ist konflikthaft – nicht in dem alltäglichen Sinn, daß es zwischen Eltern und Kindern Konflikte gibt, sondern prinzipiell: Konflikt als Gestaltungsprinzip des Generationsverhältnisses, wie es der Sozialwissenschaftler Jens Beiderwieden formuliert. Jedes zur Welt kommende Kind dringt in die Welt der Erwachsenen ein. So sehr es auch erwünscht sein mag, fordert es doch etwas von deren Leben. Die Eltern müssen ihre Liebe zum Kind, ihre Fähigkeit, es zu versorgen, seinen Willen zu achten, erst den eigenen Interessen abringen – oft in einem langen und schmerzhaften Entwicklungsprozeß. Dieser Konflikt ist prinzipiell und verläuft bei den Beteiligten weitgehend unbewußt. Er gestaltet sich auf dem Hintergrund der Lebensgeschichte der Eltern, ihrer aktuellen Lebenssituation, den kulturellen Anforderungen, die heute an Eltern gestellt werden, und den Hilfen, die die Gesellschaft zur Bewältigung dieser Aufgaben bereitstellt. Dem Kindeswunsch kommt bei der Gestaltung dieses Konflikts eine besondere Bedeutung zu. Grundsätzlich ist er ambivalent, als Wunsch nach dem Kind und als Furcht vor ihm. In ihm gründen Hoffnungen und Erwartungen der Erwachsenen ebenso wie die Angst, ob das Kind das Gewünschte wird erfüllen können. Erfüllt es die gestellten Erwartungen nicht, ist selbst das Wunsch-Kind bedroht, ver-wunschen zu werden; Wünschen und Verwünschen liegen dicht beieinander. Davon sprechen die Märchen, in denen verzauberten Kindern, anders als oft in der Realität, die Hoffnung bleibt, erlöst zu werden, wurden sie einmal von einem «bösen Geist» verwunschen. Diese Ambivalenz des Kindeswunsches wird den Kindern zum Verhängnis, die die unbewußten Erwartungen der Eltern nicht erfüllen können. Sei es, um die Ablösung von übermächtigen Eltern zu ermöglichen, die von den eigenen Eltern verwehrte Geborgenheit und Anerkennung zu bekommen; sei es, um einen Partner zu binden oder zu ersetzen, um nur einige Motive für den Kindeswunsch zu nennen. Wohin die Ambivalenz des Kindeswunsches ausschlägt, erweist sich, wenn das Kind seine eigenen Forderungen an die Erwachsenen stellt. Dann zeigt sich, ob der Erwachsene den Konflikt zwischen den lebenserhaltenden Wünschen des Kindes und den eigenen balancieren kann.

Eltern, die mißhandeln, mißlingt diese Balance zwischen den eigenen Wünschen und denen des Kindes. Sie scheitern daran, wahrzunehmen und auszuhalten, daß während sie sich als Subjekt (als Mittelpunkt, um den alles sich drehen soll) in der Beziehung zum Kind fühlen, sie doch für das Kind gleichermaßen Objekt sind. Darin besteht die Schwierigkeit jeglicher menschlicher Beziehung: Zugleich und untrennbar miteinander verbunden Subjekt und Objekt zu sein; Mittelpunkt zu sein, während man zugleich Milieu für den anderen ist. Wer mißhandelt, fühlt sich von dieser untrennbaren Gleichzeitigkeit überfordert. Die Mißhandlung ist ein Versuch, sich den Anforderungen des Balancierens zu entziehen. Der Erwachsene will den Zusammenhang von Mittelpunkt sein wollen und doch lebensspendendes Milieu sein zu müssen zerreißen. Es soll keine Beziehung mehr geben, nur noch seine Wünsche sollen gelten. Wo Vernunft und Moral die Enttäuschung über die Unerfüllbarkeit der eigenen Wünsche nicht balancieren kann, wird aus dem Wünschen das Ver-Wünschen, schlägt Liebe in Haß um, der in der Überforderung in Rache, in Mißhandlung umschlägt.

Der Mißhandelnde schlägt das, was ihn am meisten beunruhigt und fordert, was er wegschaffen und unterdrücken muß: Die Lebendigkeit des Kindes, seine Bedürftigkeit nach Zuwendung, nach Fürsorge des Erwachsenen, seine Lust am eigenen Körper und dem des Erwachsenen und seinen Willen. Alles, was den Erwachsenen fordert, nach ihm greift, von ihm wegläuft, sich ihm widersetzt, muß er schlagen, weshalb Mund und Hände, Arme und Beine, Kopf und Genitalien von Verletzungen am meisten betroffenen sind.

Den lebensgeschichtlichen Hintergrund hierfür bilden nicht nur, aber auch Gewalterfahrungen während der eigenen Kindheit und Jugend. Zu sehr wurden dem Erwachsenen seine eigenen Ansprüche auf Schutz, auf Anerkennung und Befriedigung mit Gewalt versagt, als daß er die kindlichen Bedürfnisse befriedigen oder sich ihnen in angemessener Weise versagen könnte. Hier konkretisieren sich die Erwartungen an ein Wunsch-Kind: Abgewiesen, gedemütigt und geschlagen, entwickelt der Erwachsene eine für ihn typische Verkehrung des Generationenverhältnisses. Das Kind soll für ihn die anerkennende, versorgende und liebevolle Bezugsperson sein, die ihm die Eltern als Kind nicht sein konnten. So sehr viele Kinder sich auch bemühen, ihren faktisch elternlosen Kind-Eltern gute Eltern zu sein, sind ihnen angesichts des beschädigten Lebens der Erwachsenen und ihrer eigenen Bedürfnisse doch enge Grenzen gesetzt. Die Schläge der Erwachsenen muß man als den ohnmächtigen Versuch ansehen, den eigenen unerfüllten kindlichen Ansprüchen bei seinem eigenen Kind zur Geltung und Durchsetzung zu verhelfen.

Zugleich haben viele mißhandelnde Eltern Gewalt am eigenen Leibe als wirksames Mittel im Umgang mit dem Nachwuchs erfahren. Die Schmerzen dieser schlecht verheilten seelischen Wunden drohen nun vom Kind, von seiner Lebendigkeit, von seinem Wollen wiederbelebt zu werden. So wird der Erwachsene das am wenigsten zulassen können, oder nur um den Preis der anschließenden Bestrafung, was ihm selbst mit Gewalt ausgetrieben wurde. Die Mißhandlung des eigenen Kindes hat so die Funktion, die Wiederbelebung der Schmerzen eigener Mißhandlungen zu vermeiden. Dies beleuchtet der häufig von Eltern gehörte Satz: «Mir haben Prügel auch nicht geschadet!» mit dem Erwachsene trotzig und eisern zwar das Faktum der erhaltenen Schläge vermerken, die Erinnerung der Schmerzen und Demütigungen aber abwehren. Gewalt ist damit zu einer entstellten Sprache der verschlüsselten Affekte geworden. Eine ohnmächtige Sprache, die sich nur bedingungslos, unter Zerreißen des Beziehungsbandes, mitteilen kann.

Die therapeutische Arbeit will den stummen und verschlüsselten Affekten zu einer anderen, einer kommunizierbaren und beziehungsfähigen Sprache verhelfen. Sie arbeitet gegen die Erinnerungslosigkeit an, mit dem Ziel, Trauer über Erlittenes und Unabänderliches zu ermöglichen. Diese Trauer erlöst das Kind von der Bürde übermäßiger und zerstörerisches Wünsche. Es entwickelt seine Identität in dem Maße, wie die Erwachsenen die ihre als Eltern erarbeiten können.

Die familientherapeutische Arbeit ist der emotionale und kognitive Verstehensprozeß, der auf die Entschlüsselung der unbewußten Bedeutung einer Mißhandlung zielt. Am Anfang stehen beide, Berater wie Familie, vor einem beziehungsmäßigen Rätsel, das sie Stück für Stück zu entschlüsseln versuchen. Angesichts der heftigen Emotionen, die in diesen Familien hochkommen, angesichts von Leid, von Depressionen und Aussichtslosigkeit, besteht die schwierige Aufgabe darin, sich vor diesen Gefühlen nicht zu verschließen und dennoch nicht genauso stumm und hilflos zu werden wie die Betroffenen. Statt angesichts der familialen Gewalt mit blindem

Handlungsdruck und mit Maßnahmen zu reagieren, versuchen die Mitarbeiter, ihre emotionale und kognitive Handlungsfähigkeit, ihre beziehungsmäßige Sprache für die verfestigten Familienkonflikte zu bewahren. Man kann die Arbeit insbesondere mit deklassierten Familien vielleicht so beschreiben: Wir konfrontieren die Erwachsenen mit den Nöten und Bedürfnissen ihrer Kinder, soweit wir es für ein Kind für nötig und für die Erwachsenen für zumutbar und leistbar halten. Wir tun es vorsichtig, aber bestimmt. Wir stützen und halten sie dabei und wir lassen ihre eigenen unerfüllten Wünsche, ihre Überforderungen zur Sprache kommen und helfen ihnen so, langsam erwachsen zu werden.

Arbeit und Hilfe im Verbund

Ein wesentlicher Bestandteil des Modellprojekts ist der Verbund der ambulanten Hilfe mit dem stationären Angebot der Kinderwohngruppe. Beide Einrichtungen sind wechselseitig füreinander unverzichtbar. Den Mitarbeitern der Familienberatungsstelle bietet die Kinderwohngruppe die Sicherheit, ein Kind in einer zugespitzten Familienkrise sofort in einem schützenden Milieu unterzubringen, mit dessen Mitarbeitern sie selbst einen engen fachlichen Kontakt haben. Für Eltern und Kinder wirkt die «Hilfe in einer Hand» vertrauenswürdig und erleichtert in Krisensituationen die Entscheidung für eine Unterbringung; ihr Kind wird in einer Einrichtung leben, in der auch den Eltern geholfen wird. Beiden Seiten, der Familie wie den Beratern, hilft die Unterbringungsmöglichkeit in der Kinderwohngruppe, mit bedrohlichen Familienkonflikten ruhiger und besonnener umzugehen. Manche Familienkonflikte spitzen sich dramatisch zu, weil es beiderseits, bei Helfern wie Familien, zu unüberlegten Handlungen kommt, wenn eine zusätzliche rückversichernde Hilfe in einer Krise nicht zur Verfügung steht. Die Kinderwohngruppe, in der die Kinder während einer Gefährdung vorübergehend untergebracht sind, hat durch die Familienberatung die Gewißheit, daß an der Bewältigung der Familienkonflikte gearbeitet wird. Die Last der Bewältigung der Probleme ist auf mehrere Schultern verteilt und die Kinder sind nicht einfach abgestellt.

Oft droht bei der Heimunterbringung eines Kindes die Hilfe für die Familie in zwei voneinander getrennte Teile zu zerfallen oder gänzlich abzubrechen. Das Auseinanderfallen der Hilfe zieht zwangsläufig das Zerreißen der Familienbeziehungen nach sich. Mit unserem Verbundmodell wollen wir die Einheit der Hilfe und den Beziehungszusammenhang der Familienmitglieder erhalten. Dies geschieht einerseits durch ein möglichst starkes Einbeziehen der Eltern in den Aufenthalt ihres Kindes in der Kinderwohngruppe. Es geschieht dadurch, daß das Kind nach Möglichkeit in seinen sonstigen Lebensbezügen wie Schule, Kindergarten und Freunde verbleibt. Vor allem aber arbeiten wir dem Getrenntsein der Familie durch eine institutionalisierte enge Zusammenarbeit von Familienberatung und Kinderwohngruppe entgegen. Jeweils ein Berater und ein Pädagoge arbeiten mit einer Familie. Sie haben eine gemeinsame Verantwortung für den gesamten Prozeß der Hilfe, bei dem sie durch eine regelmäßige gemeinsame Fallkonferenz und Supervision unterstützt werden.

Dem räumlichen Getrenntsein der Familien und dem Auseinanderstreben der Konfliktpole Kind und Eltern setzen wir also die institutionalisierte fachliche Zusammenarbeit entgegen. Wo Kind und Eltern konflikthaft miteinander verstrickt und sprachlos sind, reden und arbeiten Pädagogen und Berater zusammen. Sie halten die Empfindungen von Kindern und Eltern als ein gemeinsames Thema lebendig. Dadurch, daß sie sie in der Arbeit mit der Familie zur Sprache bringen, stiften sie den familiären Dialog. Die gegensätzlichen Interessen von Kindern, Erniedrigungen, Enttäuschungen und Wut werden behandelt und es werden schließlich Lösungen und Perspektiven für alle Beteiligten gefunden.

Das wesentliche Instrument, die Interessen und Nöte von Kind und Eltern zu verstehen und sie in einen fachlichen Dialog einzubringen, sind die Identifizierungen der Mitarbeiter: Der Pädagoge mit dem Kind, das in seiner Obhut ist, der Familienberater mit den Eltern, die zu den regelmäßigen Beratungssitzungen kommen. Hier die Ängste, für das Kind nicht gut genug gesorgt zu wissen, wenn es wieder nach Hause geht, dort das Mitgefühl mit den Eltern, die ihr Kind nun endlich wieder selbst erziehen oder es möglicherweise ganz weggeben wollen. Die Beobachtungen, die Eindrücke, das Mitfühlen mit der jeweiligen Partei bilden den Hintergrund für einen intensiven fachlichen, mitunter auch konflikthaften Dialog der Kollegen. Während der Arbeit mit der getrennt lebenden Familie ist die enge fachliche Beziehung der Kollegen das Medium, in dem die Familienbeziehungen weiterlebt, sich entwickelt oder zu einer endgültigen Trennung führt. Fallkonferenz und Supervision bieten die Gewähr dafür, daß die Mitarbeiter sich in dieser schwierigen Arbeit nicht unnötig verstricken und aufreiben.

Die Institutionalisierung der Zusammenarbeit ist der Versuch, dem gewaltsamen Auseinanderstreben von konflikthaften Beziehungen, das in jeder Mißhandlung steckt, entgegenzuwirken und das Symptom Kindesmißhandlung zu einer Klärung der Familienkonflikte zu bringen. Mit dieser Konstruktion der Verbundarbeit haben wir die Auseinandersetzung um die Konflikte zwischen Kind und Eltern, ihre gegensätzlichen Interessen in die Arbeit bewußt eingebaut. Denn, wenn die Unterbringung eines Kindes die zugespitzte Form eines Familienkonfliktes ist, dann sollte die Hilfe darin bestehen, gerade dafür eine Lösung zu finden. In dem Maße, wie die Trennung von Familienbeziehungen durch ein hochgradig arbeitsteiliges System der Hilfe mitagiert wird, indem die Klärung der Familienkonflikte unterbleibt, ist deren Wiederholung in der nächsten Generation schon eingebaut. Wir kennen diese Situation aus anamnestischen Gesprächen mit jungen Eltern, die den Beginn ihres persönlichen Leidensweges mit ihrer eigenen ersten Heimerfahrung als Kind in Verbindung bringen. Diese sagen über ihre damalige Hilfe sinngemäß: «Ich wußte überhaupt nicht, was mit mir geschah und ich habe es auch später nicht verstanden. Ich habe mich aber immer dagegen gewehrt, bis heute!»

Kinderschutz-Zentren bauen einerseits auf einen direkten und möglichst frühen Zugang zu ihrem Hilfsangebot. Sie kooperieren andererseits mit den Einrichtungen, die für eine umfassende und koordinierte Hilfe bei Kindesmißhandlung von Bedeutung sind.

In den helfenden Berufen gibt es gegenwärtig eine hohe professionelle Spezialisierung, mit der jedoch eng gesteckte Grenzen der fachlichen Handlungsfelder verbunden sind. Angesichts der Breite der Problemlagen vieler Familien, vor allem auch ihrer oft langen und konflikthaften Erfahrungen mit der Hilfe durch eine Vielzahl von Institutionen und einem beträchtlichen Mißtrauen, kommt der engen Kooperation der beteiligten Berufe eine entscheidende Bedeutung für das Gelingen einer Hilfe zu. Die Hilfe für viele Familien scheitert ja nicht nur an deren eigener Gewalt, sondern auch durch konflikthafte Beziehungen seitens helfender Institutionen. Familien wie Institutionen neigen dazu, unbewältigte interne Konflikte wechselseitig miteinander zu inszenieren, indem sie sich die eigenen Unzulänglichkeiten gegenseitig projektiv vorwerfen; es kommt dann zu einem kollusiven Beziehungsstillstand. Augenfällig wird dieses Scheitern helfender Beziehungen auch an den Grenzen der Institutionen, also am Übergang einer Hilfe zur nächsten. Statt durch den Ausbau fachlicher Kontakte zwischen verschiedenen Institutionen Brücken für die Klienten zu bilden, entstehen bei unzureichender Zusammenarbeit und mangelnder Kenntnis der unterschiedlichen Hilfsangebote zwischen z. B. einer Kinderklinik und einem Jugendamt Nahtstellen, an denen der Hilfeprozeß abbricht.

Die Kooperation, um die Kinderschutz-Zentren und andere Einrichtungen sich deshalb bemühen, umfaßt das Spektrum der Institutionen, die zum Gelingen einer kooperativen Hilfe nötig sind. So kann z. B. im Falle einer schweren Mißhandlung oder Vernachlässigung eines Säuglinges oder Kleinkindes der niedergelassene Kinderarzt, die aufnehmende Klinik (Arzt und Sozialarbeiter), der Familienberater und der Wohngruppenpädagoge des Kinderschutz-Zentrums, der Sozialarbeiter des Jugendamt (wenn nötig sein Amtsleiter) und der Richter des Vormundschaftsgerichts in den Prozeß der Planung und Entscheidung über eine Hilfe einbezogen werden. Für die Entscheidung, wer an einer Helferkonferenz teilnehmen soll, erscheinen uns die folgenden vier Gesichtspunkte wichtig:

1. Wer kann zum Gelingen eines Hilfeprozesses beitragen, bzw. wer könnte diese, wenn er nicht einbezogen wird behindern und sollte schon deshalb an einer Helferkonferenz teilnehmen.
2. Welche praktischen Beiträge sind für einen Hilfeprozeß nötig und wer kann diese leisten. Dies betrifft sowohl bestimmte fachliche Kompetenzen als auch die Überlegung, wer zu einer Familie den besten Kontakt hat.
3. Welche Entscheidungsträger (Amtsleiter, Vormünder, Richter, Oberärzte usw.) müssen beteiligt werden, um ihre Unterstützung für die geplante Arbeit zu erhalten.
4. Wer verfügt über die nötige familien- und institutionsdynamische Kompetenz und ist ausreichend unabhängig, um eine Konfernz mit Helfern und Familie in einer

Weise zu leiten, die den Beteiligten das Arbeiten in einem geschützten Raum ermöglicht.

Die verschiedenen Blickwinkel und institutionellen Zwänge der Teilnehmer bergen zwar Spannungen und Konfliktpotentiale, ihre Erfahrungen und Kompetenzen beinhalten aber einen Materialreichtum, der einer einzigen Institution nicht zur Verfügung steht. Zudem ist ein Gespräch am «Runden Tisch» oft die einzige Möglichkeit Vorurteile zwischen den Helfern und gegenseitige Behinderungen bei Arbeit zu überwinden.

Die ersten Schritte der Zusammenarbeit bestehen darin, gemeinsam und in der Regel mit den Betroffenen, ein angemessenes Bild der Familie, ihrer Stärken und Schwächen und der Chancen und Gefährdungen eines Kindes in der Familie zu entwickeln. Es ist in diesem Zusammenhang besonders wichtig, ihre Hilfeerfahrungen und ihren Umgangs mit der Hilfe kennenzulernen und zu verstehen. Die Frage, über welche Potenzen und Entwicklungsmöglichkeiten eine Familie verfügt, kann in der Regel nur mit einem kritischen Blick auf die Qualität und Zugänglichkeit der zurückliegenden Hilfen beantwortet werden. Auf der Basis eines solchen «Gruppenbildes mit Familie» kann überlegt werden, welche weiteren Hilfen sinnvoll sind und welche Maßnahmen diese Hilfe unterstützen können. Die Unterscheidung zwischen Hilfe und Maßnahme will dem häufigen Mißverständnis von Helfern und Klienten vorbeugen, daß eine Maßnahme schon eine Hilfe sei. Wesentlich geht es bei Kindesmißhandlung um eine professionelle Beziehungsarbeit, in der fachlich fundierte Hilfen zur Entwicklung von Familienbeziehungen vermittelt werden. Am Ende einer solchen Konferenz steht ein miteinander abgestimmter Plan. Ihm entsprechend hat jeder der beteiligten Helfer seine feste Aufgabe, die im übrigen auch darin bestehen kann, vorangegangene Bemühungen einzustellen. Die verschiedenen Beiträge sind von einander abgegrenzt aber auch aufeinander bezogen und der Plan beinhaltet, in welcher Weise die beteiligten Helfer und die Familie künftig miteinander arbeiten werden.

Die Erfahrungen die das Kinderschutz-Zentrum Berlin mit dieser Zusammenarbeit macht, sind ermutigend, und ich fasse sie in einigen Punkten zusammen:

1. Die beteiligten Familien (wie übrigens auch die Helfer) sind zumeist überrascht von der Ernsthaftigkeit und Offenheit der Gespräche. Die Beteiligten können ihre Gesprächspartner in der Regel differenzierter und empathischer wahrnehmen. Die unmittelbare Beteiligung am Hilfeprozeß stärkt den Einfluß und die Selbstwahrnehmung der eigenen Bedeutung. In der Folge einer Helferkonferenz gibt es bei der Familie wie bei den Helfern weniger Panikreaktionen, wenn es einmal zu einer Familienkrise kommt.
2. Das gemeinsame Nachdenken über Familie, über Helfer und über vergangene und künftige Hilfen schärft den Blick für die Schwierigkeiten der zurückliegenden Arbeit und ermöglicht begründetere Entscheidungen für die weiteren Hilfen. Es wird weniger gegeneinander gearbeitet, die Familie wird nicht länger verführt, Helfer gegeneinander auszuspielen.
3. Das persönliche Kennenlernen und die Erfahrung der gemeinsamen Arbeit läßt Institutionen zusammenrücken und erleichtert den Familien den Übergang vom

Hilfsangebot einer Institution zu einer anderen (z. B. Kinderklinik zum Kinderschutz-Zentrum). Nicht zuletzt stärken gemeinsame Verantwortung und gegenseitige Unterstützung die Teilnehmer in ihrer beruflichen Tätigkeit vor Ort.

Diese Zusammenarbeit ist sicherlich nicht konfliktfrei, wenn angesichts der hohen Selbstanforderungen, die professionelle Helfer sich stellen, Arbeitserfahrungen ausgetauscht und neue Wege der Hilfe gesucht werden sollen. Ich bin aber der Meinung, daß es zu einer solchen Zusammenarbeit keine Alternativen gibt. Die grundsätzliche Aufgabe neuen Kinderschutzes sehe ich darin, gegenüber dem gewaltsamen Zusammenbruch familialer Beziehungen, ein tragfähiges System helfender Beziehungen aufzubauen. Im Zentrum gegenwärtiger Veränderungen stehen nicht so sehr die Betroffenen, sondern allererst die Helfer und die Hilfesysteme. Ihre Aufgabe besteht darin, wahrzunehmen, daß sie und ihre Institutionen ein nicht unwesentlicher Teil des Lebensmilieus der betroffenen Familien sind. Ihre Veränderungen und die der Hilfesysteme, ihr nicht-aggressiver Umgang mit der Gewalt der Eltern, die Erschließung neuer Zugänge, die Schaffung präventiver Hilfen bewirken Veränderungen im Mißhandlungsmilieu. Sie schaffen größeres Vertrauen in gesellschaftliche Institutionen, fördern frühere Kontakte zu Hilfseinrichtungen und erhöhen die Bereitschaft zur Nutzung von Hilfsangeboten. In dem Maße, wie Hilfen und Helfer für Betroffene attraktiver werden, öffnen diese sich gegenüber Hilfsangeboten und erleben ihre Familienkonflikte als weniger bedrohlich. Nicht nur dies, die Einrichtungen des Hilfesystems werden auch für die attraktiver, die arbeitend, in ihnen einen nicht unwesentlichen Teil ihres Lebens zubringen.

Literatur

Beiderwieden, J., Windaus, E., Wolff, R. (1984) Jenseits der Gewalt, Abschlußbericht des vom Bundesminister für Frauen, Jugend und Familie geförderten Modellprojekts «Hilfen für Kinder Notlagen», RoterStern/Stroemfeld,Frankfurt.

Beiderwieden, J. (1985) Kinder im Familienkonflikt – Über Wohl und Wehe des Kindeswunsches. In: Kinderschutz und Familientherapie, Kinder Schutz-Zentrum Berlin (Hrsg.) 2. Wissenschaftliches Forum «Kinder im Familienkonflikt.

Bernecker, A., Merten, W., Wolff, R. (1982) Ohnmächtige Gewalt, Kindesmißhandlung – Folgen der Gewalt. Erfahrungen und Hilfen Rowohlt aktuell, Reinbek.

Hutz, P. (1987) Ohnmacht, Verzweiflung, Gewalt – die Geschichte der Familie B. In: Erziehung heute, Innsbruck.

Hutz, P. (1985) Zur Kooperation von Krankenhaus und neuem Kinderschutz bei schwerer Kindesmißhandlung. In: Kinderschutz und Familientherapie, Kinderschutz-Zentrum Berlin (Hrsg.) 2. Wissenschaftliches Forum «Kinder im Familienkonflikt».

Kinderschutz-Zentrum Berlin (1985), Kinder im Familienkonflikt – Verstehen und Helfen, Konzeption und Erfahrungen, Selbstverlag, Berlin.

«Kinder zwischen Eltern, Institutionen und Behörden – wie eine Kinderschutzmaßnahme zum psychischen Kindesmißbrauch führen kann»

G. Klosinski

I. Einleitung

Im Rahmen des gesetzlichen Kindesschutzes können Aufsichtsbehörden in Zugzwang geraten, einen Obhutsentzug gegenüber Eltern auszusprechen. In der BRD umschreibt der Paragraph 1666 BGB eine entsprechende Gefährdung des Kindeswohls, die mit einer Entziehung der Personensorge als gerichtliche Maßnahme verbunden ist: «Wird das körperliche, geistige oder seelische Wohl des Kindes durch mißbräuchliche Ausübung der elterlichen Sorge, durch Vernachlässigung des Kindes, durch unverschuldetes Versagen der Eltern oder durch das Verhalten eines Dritten gefährdet, so hat das Vormundschaftsgericht, wenn die Eltern nicht gewillt oder nicht in der Lage sind, die Gefahr abzuwenden, die zur Abwendung der Gefahr erforderlichen Maßnahmen zu treffen.» (Im Schweiz. Zivilgesetzbuch sind es die Artikel 307–317.)

Damit stellt sich die Frage, wann das Wohl des Kindes so gefährdet ist, daß eine Kinderschutzmaßnahme zu erfolgen hat und in welcher Form. Dies ist sicherlich häufig eine Ermessensfrage und kann generell für jeden Fall klar definiert werden.

Anhand einer Kasuistik wird aufgezeigt, wie es im «Kampf» um das Kind zu einem Mißbrauch der Kinder- und Jugendpsychiatrie von seiten der Aufsichtsbehörden kommen kann, wie das betreffende Kind in ein Dreiecksverhältnis zwischen Pflege-Eltern, «Vormundschafts-Eltern» und kinder- und jugendpsychiatrischem Dienst geriet und dadurch selbst einen psychischen Mißbrauch erlitt.

II. Falldarstellung

Juri (anonymisierter Name), ein südamerikanischer Junge, war zum Zeitpunkt der stationären Aufnahme fünf Jahre und vier Monate alt. Er lebte bislang bei potentiellen Adoptiveltern und wurde von der Vormünderin wegen schwerer Verhaltensstörung und drohender Mißhandlung von seiten der Pflegeeltern zur stationären Beobachtung und Begutachtung eingewiesen.

Zur Anamnese:
Der Junge kam unehelich zur Welt; die ersten beiden Lebensjahre verbrachte er bei seiner leiblichen Mutter. Er wurde dann von dieser ausgesetzt und daraufhin in ein Waisenhaus gebracht. Dort blieb er etwa eineinhalb Jahre, bis er im Alter von vier Jahren durch ein kinderloses Schweizer-Ehepaar mit Adoptionswunsch per Flugzeug abgeholt wurde und nach den gesetzlichen Bestimmungen in der Schweiz der Vormundschaftsbehörde unterstellt wurde. Damals sei der Junge körperlich schlecht entwickelt und psychisch auffällig gewesen: Er habe kaum laufen und keine festen Speisen zu sich nehmen können, auch habe er eine schwer verständliche spanische Baby-Sprache gesprochen. Die Pflegeeltern berichteten ferner, das Kind habe täglich eingekotet und gegen Möbel und Wände uriniert. Mit dem Erlernen der deutschen Sprache und der zunehmenden Integration klangen diese Schwierigkeiten zunächst wieder ab, es war jedoch immer wieder zu extrem heftigen Trotzreaktionen gekommen, während derer der Junge stark weinte und jeglichen Kontakt zu seinen Mitmenschen ablehnte. Etwa ein Jahr nach seiner Einreise kam es zu einer schweren Krise mit Wiederaktivierung der Schreianfälle und Auftreten von Schlafstörungen während mehrerer Tage, nachdem Juri erfahren hatte, daß er kein Geschwisterchen bekommen würde, wie seine Pflegeeltern zu ihm gesagt hatten (die Vormundschaftsbehörde hatte es abgelehnt, der Familie ein weiteres Kind bei den vorhandenen Schwierigkeiten mit Juri anzuvertrauen).

Es erfolgte eine Vorstellung des Jungen im Alter von viereinhalb Jahren bei einem Kinderpsychiater, der einen Entwicklungsrückstand im sozialen, sprachlichen und feinmotorischen so wie im Wahrnehmungsbereich feststellte und dies auf eine mangelnde Frühförderung in der Kindheit zurückführte. Die Behörde wurde von mehreren Nachbarn darauf aufmerksam gemacht, daß der Junge eingesperrt und geschlagen werde. Dabei handelte es sich unter anderem um ehemalige Nachbarn, mit denen die Pflegeeltern im Streit lebten.

In den Vorgesprächen der Aufnahme machten wir deutlich, daß eine eventuelle Rückkehr des Jungen zu seinen Pflegeeltern grundsätzlich offen sein müßte, wenn wir, was zusätzlich unsere gutachterische Aufgabe war, diese Pflegeeltern bezüglich ihrer erzieherischen Fähigkeiten mitbeurteilen sollten. Bereits bei der ersten Kontaktaufnahme der Vormundschaftsbehörde mit unserem Dienst war eine Entführung des Kindes vom Kindergarten in die Klinik geplant und eine völlige Kontaktsperre zwischen dem Kind und seinen Eltern gewünscht worden. Wir lehnten dies ab und forderten damals, daß die Eltern über den bevorstehenden Schritt informiert werden und zu einem Gespräch mit zur Aufnahme kommen müßten.

Es kam dann zu diesem Erstgespräch in Anwesenheit der Pflegeeltern und der Behörde; von letzterer wurde dann auch eine Umplazierung grundsätzlich noch in Frage gestellt und von unserer Beurteilung abhängig gemacht.

II.1. Aufnahmebefund

Bei der Aufnahme befand sich der fünfeinhalb Jahre alte Junge in gutem Allgemein- und Ernährungszustand: Körpergewicht und Körpergröße entsprachen der Norm. Psychisch wirkte der Junge lebendig, konnte sich gut im Schweizer Dialekt ausdrükken und zeigte altersentsprechendes Verhalten. Juri integrierte sich schnell in seine Gruppe, sah zu Beginn des Aufenthaltes denselben als Urlaub an und litt mehr und mehr darunter, von seinen Pflegeeltern getrennt zu sein. Sein Sozial- und Spielverhalten entsprach der Altersnorm.

II.2. Elternarbeit

In den Einzelsitzungen mit den Eltern waren diese anfänglich zurückhaltend, mißtrauisch und verunsichert. Es gelang uns mit der Zeit, bei ihnen ein zunehmendes Vertrauen in unsere Institution aufzubauen. Die anfänglichen Schwierigkeiten bei der Aufnahme des Jungen in der Schweiz konnten die Eltern zugeben; es wurde auch eigenes, problematisches Verhalten angesprochen, das sie damals in der Interaktion mit dem Kind erlebten. Beide Elternteile schätzen ihren eigenen Erziehungsstil als eher streng und recht strukturierend ein, sie gestanden auch ein, selbst Fehler gemacht zu haben. Sie bestritten jedoch, das Kind eingesperrt, geschlagen und in irgendeiner Weise mißhandelt zu haben.

Wir hatten zahlreiche Gelegenheiten, um die Begegnung und Interaktion der Pflegeeltern mit ihrem Kind zu beobachten. Die Eltern zeigten Spontaneität, Warmherzigkeit und großes Geschick im Umgang mit dem Kind. Die Eltern respektierten unsere Rahmenbedingungen, setzten uns nicht unter Druck und unterließen es, das Kind in irgendeiner Weise zu manipulieren.

II.3. Interaktion zwischen Behörden, Kinder- und Jugendpsychiatrie und Eltern im weiteren Verlauf

Nach drei Wochen stationärer Beobachtung empfahlen wir der Behörde die Entlassung des Kindes nach Hause, mit gleichzeitiger ambulanter Beratung in größeren Abständen. Wegen der stark belasteten Beziehung zwischen den Pflegeeltern und der Vormünderin gaben wir zu bedenken, ob nicht ein anderer Vormund seitens der Behörde eingesetzt werden sollte, um das stark belastete Verhältnis zu entkrampfen. Wir rieten ferner von einer Umplazierung in eine andere Familie ab, da Juri nach unserer Ansicht eine tragfähige Beziehung zu seinen Pflegeeltern aufgebaut hatte. Es erfolgte daraufhin zunächst keine klare Stellungnahme von seiten der Vormundschaftsbehörde bezüglich unseres Vorschlages. Völlig überraschend wurden wir mit der telefonischen Mitteilung einer Umplazierung des Kindes konfrontiert. Wir wurden gebeten, Juri auf diese Umplazierung in eine andere, uns unbekannte Familie «vorzubereiten»(!).

Wir entschlossen uns in dieser Situation zu einem ungewöhnlichen Schritt: Wir ließen uns von unserer vorgesetzten Behörde von der ärztlichen Schweigepflicht entbinden und machten die Aufsichtsbehörde des Vormundschaftsamtes auf die Situation aufmerksam, um eine neuerliche «Entführung» des Kindes zu verhindern, zumal uns ausdrücklich von seiten der Vormundschaftsbehörde untersagt wurde, daß wir die Pflegefamilie über den vorgesehenen Schritt informieren dürften.

Vier Wochen nach stationärer Aufnahme wurde das Kind von der Vormünderin abgeholt, mit der Formulierung: «Ich hole dich ab, du kommst zu einer neuen Familie, die sich ganz fest auf dich freut – hast du Angst? Ich erkläre es dir dann im Auto.» Wir erlebten das Kind in dieser Begegnung völlig erstarrt, sprachlos. Juri hatte bis dahin die Vorstellung gehabt, er dürfe an diesem Wochenende zu seinen Pflegeeltern zurück.

III. Beurteilung und Diskussion

Die bei der Aufnahme in die Schweiz von Juri entwickelten Verhaltensstörungen und Erziehungsschwierigkeiten stellen eine verständliche, durchaus adäquate Reaktion einer neuen Lebens- und Umweltsituation gegenüber dar, ganz im Sinne eines Kulturschocks mit maximalem Sprachproblem. Auch wenn man davon ausgeht, daß die Eltern Juri zuhause bei den geschilderten Verhaltensauffälligkeiten anfänglich körperlich mißhandelten, mußten wir in unserer mehrwöchigen Beobachtungszeit die tiefe Bindung des Jungen zu seinen Pflegeeltern und das erstaunlich adäquate Verhalten der Pflegeeltern ihm gegenüber feststellen.

Es hat den Anschein, als ob die Vormundschaftsbehörde selbst unter Druck stand und von ihrem ursprünglichen Vorhaben einer Umplazierung nicht mehr abrücken zu können glaubte. Wir erfuhren von der Aufsichtsbehörde der Vormundschaft, daß die Vormünderin zu diesem Schritt angeblich von einem Supervisor ermuntert wurde, bei dem es sich um einen Psychologen oder Kinderpsychiater handeln sollte.

Das fehlende Einfühlungsvermögen in die derzeitige reale Beziehung des Kindes zu seinen Pflegeeltern und die daraus resultierende Rücksichtslosigkeit im Vorgehen bei der Umplazierung entsprachen einem Gewaltakt auf die Psyche des Kindes, der einer seelischen Mißhandlung nahekam. Es war für uns Kinder- und Jugendpsychiater unverständlich und bedauerlich, daß die Behörde zum Schluß kam, eine Umplazierung müsse vorgenommen werden. Wir hätten diesen Entschluß jedoch respektiert; doch war es besonders die Art und Weise, wie erneut in inadäquater Form eine abrupte psychische «Nabelschnur-Unterbindung» vorgenommen wurde, die uns irritierte..

Die Kinder- und Jugendpsychiatrische Institution war in diesem Falle von der Behörde mißbraucht worden, da ganz offensichtlich von vorneherein feststand, daß eine mögliche Belassung des Kindes bei den Pflegeeltern gar nicht in Frage kam, entgegen den anfänglichen Äußerungen beim Erstgespräch. Das Opfer war in diesem Fall das Kind, das wie auf einem Rangierbahnhof, unabhängig von seinen wirklichen Gefühlen, «verschoben» wurde. Auch die Vorstellung der Behörde von einer totalen Kontaktsperre, welche ursprünglich geplant war, zeigt nur allzu deutlich, wie wenig einfühlsam und starr – mit vermeintlich «bester Absicht» – vorgegangen wurde und wie es aufgrund der gesetzlichen Vorschriften und Machtstrukturen offenbar nicht möglich war, das Kind vor dieser psychischen Gewaltanwendung zu bewahren. Der Vormundschaftsbehörde muß zugute gehalten werden, daß sie sich wahrscheinlich nicht im klaren war über regelmäßig auftretende «notwendige Verhaltensstörungen» bei einer Migration in diesem Alter.

Es stellt sich die Frage, warum die Vormundschaftsbehörde nicht auf den Gedanken kam, sich mit ihrem Supervisor und uns an einen Tisch zu setzen, um in größerer Runde das Problem zu einer besseren Lösung zu bringen. So hatte die Kinder- und Jugendpsychiatrie in diesem Fall nicht nur mit der Behörde, sondern auch mit «kollegialen Hintermännern» zu kämpfen, was die Situation erschwerte.[1]

IV. Zusammenfassende Schlußfolgerung

Welche Schlußfolgerungen ergeben sich?

1. Kinder- und jugendpsychiatrische Institutionen, an die die Bitte herangetragen wird, gutachterlich abzuklären, ob ein erfolgter provisorischer Obhutsentzug auch in Zukunft weiter bestehen soll, müssen wissen, daß sie Gefahr laufen, in eine sich schnell herstellende «Pattsituation» hineinzugeraten. Die Beurteilung einer von der Behörde in Frage gestellten Erziehungskompetenz der Eltern ist nur dann sinnvoll möglich, wenn ein minimales Vertrauensverhältnis zu den Eltern von seiten des Begutachters hergestellt werden kann. Ein solches wird verunmöglicht, wenn die Eltern den Gutachter als verlängerten und sanktionierenden Arm der Behörde erleben. Die Eltern werden dies aber immer dann zwangsläufig so wahrnehmen müssen, wenn die Behörde nicht bereit ist, glaubhaft ihren getroffenen Entscheid als langfristige Maßnahme in Frage zu stellen.
2. Dies bedeutet, daß der Begutachter den Vertretern der Behörde gegenüber signalisieren muß, er respektiere den provisorisch entschiedenen Obhutsentzug als eine momentane Notwendigkeit, stelle dieselbe jedoch als Dauermaßnahme grundsätzlich in Frage. Damit steht der Experte zwischen Skylla und Charybdis: Er muß die unter Zugzwang erfolgte vorläufige Entscheidung zum Obhutsentzug nicht nur akzeptieren, sondern auch in ihrer Notwendigkeit bestätigen, er muß aber auch gleichzeitig der Behörde gegenüber darauf hinweisen, daß die getroffene Anordnung womöglich wieder zurückzunehmen ist in bezug auf eine Dauerlösung. Des weiteren muß der Sachverständige den Eltern gegenüber Verständnis aufbringen, da sie ihr Kind behalten wollen und der Meinung sind, die Behörde habe ihnen Unrecht angetan. Dieses Verständnis darf nicht zu einer empathischen Solidarisierung führen. Hingegen müssen die Eltern spüren kön-

[1] Wie wir später von den Pflegeeltern erfuhren, hatten die neuen Pflegeeltern, zu denen das Kind in der Nacht- und Nebel-Aktion gebracht wurde, von sich aus der Vormundschaftsbehörde gegenüber signalisiert, daß der Junge eindeutig zu seinen ursprünglichen Pflegeeltern zurück möchte, und daß man aus ihrer Sicht dem Drängen des Kindes entsprechen sollte. Erst jetzt war die Behörde hierzu bereit.

nen, daß ein echter Entscheidungsspielraum vorliegt. Behörde, Eltern und Begutachter müssen diesen Spielraum in Form eines gemeinsamen Gesprächs bei der Aufnahme des Kindes im oben genannten Sinne herstellen.

3. Der Aufbau eines minimalen Vertrauensverhältnisses zu den Eltern ist unabdingbar. Andererseits darf die Behörde nicht den Eindruck bekommen, daß sich der Begutachter vorschnell mit den Eltern solidarisiert und umgekehrt: die Eltern müssen erfahren, daß sich der Begutachter nicht nur als sanktionierendes Organ der Behörde versteht.
4. Ähnlich wie in einem Sorgerechtsverfahren wird es auch darauf ankommen, den «schwächeren Teil», d. h. diejenige Partei, die sozusagen «verliert» – nachdem die Beurteilung mehr Klarheit gebracht hat – zu «stützen», da der Verlierer immer eine Kränkung erleben muß. Diese stützende Rolle muß der Begutachter ebenfalls zu übernehmen bereit sein, soll die Auseinandersetzung zwischen Eltern und Behörden nicht in höhere Instanzen weitergetragen werden.
5. Schlußendlich müssen die Machtverhältnisse und gesetzlichen Rahmenbedingungen von seiten des Begutachters respektiert werden. Der Begutachter seinerseits darf sich nicht richterliche Kompetenz anmaßen. Er darf und muß aber seine Einflußmöglichkeiten nutzen. Diplomatisches Vorgehen mit entsprechender Zurückhaltung und systemisches Verstehen sind notwendig, soll das von vorneherein äußerst schwierige Unterfangen gelingen.

Literatur

BGB. Beck-Texte im dtv, 1987[30], München.

Schweiz. Zivilgesetzbuch vom 10. Dezember 1907; Stand am 1. April 1986; herausgegeben von der Bundeskanzlei, 1986; Eidg. Drucksachen- und Materialzentrale, 3000 Bern.

Unbewältigte Vergangenheit

Staatlich angeordnete und sanktionierte Kindesmißhandlung und Kindstötung zwischen 1933 und 1945

Manfred Müller-Küppers

Unmittelbarer Anlaß für den Versuch einer Aufarbeitung der NS-Zeit für unser Fachgebiet ist eine Bemerkung von J. E. Meyer anläßlich eines Vortrags über Psychiatrie und Nationalsozialismus, in der in einem Nebensatz angemahnt wurde: Die Kinder- und Jugendpsychiatrie hat sich bisher in diesem Zusammenhang nicht zu Wort gemeldet!

Wenige Wochen später sitze ich in meinem Dienstzimmer einem älteren Kollegen gegenüber, der als Großvater für seinen Enkel einen Rat erbittet und dabei zu erkennen gibt, daß er vor dem Kriege mehrere Jahre in unserer Heidelberger kinderpsychiatrischen Klinik als Erwachsenen-Psychiater unter Karl Schneider gearbeitet hat und auch in Sterilisationsgutachten einbezogen zu werden drohte. Er konnte darüber berichten, daß es ihm gelungen sei, sich aus dieser Tätigkeit herauszuhalten und sich aus der Klinik zu lösen.

Jeder Mensch ist Kind seiner Zeit. In diesem Sinne fühle ich mich heute als Person der Zeitgeschichte. Dabei denke ich, daß mein persönlicher Hintergrund für diese Zeit nicht untypisch ist. Ein Rückblick in die eigene Zeit führt uns in die Jahre, über die wir mehr wußten, als wir gesprochen haben. Es war eine Kindheit, von der ich damals noch nicht wußte, daß sie für meinen weiteren Berufsweg entscheidend werden sollte, wiewohl ich mich nicht mißbraucht fühlte. Um der eigenen Glaubwürdigkeit willen nehme ich mich selbst auch für die vergangenen 12 Jahre nicht aus.

Ich bin Angehöriger des Jahrgangs 1925. In diesem Jahr erscheint Hitlers «Mein Kampf» und es ist das Todesjahr von Friedrich Ebert. 1933, zu Beginn der Zeit des Nationalsozialismus, stand ich kurz vor meinem 8. Geburtstag. 1939, mit dem Beginn des Krieges, war ich Gymnasiast; im Jahr 1945 geriet ich kurzfristig in russische Gefangenschaft.

Der familiäre Hintergrund ist bürgerlich; über politische Fragen wird kaum gesprochen. Der Vater ist reaktivierter Offizier des 1. Weltkrieges mit Gobineau auf dem Nachttisch. Zu einer frühen Kindheitserinnerung gehört eine Diskussion meines Großvaters mit seinen Söhnen, in der mehrfach das Wort fällt: «. . . Hitler wird den Karren aus dem Dreck ziehen». Aus einer deutsch-national orientierten Familie wird Sympathie für den Nationalsozialismus. Meinem Wunsch, zehnjährig ins «Jungvolk» eintreten zu dürfen, wird sogleich entsprochen. Ich bleibe in dieser Organisation, avanciere und bin zuletzt «Fähnlein-Führer». In einer märkischen Kleinstadt gehe ich auf Fahrt, erlebe Geländespiele und gestalte Heimabende. Ich nehme in meiner

Umgebung keine Signale wahr, die eine andere Sichtweise als die der nationalsozialistischen Weltanschauung vermitteln. Zum 20. April 1939 halte ich einen Heimatabend anläßlich des 50. Geburtstages von Hitler. Ich stelle die rhetorische Frage, «Was will unser Führer eigentlich?!» Ich erhalte die Antwort: «Das würde ich auch gern einmal wissen!», erkenne nicht die Ironie und bin darüber so aufgebracht, daß ich es zuhause erzähle. Dabei hatte ich ein halbes Jahr früher ein unvergeßliches Erlebnis: Ein hilfloser, ergrauter Mann wird vor einer johlenden Menschenmenge gedemütigt, geschlagen und ins Wasser gestoßen. Er hält sein Soldbuch in der Hand, das ihn als Frontkämpfer des Ersten Weltkrieges ausweist. Ich sehe einen Abiturienten unserer Schule in SS-Uniform, der mit einer Axt Mobiliar zerschlägt und Federbetten aus dem dritten Stock wirft: Erinnerungsfetzen der sogenannten Reichskristallnacht.

Am Tage des Kriegsausbruchs werde ich von meinem Vater zum ersten und einzigen Mal ins Gesicht geschlagen, weil ich über den Kriegsausbruch jubele. Ich verfolge die Eroberungsfeldzüge der Wehrmacht und bedauere, nicht alt genug zu sein, um Soldat werden zu dürfen. In der Schule übersetze ich Wehrmachtsberichte ins Lateinische, ziehe auf Luftschutzbrandwache und will den Krieg gewinnen. Ich höre das Wort KZ gelegentlich und halte es für ein Arbeitslager für Unverbesserliche. In der Schule gibt es ein jüdisches Brüderpaar, das 1943 das Abitur macht und dann nicht mehr gesehen wird. Wir sammeln Buntmetall und alte Zeitungen, um die Kriegswirtschaft zu unterstützen. In den Ferien arbeite ich in einer Fabrik; ich erhalte den Reifevermerk und werde Soldat. Ich merke nicht, daß ich mit meinem Jahrgang kooperativ Mitglied der NSDAP werde. Ich komme aber auch nicht auf den Gedanken, nicht Mitglied dieser Partei sein zu wollen. Den Tod meines gleichaltrigen Freundes glaube ich als «Heldentod» erleben zu müssen. Ich selbst komme zum Einsatz an die Ostfront und werde südlich von Berlin von russischen Soldaten gefangen genommen. Im ersten Augenblick glaube ich es mir schuldig zu sein, mich erschiessen zu müssen. Mir gelingt stattdessen die Flucht und ich melde mich noch im Mai 1945 als freiwilliger Helfer in dem Krankenhaus meines Heimatortes.

Wenn man mit Hermann Lübbe Ideologie als den Betrug beschreibt, an den man selbst glaubt, dann fühle ich mich betrogen und mißbraucht. Diese Einsicht ist sehr langsam erst in mir gewachsen. Nach dieser persönlichen Standortbestimmung lassen Sie mich zu einem kurzen historischen Exkurs ausholen, der mit dem Sozialdarwinismus vor 150 Jahren beginnt und eine Entwicklung nimmt, deren Auswirkung wir aufzuarbeiten uns anschicken.

Ernst Haeckel ist in Deutschland der große Vereinfacher der Darwinschen Thesen. Er überträgt in seiner «natürlichen Schöpfungsgeschichte» den Kampf ums Dasein auf die Geschichte der Völker. Er weist auf die Tötung schwächlicher Kinder bei den Spartanern hin und den heilsamen Einfluß der Todesstrafe, die es Verbrechern unmöglich mache, ihre Eigenschaft auf die nächste Generation zu übertragen. Nietzsche wird zum Prediger des schnellen Todes. Wohltätigkeit gegen Krüppel, Sieche und Geisteskranke wird von dem Selektions-Ideologen Alexander Tille als in höchstem Maße schädlich angesehen, und schon 1895 erscheint die Zeitschrift des

Juristen Adolf Jost mit dem Titel: «Das Recht auf den Tod», das die Tötung Geisteskranker mit der Sterbehilfe unheilbar Kranker vermengt.

Der Begriff der «Rassenhygiene» wird noch vor der Jahrhundertwende von Adolf Ploetz eingeführt. Er will damit ausdrücken, daß Armut der «ökonomischen Ausjäte» dient, so daß aus seiner Sicht Krankenkassen, Arbeitslosen- und Sozialversicherung abzulehnen sind, weil sie den Kampf ums Dasein beeinträchtigen. Den Terminus Eugenik führt Francis Galton um die Jahrhundertwende in die Diskussion ein und wendet sich damit der Vererbung der Charaktereigenschaften des Menschen zu. Er will die menschliche Rasse genetisch verbessern, d. h. die Ungeeigneten kontrollieren. Im Hintergrund steht die Befürchtung, daß in den nachfolgenden Generationen durch die Heredität psychischer Krankheiten eine Entartung der Rasse eintreten werde, wie es schon der französische Psychiater Morell formuliert.

Diese Entwicklung setzt auf dem geschichtlichen Hintergrund des wirtschaftlichen und imperialen Aufschwungs der Gründerjahre ein: Militante antisemitische Strömungen mischen sich mit Germanenkult. Nietzsches Herrenmoral verbindet sich mit der Rassenanthropologie von Gobineau und Houstin Stewart Chamberlain. Letzterer sieht in dem deutschen Kaiser «einen Streitkumpanen und Bundesgenossen im Kampf um Germanien».

In dieser Situation verhelfen der Psychiater Hoche und der Strafrechtslehrer Binding dem Sozialdarwinismus zu einem Durchbruch mit ihrer Schrift über «Die Freigabe der Vernichtung lebensunwerten Lebens». Beide vertreten einen Rechtspositivismus und halten den Willen des Staates für allein entscheidend. Die Positionen gewinnen nach dem verlorenen Krieg Anfang der zwanziger Jahre an Boden. Als lebensunwert werden Menschen angesehen, die durch Krankheit oder Unfälle unrettbar verloren sind. Menschen, die «zu einem namenlosen Elend erwachen werden». Gefordert ist die «Pflicht des gesetzlichen Mitleids». Zu den unheilbar Blödsinnigen oder auch «Zuständen geistigen Todes» zählen dementielle Zustände jedweder Ätiologie, aber auch jugendliche Entwicklungsstillstände oder Hemmungen des Gehirns, sowie Mißbildungen. Eine Kommission aus zwei Ärzten und einem Juristen muß nach Auffassung von Hoche und Binding die Tötung einstimmig beschließen. Sachverständige seien in der Regel auch ohne Kenntnisse der Vorgeschichte eines «geistig toten Menschen» und ohne körperliche Untersuchung in der Lage, aus der Art des Defektbildes die Unterscheidung der früh oder spät erworbenen Zustände zu machen. Diese Thesen finden in der psychiatrisch-universitären Öffentlichkeit fast kein Echo, wie J. E. Meyer in einer unlängst publizierten Arbeit feststellt.

In den zwanziger Jahren haben die Rassenhygieniker nur ein Thema: die Sterilisation. Der schweizer Physiologe Emil Abderhalden, Professor in Halle von 1911 bis 1945 und Herausgeber der Zeitschrift «Ethik»: «So lange der Staat ungeheuere Summen ausgeben muß, um lebensuntüchtige Individuen mühsam am Leben zu erhalten, so lange er Millionen für geistig Minderwertige auswerfen, gewaltige Kranken- und vor allem Irrenhäuser unterhalten muß, bleibt für die körperlich und geistig Gesunden immer nur ein Bruchteil jener Summen übrig, die zur Verfügung ständen, müßte nicht eine so gewaltige Zahl von Opfern mangelhafter Fürsorge für die Grunderhaltung verpflegt werden».

Die Ärzteschaft wird 1924 im ärztlichen Vereinsblatt zum Sterilisieren aufgerufen. Der Tübinger Psychiater Gaupp hält 1925 ein Referat: Die Unfruchtbarmachung geistig und sittlich Kranker und Minderwertiger. Der Sozialhygieniker Grotjahn benennt in seinen «Leitsätzen zur sozialen und degerativen Hygiene» den Personenkreis, der acht Jahre später bedroht sein wird: Landstreicher, Alkoholiker, Verbrecher und Prostituierte, Epileptiker, Geisteskranke, Geistesschwache, Sonderlinge und Krüppel, die als Bodensatz bezeichnet werden. 1926 wird auf einer Tagung in Münster die «Ausmerze aller Volksschädlinge» diskutiert und gefordert.

Drei Jahre später, 1929, spricht Hitler auf dem Nürnberger Parteitag: «Wenn von einer jährlichen Geburtenrate von einer Million 7- bis 800000 beseitigt würden, dann wäre das Endergebnis immer noch eine Kräftesteigerung des Volkes!».

Sieche und Elende werden als «Opfer von Schuld und Sühne» angesehen und bereits am 14. 7. 1933 wird das Gesetz zur Verhütung «erbkranken Nachwuchses» verkündet, das sich nicht auf den Entwurf des preußischen Landtages beziehen kann, denn hier war die Einwilligung der Betroffenen Voraussetzung. Die Billigung des Gesetzes findet in derselben Kabinettssitzung einen positiven Entscheid, in der auch über das Reichskonkordat abgestimmt wird.

Von den praktizierten NS-Methoden greife ich paradigmatisch die Deportation und KZ mit sogenannten wissenschaftlichen Versuchen, die Zwangssterilisationen und die Euthanasie heraus.

Kinder und Jugendliche, die das Schicksal einer Deportation und eines Konzentrationslagers erfahren mußten, werden zunächst einmal – in der Mehrzahl überraschend und plötzlich – von ihren Freunden, Spiel- und Schulkameraden, aber auch sonstigen Angehörigen getrennt. Sie werden aus ihrem vertrauten soziokulturellen Milieu herausgerissen und in eine Getto-Situation verbannt. Dabei müssen sie erleben, wie verängstigt und hilflos die meisten ihrer Eltern reagieren. Viele Kinder verlieren ihre Eltern oder einen Elternteil schon auf dem Transport oder sie werden ganz von ihren Familien getrennt. Die Trennungen verlaufen abrupt, die Kinder werden entweder völlig unvorbereitet mit der Abwesenheit eines oder beider Elternteile konfrontiert. Die Betroffenen leben in einer Atmosphäre von Spannung, Terror und Angst. Für manche gehört der Abtransport zu den schrecklichsten Erlebnissen ihrer Verfolgung. Der Transport ist zumeist qualvoll und das Leben im KZ selbst ist gekennzeichnet durch sogenannte «hygienische Maßnahmen», wie Entlausung und Enthaarung. Die Neuankömmlinge verfallen am Tage ihrer Einlieferung in eine schockartige geängstigte und verstörte Gemütsverfassung. Sie finden hier eine chronische Unterernährung mit unzureichenden Wohnbedingungen vor. Entkräftende Zwangsarbeit, stundenlanges Appellstehen, psychischer und physischer Terror, sowie Verletzungen, Krankheiten und Seuchen bei schlechter ärztlicher Versorgung beschreibt die extrem traumatischen Bedingungen. Was ein Kind oder Jugendlicher benötigt, um diese Horrorrealität des KZ-Lagers zu bestehen, ist schwer zu erfassen. In Auschwitz trennte eine waagerechte Linie in der Höhe von 156 cm die Lebenden von den Toten: Wer diese Höhe nicht erreichte, war ein unnützer Esser, war nicht für Zwangsarbeit zu gebrauchen und wurde durch rangniedrige SS-Männer mit einer Phenol-Injektion ins Herz «abgespritzt». Der Krankenpfleger Klehr rühmte sich später, pro Minute zwei bis drei Patienten abspritzen zu können.

Eine besondere Rolle spielte der KZ-Arzt von Auschwitz, Dr. Mengele, der auch eine «Zwillingsforschung» betrieb und eineiige Zwillinge «sammelte», um sie sorgfältig zu untersuchen und für entsprechende Fragestellungen zu töten, um sie dann noch warm zu sezieren.

In den sogenannten Kinder-Fachabteilungen wurden Forschungsprogramme durchgeführt: In Berlin-Bittenau interessierte man sich für intrauterine Störungen, in Görden bei Brandenburg für den Mongoloismus. In der Universitäts-Kinderklinik in Leipzig und der angegliederten Anstalt Dösen wurden heredo-degenerative Prozesse und Spaltbildungen beforscht, während am Spiegel-Grund in Wien Mißbildungssyndrome wissenschaftliche Forschungsprojekte bildeten. In Stadt Rhoda in Thüringen wurden spezielle Intelligenztests entwickelt.

Am 14. 7. 1933 wird das Gesetz zur Verhütung erkbkranken Nachwuchses verkündet, das sich auf verschiedene Formen der Geisteskrankheiten, die erblichen Formen des Schwachsinns und auf erbliche Blindheit und Taubheit bezieht. Darüber hinaus werden im Deutschen Reich zwischen 1934 und 1944 etwa 300- bis 400000 Menschen – vorwiegend Angehörige der sozialen Unterschicht, d. h. sozial Nichtangepaßte, Straffällige, Arbeitsscheue, sogenannte Asoziale und unnütze Esser – sterilisiert. Dazu gehören auch Hilfsschüler. Das Argument heißt: Die Ausbildung eines Hilfsschülers kostet den Staat zwei- bis dreimal soviel wie die eines gesunden Kindes. Typische Kennzeichen von Schwachsinn sind: Frühkriminalität, Konflikte mit Schule und Polizei, sowie «Kritiklosigkeit gegenüber Beeinflussungen». Klee, dem die erste große Dokumentation über die Euthanasie zu danken ist, merkt sarkastisch an, daß fast alle führenden Nationalsozialisten vor einem Erb-Gesundheitsgericht gelandet wären, hätte man diese Kennzeichen ernstgenommen. Leichtere Schwachsinnsformen werden als genauso gefährlich angesehen, weil sich dieser Personenkreis «ungehemmt triebhaft vermehrt». Die rassenpflegerische Aufgabe läuft über die sogenannten «Erb-Gesundheitsgerichte», die bei den Amtsgerichten eingerichtet werden. Hier haben sich die Erbkranken zu verantworten. Grundlage sind Anzeigen wegen des Verdachts einer Erbkranheit, die von Kliniken, Anstalten, Fürsorgebehörden, Jugendämtern, Gefängnissen, aber auch von niedergelassenen Ärzten eingehen. Praktisch kann jeder Anzeige erstatten. Die Schweigepflicht wird dabei gröblich verletzt. Die Betroffenen wissen nichts von dem beabsichtigten Sterilisierungsverfahren. Der Zwangscharakter des Verfahrens wird verschleiert. Die Ärzte werden als Beisitzer zum «Sachwalter des Staates». Der ärztliche Gutachter gibt sein Urteil «gefühlsmäßig und durch den persönlichen Eindruck» geformt. In 15 Minuten werden drei bis vier Fälle entschieden. Die Entscheidung fällt – insbesondere wenn Widerspruch und Rechtsmittel eingelegt werden – «in dubio pro Volksgemeinschaft», wie ein Hamburger Amtsarzt es ausdrückt.

Der Übergang von der Zwangssterilisation zu Maßnahmen, die als Euthanasie zu beschreiben sind, fällt in die Jahre zwischen 1933 und 1938 und ist fließend. Dabei darf die NS-Euthanasie nicht mit sogenannten Gnadentötungen verwechselt werden, die unheilbaren Kranken gelten und die durch den Film «Ich klage an» und durch den sogenannten «Fall Knauer» beschrieben sind. Das Kind Knauer war ein mehrfach mißgebildetes Kind, dessen Eltern sich als Parteigenossen unmittelbar an die Kanzlei Hitlers gewandt und um die Erlaubnis der Tötung nachgesucht hatten, die dann auch «gewährt wurde». Die Euthanasie der NS-Jahre ist ein verwaltungstechnisch unfaßbar korrekt verwirklichtes ökonomisches Projekt, das sich gegen «leere Menschenhülsen» und «unnütze Esser» richtete.

Ein Beraterstab von ausgewählten Ärzten, zu denen auch Hans Heinze gehörte, kommt zu dem Ergebnis, daß die «Kanzlei des Führers» nicht als Auftraggeber von Kindes-Tötungen auftreten könne und ein sogenannter «Reichsausschuß zur wissenschaftlichen Erfassung von Erb- und anlagebedingten schweren Leiden» gegründet werden soll. Das Projekt wird als sogenannte geheime Reichssache in der Tiergartenstraße 4 in Berlin etabliert und gibt der Aktion den Namen: T4. Als geeignete Institution werden die Hessische Anstalt Haina, die Kinder-Pflegeanstalt Hartheim bei Linz und das Krüppel- und Siechen-Heim Grafeneck bei Münsingen ausgewählt. Bereits im Juli 1939 wird das geplante Euthanasie-Programm in Berlin unter Hinzuziehung des kriminaltechnischen Instituts des Reichssicherheits-Hauptamtes auf seine technische Durchführbarkeit mit Psychiatern festgelegt. Morphium, Scopolamin und Blausäure werden als Tötungsmittel verworfen. Man entscheidet sich für das Kohlenmonoxyd und beschreibt per Runderlaß und Fragebogen die Meldepflicht von Mißgestalteten und Neugeborenen:

1. Idiotie und Mongolismus (besonders Fälle, die mit Blindheit und Taubheit verbunden sind),
2. Mikrocephalie,
3. Hydrocephalus schweren bzw. fortschreitenden Grades,
4. Mißbildungen jeder Art, besonders Fehlen von Gliedmaßen, schweren Spaltbildungen des Kopfes und der Wirbelsäule usw.
5. Lähmungen einschließlich Littlescher Erkrankung.

Mit dem 1. September 1939, dem Tag des Kriegsbeginns, werden die Sterilisierungen eingestellt und auch das Planungsstadium der T 4-Aktion beendet. Die ausgewählten Psychiater haben inzwischen vertrauenswürdiges Personal nach dem Prinzip gesucht, daß niemand gezwungen werden darf und unbedingte Geheimhaltung und völliges Abschließen der Tötungsanstalten von der Außenwelt garantiert sind. Die Aktion wird von 23 Verwaltungsangestellten, 24 Sekretärinnen, 15 Registratoren und 12 Männern, die für den Transport zuständig sind, sowie 3 Chemikern getragen. Dazu kommen 37 Gutachter, die aber diese Tätigkeit nebenamtlich ausüben und dafür zusätzlich bezahlt werden. Im Zuge der kriegsbedingten Räumungsmaßnahmen können Verlegungen begründet werden mit dem Hinweis, daß die Anstalten für die Unterbringung von Soldaten benötigt werden.

Die ersten Tötungen von Patienten werden von Dr. Conti, dem Reichsführer, und Dr. Brand, dem Begleitarzt Hitlers vor den beteiligten Ärzten vorgenommen, die dann in den umgebauten Tötungsanstalten tätig sein sollen. Damit sollte symbolisch zum Ausdruck gebracht werden, daß die höchstverantwortlichen Ärzte im Reich sich persönlich der praktischen Durchführung dieser Führeraufgabe nicht entziehen.

Dieser Vorgang findet in Brandenburg statt und wird auch dazu benutzt, einen ersten Vergasungsversuch mit Kohlenmonoxyd bei 10 bis 15 Geisteskranken durchzuführen, wie Professor Heyde, Ordinarius in Würzburg – nach dem Krieg als Dr. Sawade in Holstein als psychiatrischer Gutachter tätig – zu Protokoll gibt.

Der Tötung durch das Gas gingen nicht selten Scheinuntersuchungen oder auch Scheinbehandlungen durch Injektionen voraus. Die Patienten wurden in kleinen Räumen, die als Duschräume getarnt waren, getötet. Sie wurden anschließend in Krematorien verbrannt und einer der sogenannten Brenner schildert drastisch seine Tätigkeit in Hartheim bei Linz:

»War die Entlüftung durchgeführt, mußten wir Heizer, wir hatten immer zwei und zwei 12 Stunden Dienst, die Leichen von der Gaskammer wegschaffen und in den Totenraum bringen. Das Wegbringen der Toten vom Gasraum in den Totenraum war eine sehr schwierige und nervenzermürbende Arbeit. Es war nicht leicht, die aneinander verkrampften Leichen auseinander zu bringen und in den Totenraum zu schleifen. Diese Arbeit wurde anfänglich auch insofern erschwert, als der Boden holprig war, da man den Boden betonierte, der aber rauh gewesen ist. Durch diese Umstände war das Schleifen der Toten in den Totenraum beschwerlich. Später, als der Boden befließt war, haben wir Wasser aufgeschüttet. Dadurch war die Beförderung der Toten bedeutend leichter. Im Totenraum wurden die Leichen aufgeschichtet.

Neben dem Totenraum befand sich die Heizanlage. Die Heizanlage war mit einer sogenanten Pfanne, die aus dem Ofen herausgenommen werden konnte, ausgestattet. Auf diese Pfanne wurden die Toten gelegt, und so, wie bei einem Backofen, in die Heizanlage eingeschoben, und dort abgelegt. Je nach der Zahl der Toten haben wir zwei bis acht Tote verbrannt. Der Ofen wurde mit Koks geheizt. Die Arbeit wurde, je nach Bedarf, Tag und Nacht fortgeführt.

Nachdem die Leichen verbrannt waren, wurden die Knochenreste, die durch den Rost des Ofens gefallen waren, in eine Knochenmühle gegeben und das so gewonnene Knochenmehl wurde an die trauernden Hinterbliebenen als sterbliche Überreste versandt. Für jeden Toten wurden etwa 3 kg solchen Mehles berechnet. Da die Arbeit sehr anstrengend und, wie gesagt, nervenzermürbend war, bekamen wir pro Tag einen Viertelliter Schnaps.»

Soweit, so schrecklich die Vorgänge, von denen wir alle immer wieder gehört, über die wir aber nicht gesprochen haben.

Die Identität des Kinderpsychiaters gründet sich nicht allein auf die Fachgesellschaft, in der sich eine Berufsgruppe zusammenschließt. Es kann uns Kinderpsychiatern nicht gleichgültig sein, unter welchen Umständen sich das eigene Fach entwickelt und welche wissenschaftlichen und berufspolitischen Kriterien zu einem Zusammenschluß führten. Hermann Stutte ist nicht müde geworden, uns diese Entwicklung aufzuzeigen, und unter uns ist wohl noch mancher, der im Reichsaal der Stadt Regensburg anwesend war, als Stutte nach 30 Jahren Nachkriegsgeschichte vor der Deutschen Vereinigung für Jugendpsychiatrie – anläßlich der 11. wissenschaftlichen Tagung – seinen Festvortrag hielt.

Nach der Darstellung der Vorgeschichte im 19. Jahrhundert und der Gründung des ersten europäischen Lehrstuhls in Paris 1937 beschreibt er das erste mondiale Treffen der Kinderpsychiater aus diesem Anlaß in Paris und die Anregung der Gründung einer deutschen kinderpsychiatrischen Arbeitsgemeinschaft auf dem Kongreß der deutschen Neurologen und Psychiater, der für 1940 in Leipzig geplant war. Unter der Federführung von Paul Schröder, Leipzig, tritt am 15. März 1939 ein kleiner Kreis zusammen, um die «Deutsche Gesellschaft für Kinderpsychiatrie und Heilpädagogik» zu gründen. Das eigentliche Gründungsdatum ist dann der 5. September 1940 in Wien. Die Referate dieses ersten wissenschaftlichen Kongresses – Zitat Stutte – hatten «ein beachtliches wissenschaftliches Niveau und für mich, den Novizen dieses Faches, waren die hier empfangenen Eindrücke von berufsentscheidender Evidenz.» Die nächsten beiden Sätze lauteten: «Paul Schröder starb nach Gründung der Gesellschaft. Werner Villinger, Schriftführer und noch von Schröder nominierter Nachfolger im Amt des Vorsitzenden, wurde in der Wahrnehmung dieser Funktion dadurch behindert, daß von Regierungsseite ein anderer zum Vorsitzenden ernannt wurde. Auch in die Geschichte unserer Gesellschaft projizieren sich die turbulenten Zeitumstände.»

Was verbirgt sich hinter diesem Satz? Warum hat Stutte nicht offener gesprochen? Wieviel wußte er und was wußte er nicht? Warum haben wir – die nächste Generation – nicht gefragt?

Dabei ist die Durchsicht des 49. Bandes der Zeitschrift für Kinderforschung, in der diese Gründungsversammlung dokumentiert und die Vorträge abgedruckt sind, durchaus lohnend. Ich habe es für Sie getan und mich gleichzeitig immer wieder auf dem Hintergrund der mir inzwischen zugewachsenen Kenntnisse und Erkenntnisse gefragt, ob hier noch eine andere Ebene zu suchen und zu finden ist. Paul Schröder definiert in seinem richtungweisenden Vortrag «Kinderpsychiatrie und Heilpädagogik»: «Kinderpsychiatrie ist keine Psychopathen-Fürsorge. Die wenigen wirklich Kranken unter ihnen gehören dem Arzt. Unser Ziel ist vielmehr viel weiter. Wir wollen schwierige, außerdurchschnittliche Kinder in den Besonderheiten ihres seelischen Gefüges verstehen und erkennen, richtig bewerten und leiten, zielbewußt erziehen und eingliedern lernen. Das vermögen wir nur aufgrund sorgfältiger charakterkundlicher Differenzierungen aller Einzelnen. «Dann aber weitet sich auch unser Blick: Gerade die schwierigen Kinder, welche letzten Endes nichts anderes sind als außergewöhnliche menschliche Charakterspielarten, entlohnen uns die Beschäftigung mit ihnen dadurch, daß sie uns ein ausgezeichnetes Lern- und Lehrmaterial abgegeben für die Grundlegung einer praktischen Charakterkunde, einer Kenntnis, wie sie der Pädagoge überall braucht, sowohl der Erzieher von Durchschnittskindern, wie der Heilpädagoge auf allen Gebieten.»

In einem Referat von Issemann aus Nordhausen über Psychopathie und Verwahrlosung kann man 1943 in dem besprochenen Band lesen:

«Wir fragen uns also, ob es psychopathische Abartungen und Zuständlichkeiten gibt, und welcher Art sie sein mögen, denen eine besondere Verwahrlosungstendenz innewohnt. Man könnte diese Frage von der Psychopathologie her zu beantworten versuchen, würde sich aber dabei leicht in Spekulationen verlieren. Oder von der

Erbbiologie her, aber um diese folgerichtig einsetzen zu können, müßte man die infrage kommenden pschopathischen Merkmale schon herausgearbeitet haben, und Sie wissen, wieviel gerade diesbezüglich noch der Klärung bedarf. Der dritte Weg, der meines Erachtens auch der natürliche ist, kann von der Praxis der Heilerziehung ausgehen, da darüber doch jetzt schon eine Reihe von Erfahrungen vorliegen, die eine reiche Ausbeute bei systematischer Bearbeitung versprechen. Dazu bietet dieser Weg noch den Vorzug, daß er von vornherein seine Zielrichtung nach der Tiefe der Persönlichkeit nimmt, und daß es ihm glücken kann, durch das Gewirre reaktiver Symptome hindurch auf konstitutionelle Verhaltensweisen hindurchzustoßen.»

Auch der Vortrag über «Rhythmik für Anormale» von Professor Charlotte Pfeffer, Rom, beschreibt ihre Tätigkeit als Praktikantin in einer Rhythmusklasse in Dresden: «In dem Dutzend fröhlicher Kinder fiel ein kleines Mädchen auf, das mit ausdruckslosem Gesicht und tappenden Schritten den Kreis der anderen verließ und in der Mitte des Saales einsam um sich selbst marschierte. Nie werde ich das schmerzhafte Erschrecken vergessen, mit dem ich erkennen mußte, daß hier ein anormales Kind in die Schar der frischen gesunden Kinder geraten war. Die Mutter bat mich inständig, die Kleine nicht zurückzuweisen, sie liebe sehr die Musik und werde ganz gewiß nicht stören. Nach kurzer Zeit hatten wir alle uns an die seltsame Mitschülerin gewöhnt. . . .»

Wir finden weiter in dem Kongreß-Band eine Studie von Asperger «Erlebnis und Persönlichkeit». Hinter dem romanhaft klingenden Titel steht die Problematik delinquenter Jugendlicher, die mit der dem Autor eigenen Sprachkraft beschrieben wird.

Eine dialogische Auseinandersetzung über die tiefenpsychologische Behandlung von Kinderneurosen und ihr Verhältnis zur Heilerziehung von Adolf von Weizsäcker, einem Mitarbeiter des sogenannten Göring-Instituts in Berlin, versus Hans Eyfert ist heute noch lesenswert, denn man stellt sich die Frage, wieviel in den fünf Jahrzehnten in der Zwischenzeit an Erkenntnis dazugewonnen wurde. Es sind auch zwei Arbeiten über das Thema Mißhandlung zu finden: «Das mißhandelte Kind in der Reihe gut behandelter Geschwister» von Ursula Karbut und eine Studie von Irmgard Litmann: «Zur Prognose der Lebensbewährung verwahrloster und mißhandelter Kinder». Während die erste Arbeit frei von ideologischen Deformierungen ist, findet man in der zweiten Arbeit Hinweise auf «charakterlich grob abartige» Kinder. Hinter diesem Terminus verbergen sich Arbeitsscheue, Prostituierte und Personen, die ihren Unterhalt durch das Wohlfahrtsamt erhalten. In dieser Arbeit wird auch eine Empfehlung gegeben, diesen Personenkreis in die Sterilisationsgesetze mit aufzunehmen.

Andererseits wiederum wird über bildungsunfähige, ausgeschulte Hilfsschulkinder in Stuttgart berichtet, die in einer «privaten Heilerziehungsschule» gefördert werden, bei der die Stadt Stuttgart auch noch das Schulgeld von 20 bis 30 Reichsmark übernommen hat. Analog gilt dies für eine Sammelklasse aus Berlin, in der allerdings nicht der Hinweis fehlt, daß für die Förderung dieser schwer schwachsinnigen Kinder durch die Volksgemeinschaft eine Ersparnis von 58 000 Reichsmark möglich ist, da diese Kinder zuhause wohnen können. Eine Ehevermittlung für

Erbkranke, Unfruchtbare und Geschädigte wird von Weinert vorgestellt. Sie untersteht dem rassenpolitischen Amt der NSDAP, Gauleitung Sachsen, in Dresden. Tenor und Zitat: «Auch die Erbkranken sollen im Hinblick auf eine Ehe nicht benachteiligt sein; denn es ist durchaus nicht gleichgültig für das Leben eines Volkes, ob eine gewisse Gruppe von Menschen, die in unserem Falle nicht nur die Erbkranken, sondern auch ihre Angehörigen umfaßt, sich in ihren Rechten geschmälert und für ein Opfer bestraft fühlt.»

Ein Beitrag über völkische Sonderpädagogik von Tornow entspricht der Erwartung: «Eine Deutung der Heilpädagogik, die neuerdings den Begriff «heil» im Sinne von «zum Heil gereichen» ausgelegt wissen will, muß abgelehnt werden, zumal das «Heil» in diesem Sinne als Gruß für den Führer für uns alle von einzigartiger und auch einmaliger Bedeutung ist.»

Auf diesem Kongreß in Wien sprechen auch unsere schweizer Kollegen Kramer, Lutz, Hafter, Repond. Leo Kanner referiert «über die Schwererziehbarkeit von Kindern als Vorzeichen für spätere Abwegigkeiten». Aber auch türkische, ungarische, schwedische und amerikanische Autoren und deren Forschungsergebnisse werden differenziert und vorurteilslos vorgestellt. Es handelt sich dabei ausnahmslos um Fachkollegen aus neutralen Ländern.

Auch mit dem heutigen Wissen um die Ungeheuerlichkeiten des Nazi-Regimes hinterläßt das Studium des Kongreßbandes – die Zeitschrift wird 1944 mit dem 50. Band eingestellt – hochambivalente Gefühle. Man ist verwirrt und kann es fast nicht glauben: Da entwickelt sich das eigene Fachgebiet, wie in anderen europäischen Ländern und mit ihnen – soweit nicht im Krieg –, im Konsens zu einer Gemeinschaft von Ärzten und Pädagogen, die das gleiche Ziel haben und dabei in Methode und Durchführung sich kaum unterscheiden. Der Band 49 erscheint bei Julius Springer in Berlin 1943 und berichtet über die wissenschaftliche Situation bis zum Sommer 1941. Die Mehrzahl der Beiträge ist untadelig und nur vereinzelt werden ideologische Überfremdungen erkennbar, die peinlich wirken.

Und in Wirklichkeit: Kinder werden ihren Eltern entzogen und fremdbestimmt. Man belügt sie und betrügt sie. Man mißhandelt und quält sie auf jedwede Art. Man läßt sie verhungern, spritzt sie ab und vergiftet sie. Man bringt sie auf jedwede Art vom Leben zum Tode. Auf dem Deutschen Ärztetag im Mai 1989 in Berlin hat der Medizinhistoriker Toellner, Münster; Zahlen genannt:

60 000 Kollegen werden diskriminiert, ihrer Existenz beraubt und vertrieben, weil sie nichtarisch sind,
250 000 werden zwangssterilisiert,
5 000 sterben an den Folgen des Eingriffs,
5 000 werden selektiert, eingeschläfert und getötet,
70 000 geistig oder mehrfach Behinderte werden von Ärzten umgebracht,
100 000 werden durch medizinische Versuche gefoltert und getötet,
5 Millionen werden durch Ärzte in den KZs an den Rampen selektiert, d. h. sie haben die Tötung dieser Menschen organisiert.

Bis heute ist keine vollständige Klarheit zu gewinnen. Aber es besteht die schreckliche Gewißheit, daß die Errichtung von Kinder-Fachabteilungen an den Landeskrankenhäusern zu einem Zeitpunkt betrieben wird, als die «Gesellschaft für Kinderpsychiatrie und Heilpädagogik» gegründet wird. Es ist der Zeitpunkt des Kriegsbeginns, die Sterilisierungen werden eingestellt und systematische Tötung beginnt als «Behandlung», «Desinfektionen», T4-Aktionen oder wie die «Maßnahmen» sonst noch euphemistisch umschrieben werden.

Über diese unseligen 12 Jahre haben wir, die wir sie als Kinder und junge Menschen erlebt haben – die Militärzeit vielleicht ausgenommen – kaum miteinander gesprochen. Dabei war wohl den meisten von uns, die wir nach 1945 die Psychiatrie als Fach wählten, nicht in dem Maße klar, welche unselige Bürde und Schuld auf unseren Vätern und Vorvätern lag. Aber wir haben auch sie nicht gefragt, wiewohl einzelne durchaus rühmliche Ausnahmen machten. So konnte man – fast nebenbei – erfahren, daß Kretschmer der letzte Dekan in der NS-Zeit und der erste Dekan nach 1945 in Marburg war; daß der Göttinger Ordinarius Ewald sich weigerte, am Euthanasie-Programm teilzunehmen und daß auch weniger prominente Kollegen Widerstand für ihre Patienten geleistet haben. Die Gründe, warum wir über einen Zeitraum von mehr als einer Generation einem kollektiven Verdrängungsmechanismus uns hingeben, sind sicher ebenso vielfältig wie beschämend. Gründe, sich mit Fragen der Zukunft und nicht der Vergangenheit zu beschäftigen, fanden und finden sich zuhauf: Die Versorgung der Patienten, der Aufbau eines funktionierenden kinderpsychiatrischen Versorgungssystems, der wissenschaftliche Nachholbedarf, die Überwindung der Katastrophe durch psycho-hygienische Konzepte, die gerade die Vergangenheit überwinden sollten? So oder ähnlich könnte wohl der Katalog heißen, den wir uns unausdrücklich zugelegt haben.

Aber ist es nicht vielleicht noch ganz anders? Gibt es vielleicht noch die uneingestandene Befürchtung, selbst – wenige Jahre früher geboren – verstrickt worden zu sein? Gibt es vielleicht die dumpfe Ahnung, daß die ganze Wahrheit noch schrecklicher war, als wir es glauben, wissen zu können? Bringe ich mit meinen Fragen vielleicht einen geschätzten und verehrten Kollegen in Bedrängnis? Hatte sich eine spezifisch deutsche Unmenschlichkeit nicht nur in polnischen Gettos, russischen Wäldern oder fernen KZ-Lagern, sondern in den eigenen Kliniken, die ja zum Heil der Kranken errichtet worden waren, abgespielt? Verhält es sich nicht vielleicht mit der Gründung unserer Gesellschaft auch noch ganz anders, als wir es uns bisher vorgestellt haben?

Im wesentlichen werden zwei Namen genannt: Werner Villinger und Hans Heinze. Mit dem Namen Werner Villinger ist nicht nur das «klinische Jugendheim» in Tübingen, die Gründung der Lebenshilfe 1949 mit Mittermaier und Stutte, der erste Lehrstuhl unseres Fachgebietes in Marburg 1954, sondern auch der Vorwurf verbunden, daß er T4-Gutachter gewesen sein soll. Villinger selbst hat vor dem Untersuchungsrichter des Landgerichts in Limburg 1961 diesen Sachverhalt bestritten. Er hat eingeräumt, daß möglicherweise aus seiner Klinik – aber nicht von ihm – entsprechende Meldebögen herausgegangen sind. Vor dem gleichen Untersuchungsausschuß hat der belastete Psychiater Dr. Meumann ausgesagt, daß die von Villinger beurteilten Meldebögen mit erheblicher Verzögerung eingegangen seien. Villinger sei fast ausschließlich zu dem Ergebnis gekommen, daß die Kranken nicht der Vernichtung zuzuführen seien. Aus einem Briefwechsel zwischen dem Vorsitzenden der Gesellschaft für Neurologie und Psychiatrie Rüdin und dem Präsidenten des Reichsgesundheitsamtes Reiter wegen der Nachfolge des verstorbenen Paul Schröder als dem Vorsitzenden der Deutschen Gesellschaft für Kinderpsychiatrie und Heilpädagogik geht hervor, daß Heinze wegen seiner eindeutig positiven Einstellung zum Nationalsozialismus Villinger wegen dessen «erheblicher konfessioneller Bindungen» vorzuziehen sei.

Das ist der Hintergrund des Satzes von Stutte in Regensburg. Villinger ist 1963 in Innsbruck durch einen Bergsturz zu Tode gekommen – wenige Wochen, nachdem er als «Kreuzel-Schreiber» im Spiegel angeprangert worden war. Das Wort von der Selbsttötung ging hinter vorgehaltener Hand um; aber wir haben nicht gefragt.

Auch der Name von Hans Heinze und seine Verstrickung in die NS-Zeit ist unter uns totgeschwiegen worden. Er war an der Berliner Universität im Oktober 1939 habilitiert und im April 1943 außerplanmäßiger Professor geworden. Er hat seit 1938 die Leitung der Heil- und Pflegeanstalt Görden bei Brandenburg übernommen. Hier war eine der zahlreichen Kinderfachabteilungen etabliert worden. Heinze ist der meist zitierte Kinderpsychiater des Dritten Reiches. Er wird als «unbedingt positiv» zur erbbiologischen Ausmerzung von «Kindern und Jugendlichen» zitiert. Seine kinderpsychiatrische Fachabteilung galt als Prunkstück der Forschung mit einer Kapazität von 60 bis 80 Plätzen. Die Gesamtanstalt umfaßte 2600 Patienten, davon 1000 Kinder und Jugendliche. Hier wurden auch Lebensborn-Kinder getötet und Ärzte für andere Fachabteilungen ausgebildet, um Kinder durch Tabletten und Spritzen zu beseitigen. Aus einem Forschungsbericht vom 9. 9. 42 geht hervor, daß die Hauptaufgabe der Beobachtungs- und Forschungsabteilung «darin besteht

1. die Frage der Euthanasie im einzelnen Krankheitsfall oder bei bestimmten Krankheitsgruppen (z.B. den Athetosen) zu klären, und
2. dafür zu sorgen, daß bei der späteren anatomischen Untersuchung der Gehirne die klinischen Befunde in erforderlicher Ausführlichkeit zur Vergleichung mit dem anatomischen Ergebnis zur Verfügung stehen».

Unter anderem sollte auch «vor allem die Frage der Dressurfähigkeit tiefstehender Schwachsinniger geprüft» werden, wieweit sie zur Nutzung ihrer Arbeitskraft in der Landwirtschaft fähig seien.

Der Direktor der Anstalt Eichberg und T-4-Gutachter Friedrich Meinecke schreibt am 14. 1. 1942 an seine Frau:

»Da die vorgesehene große Sitzung ausfallen mußte, tagen wir morgen im engen Kreis. Dr. Hefemann, Professor Nitsche, Professor Schneider, Dr. Heinze, Dr. Straub und Dein Oller! ...

Zur Erörterung steht die Frage «Förderung der Jugendpsychiatrie» ...

Für Herrn Straub soll eine neue Landesheilanstalt geschaffen werden in unserer Nähe, die hauptsächlich die Jugendpsychiatrie auf ihre Fahnen schreiben wird. ...

Vorgesehen ist nach den bisherigen Plänen Idstein. Ich soll mit meiner Kinderfachabteilung, die noch weiter ausgebaut wird, in engstem Einvernehmen mit Schneider, Heinze und Straub zusammenwirken, und die «Ausmerze» dieser neuen «jugendpsychiatrischen Klinik» wird den Schluß ihrer Behandlung bei mir finden. Da haben wir bereits das Zukunftsprojekt, das ich immer von der Kinderfachabteilung erwartet habe! ... Ich habe nun schon heute gleich von Idstein abgeraten und dafür Scheuern in Vorschlag gebracht. ... Für Straub sagt vielleicht Scheuern landschaftlich ebenso zu, wie Idstein, denn in dieser Hinsicht soll seinen Wünschen Rechnung getragen werden.»

Was bei Heinze in Görden in der Kinderfachabteilung wirklich geschehen ist, konnte im Gegensatz z. B. zu Idstein nie genau ermittelt werden. Immerhin gibt die Krankengeschichte des 11jährigen Horst einen Eindruck: Er wird am 1. Oktober 1942 in die Landesanstalt Görden aufgenommen. Er ist weder gemeingefährlich noch erbkrank. Seine vorläufige Diagnose lautet: Organisches Gehirnleiden mit erheblichem Hydrocephalus. Trotz der Schwere des Kopfes kann sich Horst selbständig aufrichten und den Kopf halten. Geh- und Stehversuche gelingen dagegen nicht. Am 10. Oktober wird die Intelligenz nach Bienet-Simon getestet. Der Junge antwortet, daß die Gabel zum Essen, der Stuhl zum Sitzen, das Pferd zum Reiten und der Soldat zum Aufbauen sei. Es wird bemängelt, daß der Prüfling unentwegt rede und nur auf Fragen seines Interessenbereiches reagiere. Er sei konzentrationsschwach und ablenkbar, habe eine auffällig gute Merkfähigkeit, versage aber bei Anforderungen an sein Kombinationsvermögen.

Der Junge ist voll orientiert, kennt die Personen seiner Umgebung mit Namen, erfaßt den Tagesablauf. Er wird am 16. Oktober in die Kinderfachabteilung überwiesen. Eine Untersuchung am 9. November attestiert ihm eine leidliche oder sogar gute Auffassungsgabe. Im Verlaufe des weiteren Gesprächs hält das Arztprotokoll fest: Was ist der Wehrmachtsbericht? Da sagen sie an, der Feind sei mit wenigen Flugzeugen in Westdeutschland. Was bedeutet der Wehrmachtsbericht? Keine Antwort. Warum sagt man das? Guck mal, die müssen das doch ansagen, wenn der Krieg zu Ende ist, brauchen sie's ja nicht anzusagen, aber so müssen sie es doch ansagen und haben alles zerstört. Weil wir Krieg haben? Ja. Wer sind unsere Feinde? Der – der Feind ist – ein Feind – Wer sind unsere Feinde? Keine Antwort. Engländer? Ja. Russen? Uh, wenn ich die schon sehe, habe ich Angst. Warum? Da wird alles zerschossen. Was ist mit den Russen sonst noch?

Die schießen und die Soldaten kriegen keine Ruhe, müssen immer feuern, müssen immer Tag und Nacht aufbleiben und kriegen doch keine Ruhe. Warum ist Krieg? Das weiß ich auch nicht, warum. Warum schießen sie denn? – Ich werde mal meine Mutti fragen, wie lange der Krieg noch dauert.

Am 5. Januar heißt der letzte Satz einer Untersuchung über den Gesundheitszustand: Lungen ohne Befund. Am 12. Mai diktiert der Arzt Dr. Schuhmacher an den Reichsausschuß das Todesurteil:

»Es handelt sich bei dem Patienten nach dem neurologischen, encephalographischen und psychischen Befund ganz eindeutig um ein schweres organisches Zustandsbild als Folge eines außergewöhnlich starken Wasserkopfes (Hydrocephalus internus communicans). In neurologischer Hinsicht steht im Vordergrund die spastische Lähmung beider Beine. Der Patient kann weder gehen noch stehen und ist dauernd völlig pflegebedürftig. Auf psychischem Gebiet findet sich neben einem erheblichen Intelligenzmangel (Intelligenzalter von 5,8 Jahren bei einem Lebensalter von 11,5 Jahren zur Zeit dieser Untersuchung) eine organische Demenz (schwerste Mängel der Konzentrationsfähigkeit usw.); mit einer irgendwie nennenswerten Besserung dieses Zustandsbildes ist keinesfalls zu rechnen. Die Anleitung, selbst zu leichtesten Beschäftigungen oder irgendeine sozial noch verwertbare Betätigung wird bei dem Patienten niemals möglich sein. Eine Behandlung im Sinne des Erlasses des RMd.I. erscheint deshalb ... angezeigt.»

Horst ist nach den Stationsberichten der Schwestern ein stets fröhliches, wissbegieriges Kind, das morgens gerne singt; er stirbt am 5. März 1943, obgleich seine Lungen doch ohne Befund waren, an einer Lungenentzündung. Letzte Eintragung: «Die Erkrankung führte heute zum Exitus letalis». Der Sektionsbericht: «Leiche eines etwa 10jährigen Knaben in herabgesetztem Ernährungszustand. Der Schädel ist im Verhältnis zu dem übrigen Organismus auffallend groß.»

Es hat nach Kriegsende ein deutsches Gericht gegeben, das in der Kindereuthanasie, wie sie durch den Berliner «Reichsausschuß» betrieben wurde, keine dem allgemeinen Sittengestz widerstreitende Maßnahme sah:

Am 19. April 1949 beschloß die Strafkammer I des Landgerichts Hamburg unter Vorsitz des Landgerichtspräsidenten, die Hauptverhandlung gegen fast 20 Angeschuldigte nicht zu eröffnen und sie außer Verfolgung zu setzen. Das Gericht war zu dem Schluß gekommen (es handelte sich um die Tötung von 56 Kindern im Kinderkrankenhaus Rothenburgsort), daß Hitlers Euthanasie-Ermächtigung «keine Rechtsgrundlage für die Kinder abgegeben hat. Danach ist davon auszugehen, daß die Tötung der Kinder objektiv rechtswidrig war». Demgegenüber hatten die Angeschuldigten angegeben, «an die Rechtmäßigkeit ihrer Handlungsweise» geglaubt zu haben. Daraus folgerte das Gericht: «Wenn also den Angeschuldigten ... das Bewußtsein der Rechtswidrigkeit nicht nachgewiesen werden kann, so fehlt es am Beweis ihrer Schuld und sie können deshalb nicht verurteilt werden. Die Strafkammer ist der Ansicht, daß dieser Beweis in einer etwaigen Hauptverhandlung nicht zu führen sein wird.»

Ich bin selbst nach dem Krieg als Psychologie-Student in Görden bei Brandenburg gewesen, ohne Kenntnis dieser Zusammenhänge und Hintergründe. Ich habe diesen Besuch in besonderer Erinnerung, weil ich nie wieder Kinder gesehen habe, die so schwer mißgebildet und morphologisch deformiert waren.

Es ist leicht, über Institutionen zu sprechen, über die wir wenig wissen, zu denen wir keinen Zugang haben und die noch dazu in der DDR liegen. Liegt es nicht näher, sich mit dem Zentrum Heidelberg zu beschäftigen, dessen Mittelpunkt Karl Schneider war?

Er war das abstoßendste Beispiel eines Arztes, der sich der Ideologie der Ausmerzung verschrieben hatte. Er soll neurologisch «interessante Fälle» in der Klinik untersucht haben, um sie auf den Eichberg – das Psychiatrische Landeskrankenhaus bei Eltville – bringen zu lassen; von dort habe er die Gehirne wieder zurückerhalten. Er läßt an allen Anstalten für seine Forschungsabteilung Ausschau halten und schreibt selbst an den Leiter des T4-Programms, Professor Nitsche: «Viele schöne Idioten haben wir in der elsässischen Anstalt von Hirt in Straßburg gesehen. Verlegungsanträge werden folgen.» Oder an einer anderen Stelle: «Leider wird jetzt die Anstalt Aglasterhausen aufgelöst . . . Wir haben versucht, zu veranlassen, daß man die von uns noch zu untersuchenden 10 Idioten so lange, bis wir fertig sind, in Aglasterhausen beläßt. Dann würden wir uns an die Anstalt Ursberg halten.»

Er legt noch 1944 eine Denkschrift vor, in der er für einen langfristigen Forschungsplan 15 Millionen RM beansprucht und wähnt sich am Anfang einer «biologischen Anthropologie». Er sieht sich am Ziel, weil man auf für ihn «interessante Idioten» nicht mehr warten mußte, bis diese aus Altersgründen sterben. Er gehört neben Mauz, Königsberg, Kiehn, Jena, Catel, Leipzig zu den sogenannten «Kreuzel-Schreibern», die mit diesem Kreuz die Tötung eines Menschen entscheiden.

Eine Beschreibung der Persönlichkeit von Karl Schneider findet sich in der Selbstbiographie von W. Baeyer:

»Carl Schneider übernahm die Leitung der Klinik im Herbst 1933. Ich habe noch bis zum Ende des Jahres bei ihm gearbeitet. Lange vor der «Machtergreifung» erinnere ich mich, habe ich ihn schon einmal in der Pförtnerloge gesehen, einen bescheidenen Gelehrten mit Regenschirm und Mappe, derzeit mit subtilster Schizophrenieforschung beschäftigt, der sich höflich erkundigte, wann er die Herren Gruhle und Mayer-Groß sprechen könnte. Nun selbst zum Herrn der Klinik geworden – ich glaube auf eine Empfehlung Weizsäckers hin – erschien er mir wie verwandelt. Von hohem Selbst- und Sendungsbewußtsein erfüllt, kreierte er sich als Führer der deutschen Psychiatrie, benutzte die tägliche Routine-Konferenz dazu, um pathetisch, geradezu glühenden Auges, über die nationale Revolution zu predigen und die Arbeitstherapie als nationalsozialistische Behandlungsweise par excellence anzupreisen. Er brachte in der Tat, nicht nur in Worten, einen mächtigen therapeutischen Impuls in die Klinik, der bis dato gefehlt hatte. Sein umfangreiches Werk über psychiatrische Therapie, das er in Heidelberg vollendete, enthält Kapitel über die Arbeits-und Beschäftigungsbehandlung, die noch heute lesenswert sind. Von einem verstorbenen Mitassistenten hörte ich nach meinem Weggang immer wieder anerkennende Berichte über Carl Schneiders Tätigkeit, seinen geschickten und humanen Umgang mit Geisteskranken, sein einfallsreiches und einfühlsames Eingreifen auf den Krankenstationen. Er ließ die Ärzte das Mittagessen mit den Kranken zusammen auf der Station einnehmen und sorgte überhaupt für einen kontinuierlichen und lebendigen Kontakt zwischen Ärzten und Patienten. Er war gegen Gewaltsamkeit und kalte Routine.»

Walter von Baeyer kann ich heute – wie Stutte und Villinger – nicht mehr nach den damaligen Verhältnissen befragen und hoffen, Antworten zu erhalten. Ich habe sie aber auch nicht gefragt, als das noch möglich war. Bei der Vorbereitung auf diesen Vortrag stieß ich auf den Namen eines Kollegen, mit dem ich 25 Jahre in der gleichen Klinik zusammengearbeitet habe und mit dem mich freundliche Kollegialität verbindet: Professor Joachim Rauch, als Gerichtspsychiater in vielen Prozessen bundesweit bekannt. Er ist 1938 in die Heidelberger Klinik eingetreten und war hier bis 1984 tätig. Er hat nach dem Suicid von Karl Schneider die Klinik nach 1945 kommissarisch für einige Monate geleitet und arbeitet auch heute noch – wiewohl körperlich schwer behindert – fast täglich in der Klinik. Die Bitte um ein Gespräch über die Zeit zwischen 1938 und 1945 für diesen Vortrag kam umso leichter zustande, als ihm selbst daran gelegen war, der Darstellung seiner Person in der einschlägigen Literatur über die NS-Zeit entgegen zu treten: Dort fungiert Rauch als Schneiderscher Verbindungsmann zwischen Heidelberg und dem Eichberg; als hirnpathologisch-anatomisch ausgewiesener Psychiater für die Aufgabe besonders prädestiniert. Seine Ablehnung als Gutachter im Terroristenprozeß Book hatte zum Ergebnis, daß ein neuerliches Ermittlungsverfahren durch die Heidelberger Staatsanwaltschaft eingeleitet wurde, nachdem bereits frühere Untersuchungen keine schuldhaften Zusammenhänge festgestellt hatten.

Als Antwort auf meine Frage empfange ich eine Ermittlungsakte und einen Einstellungsbeschluß der Staatsanwaltschaft aus dem Jahre 1987. Hans Joachim Rauch war nicht Mitglied der Partei. Er hat sich mit einer neuro-pathologischen Arbeit über Gliome habilitiert und keine Gehirne von und für Karl Schneider untersucht, die dieser für sein NS-Forschungsprogramm untersuchen ließ. Auch der immer wieder zitierte Brief von Karl Schneider über einen Besuch im Eichberg steht nicht in Verbindung zu den Verbrechen des Nationalsozialismus. Im Gespräch wurde deutlich, daß die auch von Rauch nicht bezweifelten Verbrechen durch Karl Schneider in einer Form vor sich gegangen sind, die von ihm – und wohl von nahezu allen anderen Klinikangehörigen – nicht wahrgenommen wurden.

Ein Versuch, eine enge Mitarbeiterin von Hans Heinze aus seiner Gördener Zeit zu befragen, führte zu einer erschütternden Begegnung auf der Intensivstation der Psychiatrischen Klinik: Die 75jährige ist depressiv und suicidal. Sie beschwört mich, ihr Gelegenheit zu einem Suicid zu geben und will sich durch einen Sprung von einem Berg «auslöschen». Sie läßt erkennen, daß der Mensch das schlimmste aller Wesen sei, weil er Dinge tue, «die man nicht korrigieren kann!»

Ich bin an dieser Stelle wieder bei der Doppelbödigkeit des NS-Systems, das zu Beginn des Krieges eine Fachgesellschaft gründet und einen Kongreß abhält, auf dem auch Kollegen aus dem neutralen Ausland ihre Forschungsergebnisse mitteilen, mit denen wir uns heute noch verbunden fühlen und die ihrerseits ahnungslos waren. Zur selben Zeit wird eine systematische Tötungsmaschinerie aufgebaut, in Gang gesetzt und bis zum Ende betrieben, in der Tausende von Kindern und Millionen von Erwachsenen «behandelt», d. h. vergiftet, vergast, und auf welche Weise sonst auch immer – gequält, mißhandelt und um ihr Leben gebracht werden.

Nach meiner bisherigen Einschätzung gewinne ich von der Motivation her den Eindruck, als wenn diese NS-Verbrechen von Menschen begangen worden sind, die der überwertigen Idee einer «rassenbiologischen Reinigung» eines Volkskörpers anhingen und – von Mengele abgesehen – keine «gemeinen Mörder» waren. Meine Kenntnisse sind aber wohl nicht ausreichend, um hier eine endgültige Meinung bilden zu können, denn auch diese Frage wird ja von den Historikern bisher nicht einheitlich beantwortet.

Die Reaktion auf diese Verbrechen durch uns als nächste Generation ist aber auch mehr als ungewöhnlich: Das Schweigen über einen Zeitraum von fast einer Generation, der vorsichtige Beginn der Gespräche in kleineren Gruppen ein weiteres

Jahrzehnt später und die nun fast als typisch deutsch anzusehende Form der Erinnerungsaufarbeitung anläßlich von Gedenktagen.

In einer anderen Weise scheint bedenklich, daß das Wort Euthanasie jetzt in berufspolitischen Auseinandersetzungen von Gruppen auftaucht und ein namhaftes Mitglied unserer Gesellschaft von einem anderen Mitglied in die Nähe der Euthanasie gerückt wird. Warum hat die Monographie von Reinhard Lempp über Extrembelastungen und die sequentielle Traumatisierung von Hans Keilson nicht Anstoß gegeben, um eine offene Diskussion zu beginnen? Warum hat uns nicht einmal unser polnischer Fachkollege Janus Korcak als Betroffener dazu veranlaßt, das Gespräch zu beginnen? Inzwischen hat sich die Situation fast schlagartig verändert: Arbeitstagungen und Symposien werden abgehalten. Der Damm ist gebrochen, eine Flut von Publikationen hat eingesetzt. Wir sollten unseren Teil dazu beitragen. Ich möchte mir wünschen, daß heute ein Anstoß gegeben wird, zu denken und zu sprechen über Kinder, die unseren Vätern und Vorvätern in die Hände gefallen und ausgemerzt worden sind.

Ich möchte mit einem Wort von Alexander Mitscherlich schließen, dem das Verdienst zukommt, als erster auf die «Medizin ohne Menschlichkeit» hingewiesen zu haben:

»Bewältigung der Schuld kann nichts anderes heißen als der Wahrheit ins Auge sehen.»

Literatur

Bader, G. (1988) Rassenhygiene und Eugenik. Dt. Ärztebl. 27, 85.

Bader, G. (1989) Menschenversuche in Konzentrationslagern. Dt. Ärztebl. 13, 86.

Edlinger, H. (1988) Das Forschen an «Euthanasie»-Opfern und Anstaltsinsassen. Behinderte 5, 11.

Egger, G. (1988) Vernichtung «lebensunwerten Lebens» in Vorarlberg. Behinderte 5, 11.

Herzka, S., Schumacher, A.v., Tyrangiel, S. (1989) Die Kinder der Verfolgten. Vandenhoeck & Ruprecht, Göttingen.

Jäckle, R. (1988) Die Ärzte und die Politik. C.H. Beck, München.

Klee, E. (1986) Euthanasie im NS-Staat. Fischer, Stuttgart.

Klee, E. (1986) Dokumente zur Euthanasie. Fischer, Stuttgart.

Klee, E. (1986) Was sie taten – was sie wurden. Fischer, Stuttgart.

Lifton, J. R. (1986) Ärzte im Dritten Reich. Klett-Cotta.

Meyer, J. E. (1988) «Die Freigabe der Vernichtung lebensunwerten Lebens» von Binding und Hoche im Spiegel der deutschen Psychiatrie vor 1933. Extracta Psychiatrica 2, 5.

Rothmaler, Ch. (1989) Zwangssterilisation nach dem «Gesetz zur Verhütung erbkranken Nachwuchses», Dt. Ärztebl. 4, 86.

Schmuhl, H. W. (1989) Rassenhygiene, Nationalsozialismus, Euthanasie. Vandenhoeck & Ruprecht, Göttingen.

Stromberger, H. (1988) NS Massenvernichtung am Beispiel Klagenfurt. Behinderte, 5, 11.

Toellner, R. (1989) Ärzte im Dritten Reich. Dt. Ärztebl. 86, 1427–1433.

Zeitschrift f. Kinderforschung Bd. 49, Springer 1944.

Sexueller Mißbrauch. Vorformen und Übergänge. Späte Konsequenzen, Fragen der Begutachtung, institutionelle Probleme

Die inzestoide Familie als Ort psychosexueller Fehlentwicklung

H. Braun-Scharm

Der Inzestverdacht ist eine schwierige und schwerwiegende Situation, die weder leichtfertig herbeigeführt noch übergangen werden darf. Hinweise darauf ergeben sich meist in der Anamnese. Besonders dann aber, wenn keine eindeutigen Angaben vorliegen und der Untersucher auf Beobachtung kindlichen Verhaltens und familiärer Interaktion, auf Erfahrung, Gespür, Intuition und sein «ungutes Gefühl» angewiesen ist, bleibt die Verdachtsdiagnose unsicher. Eine zusätzliche Unschärfe ergibt sich durch unterschiedliche Definitionen des Inzests, die vom vollzogenen Koitus bis zur verbalen Belästigung reichen.

Wir wollen nun unser Augenmerk nicht denjenigen Familien widmen, die des Inzests überführt werden oder dringend dessen verdächtig bleiben, sondern es auf eine eigenständige Teilgruppe richten, bei der ein Inzestverdacht zwar aufkommt, aber nicht nachgewiesen werden kann, ohne daß dies auf mangelnde Aufdeckung oder Diagnosestellung zurückzuführen ist.

Dieser Familientyp stellt bislang eine terminologische und thematische Lücke dar und wird meist mit Umschreibungen überbrückt; wir behelfen uns mit Formulierungen wie «inzestuöse Dynamik» oder «Familie mit inzesthaften Zügen». Zur Schließung der Lücke und zur besseren Benennung dieser «Inzestfamilie ohne Inzest» möchte ich die Begriffe inzestoid bzw. inzestoide Familie vorschlagen.

Da sich inzestuöse und inzestoide Familien in vielen Aspekten gleichen, seien die wichtigsten Inzestfamilien-Modelle kurz aufgeführt. Die klassische Typisierung in pädophile, promiskuitive und endogame Familien stammt von Weinberg (1975). In der pädophilen Familie liegt der Akzent auf der pädophilen Neigung des Vaters, die sich auf eigene und fremde Kinder richten kann. In der promiskuitiven Familie sind Inzestsituationen Bestandteil allgemeiner sexueller Enthemmtheit unter desolaten sozialen Bedingungen. Sexuelle Grenzen und allgemeingültige soziale Regeln sind nicht internalisiert und damit nicht gültig. Die Impulsivität der Familienmitglieder kann bis zur rein körperlichen Gewalt führen. Die endogame Familie gilt als der häufigste Inzest-Familientyp. Endogame Familien sind nach außen hin meist unauffällig, oft gelten die Väter als vorbildlich. Physische Gewalt in der Familie ist selten, emotionale Grundbedürfnisse werden dagegen sexualisiert. Beziehungen nach außen können wegen Trennungsängsten, Verlassenheits- und Desintegrationsgefühlen nicht eingegangen werden.

Summit & Kryso (1978) haben diese Einteilung erweitert (siehe Tab. 1).

Tabelle 1: Inzesttypen nach Summit und Kryso

Beiläufiger sexueller Kontakt
Ideologischer sexueller Kontakt
Psychotischer Übergriff
Geographische Isolation
Echter endogamer Inzest
Frauenfeindlicher Inzest
Beherrschender Inzest
Inzest als Vergewaltigung
Pädophiler Inzest
Pornographischer Inzest

Im Hinblick auf die besondere Relevanz für unser Thema soll nur der erste Typ des «beiläufigen sexuellen Kontakts» ausführlicher dargestellt werden:

Sexuelle Spannungen äußern sich in Neckspielen, Balgereien, Badewannenspielen und Schlafen im gleichen Bett. Unter dem Deckmantel der elterlichen Liebe kann es zu voyeuristischen Untersuchungen und sexuellen Stimulationen kommen; eindeutigere Übergriffe häufen sich in der Adoleszenz der Kinder. Wesentlich ist, daß es den Eltern meist gelingt, die genital-erotischen Interessen und Abhängigkeitsbedürfnisse gegenüber ihren Kindern zu beherrschen. Viele auffällige Mutter-Sohn-Beziehungen sind hier einzuordnen. Ähnliche Interaktionsmuster beschreiben Haynes-Seman & Krugman (1989). Stern & Meyer (1980) beschreiben die kolludierende Beziehung der Eltern als Grundlage des Inzests. Als besonders pathogen gilt das «inzestogenic pattern»: Beide Partner sind abhängig, anklammernde Persönlichkeiten, die bei ihren Kindern Liebe und Beelterung suchen. Mrazek & Bentovim (1984) stellen einen komplexen familientherapeutisch-systemischen Ansatz vor, der sich dadurch auszeichnet, daß die Rolle des Vaters in Relation zur Bedeutung von Mutter und Gesamtfamilie gesetzt wird. Vergleicht man die Inzestfamilien-Modelle mit familientherapeutischen Modellen enger und bindender Familiensysteme, ergeben sich deutliche Überschneidungen (Braun-Scharm & Frank 1989).

Die inzestoide Familienstruktur zeichnet sich im Unterschied zur Inzestfamilie durch das Fehlen manifester Übergriffe aus. Im Vordergrund steht eine chronische Atmosphäre der Verlockung, Verleugnung und Diffusität. Inzestoide Strukturen entstehen immer dann, wenn sich anstelle einer reifen Partnerschaft der Eltern und einer geborgenen kindlichen Entwicklung eine sogenannte «vertikale Ehe» ausbildet. Dabei wird die Eltern-Kind-Beziehung der Partnerschaft vorgezogen und das Kind zum idealisierten, gleichzeitig aber nie ereichbaren Liebesobjekt stilisiert, das selbst zwischen Grandiosität (als vermeintlich besserer Partner) und Depression (aus Angst vor Verlust dieses Status) schwankt und aufgrund dessen eine diffuse Ich-Struktur entwickelt. Noch instabiler und verlockender wird die kindliche Position, wenn beide Elternteile um das Kind konkurrieren.

Inzestoide Strukturen zeigen sich einmal durch die Art des intrafamiliären Umgangs. Enge Beziehungen, intime Praktiken und beiläufige sexuelle Kontakte werden ungewöhnlich lange beibehalten. Die emotionalen und funktionalen Rollen der Familienmitglieder sind unklar. Die Kinder können parentifiziert werden, die

Grenzen zwischen den Generationen und den Elternteilen sind verwischt. Enge und unklare Familiensysteme führen zu Angst und Aggression; besonders bei Kindern zusätzlich noch zu Schuld- und Schamgefühlen. Alle diese Gefühle finden in einer inzestoiden Familie keinen angemessenen Ausdruck.

Inzestoide Strukturen zeigen sich zum anderen in Form des außerfamiliären Umgangs. Inzestoide Familien können sich selbst genügen, sind dann meist kaum noch sozial aktiv und ähneln am meisten dem «endogamen Typ» der Inzestfamilie. Sind stärkere Ablösungsimpulse möglich, kommt es speziell ab Beginn der Adoleszenz zur frühen sexuellen Beziehung bis hin zu promiskuitiven Tendenzen. Dieses Phänomen der (Hyper-)Sexualisierung von Kindern und Jugendlichen hat uns ursprünglich auf die inzestoiden Familienstrukturen aufmerksam gemacht.

Sexualisiertes Verhalten ist das weitaus auffallendste Merkmal einer inzestoiden Familie. Es ist das Pendant zu den auffälligen Bewegungen sexuell mißbrauchter Kinder, die durch ihre beischlaf-ähnlichen Rituale auf die erlittene Traumatisierung aufmerksam machen. Sexualisiertes Verhalten zeigt sich oft nur in Anspielungen, Andeutungen, diskreten Distanzminderungen und Grenzüberschreitungen, selten aber in eindeutig definierbaren Handlungsabläufen. Beispielsweise kann unabhängig von gesellschaftlich üblichen Situationen durch ständige Koketterie und Flirthaltung eine sexuell verlockende Atmosphäre geschaffen werden. Von entscheidender Bedeutung ist die Empfänglichkeit und Sensibilität des jeweiligen Gegenübers für derartige Signale, so daß zutreffender eigentlich von einer sexualisierten Beziehung gesprochen werden muß.

Phänomenologisch wäre Sexualisierung beschreibbar durch die Reduzierung des neutralen Verhaltensrepertoires zugunsten sexualisierter Rituale. Damit erhalten die sexualisierten Anteile des Verhaltens und des Familienklimas unangemessenes Gewicht. Weiterhin als Ersatzbefriedigungsform, indem genitale Sexualität als Ersatz und Ventil für prägenitale Wünsche nach Geborgenheit und Zärtlichkeit fungiert. Eine auf dieser Basis praktizierte Sexualität bei emotionaler Infantilität könnte «als-ob-Sexualität» (nach Helene Deutsch), Pseudosexualität oder Ersatzsexualität genannt werden. Sexualisierung ist immer gleichzeitig eine Verlockungs- und eine Verleugnungsstrategie. Anstelle direkter elterlicher Übergriffe stehen naiv anmutende und – im typischen Fall nie eingelöste – Verlockungen und Versprechungen nach intimer Nähe, die mit einer gewissen Zwangsläufigkeit die Beteiligten dazu führen, sich sowohl der Existenz der Verlockung als auch ihrer Nicht-Realisierbarkeit zu vergewissern. Der potentiell inzestuöse und damit bedrohliche Anteil der Beziehungsstruktur wird verleugnet bzw. verheimlicht. Außerdem wurde deutlich, daß auch Symptome der Hyposexualisierung, also Alibidinie und sexuelle Funktionsstörungen entstehen können.

Die Abgrenzung des inzestoiden Typus gegenüber ödipalen, inzestuösen und anderen Beziehungsmustern bindender Art ist möglich, obgleich – wie gewöhnlich – fließende Übergänge vorhanden sind. S. Freud verstand unter dem Ödipuskomplex eine unbewußte, keinesfalls praktizierte Phantasie von seiten des Kindes. Zwischen einer ödipalen und einer inzestuösen Beziehung besteht also ein Gegensatz insofern, als es sich einerseits um vorgestellte (ödipale), andererseits um praktizierte (inzestuöse) Beziehungen handelt. Im ersteren Fall geht die (imaginative) Kraft vom ödipalen Kind aus, während im anderen Fall zumindest die Verantwortung für die inzestuöse Beziehung bei den Eltern liegt. Was ist nun der Unterschied zwischen ödipal und inzestoid? Aus finaler Sicht führt der erfolgreich bewältigte Ödipuskomplex zu einer Festigung der individuellen Position als auch des Inzestverbots, während die inzestoide Struktur darin besteht, daß alles möglich, unsicher und unbewältigt bleibt. Bei der inzestoiden Familie fehlt der ausgetragene aggressiv-rivalisierende Anteil der ödipalen Beziehung und damit auch der erste Schritt des Kindes aus der Familie heraus. Wenn sich aber Kinder und Jugendliche aus einem derartigen Familienverband zu lösen versuchen, dann um den Preis, die Palette inzestoider Wünsche und Bedürfnisse nach außen zu wenden, zu externalisieren und zu demonstrieren. Dies geschieht häufig in Form von sexualisiertem Verhalten, da andere soziale Kompetenzen nicht in ausreichendem Ausmaß zur Verfügung stehen. Ein weiterer wichtiger Unterschied liegt in der Dimension der Zeit. Ödipal heißt immer, daß es sich um eine abgrenzbare Phase oder Periode handelt; die inzestoide Familie ist dagegen unbegrenzt und in der Phantasie als unendlich vorstellbar, da sie die einzelnen Familienmitglieder halten, aber nicht freigeben will. In entwicklungspsychiatrischer Sicht ist vorstellbar, daß infantil-symbiotische in inzestoide Beziehungen übergehen.

Im Vordergrund der psychopathologischen Symptomatik stehen Phänomene des Mangels (an Struktur und adäquater Zuwendung), des Überschusses (an diffuser und sexualisierter Komminikation) und der Deformation (aufgrund der chronischen Beziehungsstörung). Psychosomatische Symptome, Persönlichkeitsstörungen, Borderline-Syndrome und anderweitige kinder- und jugendpsychiatrische Mischsyndrome herrschen vor; Selbstverletzungen und Suizidalität sind ebenfalls gehäuft zu beobachten. Inzestoide Familien scheinen auch als psychogenetische Prädisposition für dissoziale Karrieren geeignet, da sexualisiertes Verhalten das Risiko der Promiskuität in sich trägt, und die generellen Ich- und Über-Ich-Defizite sowie die Einschränkungen der sozialen Kompetenz den Weg in die Delinquenz begünstigen.

Die inzestoide Familie ist sowohl als Disposition zum realen Inzest wie auch als Abwehr dagegen interpretierbar. In beiden Fällen kann die Struktur als gleichsam geronnene Ambivalenz verstanden werden. Für den klinischen Gebrauch wäre ein Stufenmodell vorstellbar (siehe Tab. 2), in dem die neue Kategorie der inzestoiden Familie eine Zwischenposition einnimmt zwischen normalen und bindenden Familien einerseits sowie Inzestfamilien mit unterschiedlich ausgeprägten Übergriffsfrequenzen andererseits.

Tabelle 2: Stufenmodell

Normale Familie
Enge und bindende Familie
Inzestoide Familie
Inzestfamilie mit seltenen sexuellen Übergriffen
Inzestfamilie mit häufigen sexuellen Übergriffen

Für den Begriff inzestoide Familie spricht, daß die Termini Inzest bzw. intrafamiliärer sexueller Übergriff nicht unangemessen ausgedehnt werden müssen und gleichzeitig erkennbar bleibt, worin das spezifische Agens besteht. Die Termini «Inzestfamilie» oder «inzestuöse Beziehung» sollten auf die Kennzeichen solcher Verhältnisse beschränkt bleiben, in denen manifeste sexuelle Übergriffe geschehen. Die Besonderheit der inzestoiden Familie besteht in einer Familien- und Beziehungsstruktur, die im pathologischen Bereich anzusiedeln ist. Kennzeichnende Merkmale sind enge, unklare, generationsübergreifende und sexualisierte Bindungen sowie Störungen der Entwicklung von Identität und Sexualität, am prägnantesten in Form von hypo- und hypersexualisierten Verhalten. Von einer intakten Familie unterscheidet sich die inzestoide Familie insbesondere durch die Dauer und das Ausmaß der beschriebenen Dynamik, verbunden mit der Unfähigkeit, die beginnende Fehlentwicklung positiv beeinflussen zu können. Dabei sind inzestoide Familien immer noch vergleichsweise «normale» Familien und verfügen über genügend Kontrollmechanismen, um den manifesten Inzest vermeiden zu können.

Abschließend sei ausdrücklich davor gewarnt, den Typus der inzestoiden Familie als Verlegenheitsdiagnose zu verwenden für all die Fälle, in denen ein Inzest deshalb nicht nachgewiesen wird, weil der Untersucher aus Angst auf gezielte Fragen verzichtet.

Literatur

Bauriedl, T. (1980) Beziehungsanalyse – Das dialektisch-emanzipatorische Prinzip der Psychoanalyse und seine Konsequenzen für die pschyoanalytische Familientherapie. Suhrkamp, Frankfurt/M.

Braun-Scharm, H./Frank, R. (1989) Die inzestoide Familie. Acta paedopsychiat. 52/2, 134–142.

Haynes-Seman, C./Krugman, R. D. (1989) Sexualized attention: normal interaction or precursor to sexual abuse? Amer. J. Orthopsychiat. 59/2, 238–245.

Mrazek, P. B./Bentovim, A. (1984) Incest and the dysfunctional family. In: Mrazek, P. B./Kempe, C. H. (Eds.): Sexually abused children and their families. Pergamon Press, Oxford.

Stern, M. J./Meyer, L. C. (1980) Family and couple interactional patterns in cases of father-daughter incest. In: Jones, B. M./Jensirom; J. J./McFarlane, K. (Eds.): Sexual abuse of children: selected readings. US- Government, Washington.

Summit R./Kryso, J. (1978) Sexual abuse of children: a clinical spectrum. Amer. J. Orthopsychiat. 48/2 237–251.

Weinberg, S. (1985) Incest behavior. Citadel Press. New York.

Die Rolle von sexuellem Mißbrauch und körperlicher Mißhandlung in der Ätiologie psychischer Störungen bei Frauen

Nel Draijer

1. Einleitung[1]

Ziel dieser Untersuchung war es, die Prävalenz und die Erscheinungsformen, die familiären Bedingungen und die kurz- und langfristigen Auswirkungen des sexuellen Mißbrauchs festzustellen. In dieser Studie wurden erwachsene Frauen retrospektiv über ihre Kindheitserfahrungen befragt. Dabei handelt es sich um eine der ersten nationalen epidemiologischen Studien über die langfristigen Auswirkungen sexueller und körperlicher Traumata in der Kindheit (regional begrenzte Studien wurden durchgeführt von Peters 1984, Bagley & Ramsey 1985 und Stein et al. 1988).

Sexueller Mißbrauch wird definiert als sexueller Kontakt zwischen Familienangehörigen und einem Mädchen unter 16 Jahren, der gegen den Wunsch des Mädchens stattfand bzw. gegen den es sich nicht wehren konnte, weil er über körperliche oder psychische Formen der Gewalt erzwungen wurde. Dabei werden im Rahmen dieser Untersuchung nur die sexuellen Kontakte berücksichtigt, die direkte Berührung des Körpers einschließen.

2. Theoretischer Bezugsrahmen

Für die Hypothesenbildung über die zu erwartenden psychischen und psychosomatischen Auswirkungen des sexuellen Mißbrauchs wurden im wesentlichen zwei Theorien herangezogen, namentlich die moderne Trauma-Theorie und die Objekt-Beziehungs-Theorie.

Die moderne Trauma-Theorie (vgl. Horowitz 1976, Figley 1984, Eth & Pynoos 1985, van der Kolk 1987) basiert immer noch auf einer Überlegung, die ursprünglich von Breuer und Freud entwickelt wurde, daß traumatische Erfahrungen mit so starken Emotionen einhergehen, daß diese Emotionen nicht direkt bewältigt werden können, sondern zusammen mit den Erinnerungen oder Erinnerungsfragmenten, die mit den ursprünglichen Erfahrungen verknüpft sind, unterdrückt oder «dissoziiert» werden.

[1] Ich danke Anette Engfer für die Übersetzung und für ihre Kritik an der ursprünglichen Fassung dieses Beitrags.

Die traumatische Reaktion wird heutzutage zweidimensional gesehen: Auf der einen Seite besteht sie im Leugnen bzw. Verdrängen, wobei nicht nur die Erinnerungen an die Erfahrung selbst, sondern auch die damit verknüpften Gefühle und Verhaltensweisen unterdrückt werden. Das kann zu einer Art Gefühlstaubheit führen und zum Vermeiden von Aktivitäten und Situationen, die an die ursprüngliche Erfahrung erinnern. Auf der anderen Seite besteht die traumatische Reaktion in immer wiederkehrenden und überwältigenden Rekapitulationen der traumatischen Ereignisse in der Form von Alpträumen, gedanklichen Rückblenden, unerklärlichen Schmerzen oder Ängsten bzw. in dem mit gespannter Wachsamkeit einhergehenden Versuch, solche Ängste abzuwehren. Zu diesen Symptomen können auch Erregbarkeit und plötzliche Wutausbrüche gehören.

Wiederholte Traumatisierung – wie sie für den sexuellen Mißbrauch und Mißhandlungen in der Familie typisch sind – ziehen jedoch komplizierte und umfassendere Reaktionsmuster nach sich. Das Leugnen oder Verdrängen der Erfahrungen kann so massiv werden, daß die emotionale Abstumpfung dominiert und chronisch wird mit einem Verlust der Empfindungsfähigkeit, mit Symptomen der Depersonalisierung (d. h. mit dem Gefühl, eigentlich nicht zu existieren), mit Depressionen, Konzentrationsstörungen, mit dem Verlust jeglichen Interesses an der Außenwelt und des Zukunftsbezuges, zusammen mit einer Amnesie der traumatischen Ereignisse.

Die zwanghafte Reinszenierung der traumatischen Erfahrung in der Form offenen sexuellen Verhaltens oder der Sexualisierung von Beziehungen kann als ein Versuch interpretiert werden, die furchterregenden und überwältigenden traumatischen Ereignisse der eigenen Kontrolle zu unterwerfen (vgl. Young 1984). Dabei wirkt sich die Heimlichkeit, mit der der sexuelle Mißbrauch in der Familie praktiziert wird, für das Kind besonders verhängnisvoll aus (vgl. Miller 1981, Lister 1982, Lesnick-Oberstein 1983). Das Kind muß nachts Handlungen ausführen, die tagsüber vollkommen geleugnet werden, so, als hätten sie nie stattgefunden.

Zweitens werden die Hypothesen der Objekt-Beziehungs-Theorie benutzt, um die Auswirkungen der Ablehnung zu erklären, die mit dem sexuellen Mißbrauch verknüpft ist (vg. Fairbairn 1952, Mahler et al. 1975, Winnicott 1960). Diese Theorie betont die Bedeutung früher Entwicklungsphasen für das Kind, besonders die Bedeutung der Phase, in der sich ein Kind psychologisch von seiner Haupt-Bezugsperson ablöst und sich zu einem psychologisch autonomen Individuum entwickelt. Im Verlauf einer normalen Entwicklung werden die inneren Vorstellungsbilder der «guten», d. h. der liebevollen und beschützenden Elternperson auf der einen und der strafenden Elternperson auf der anderen Seite zu einem Bild integriert, und zwar in gleicher Weise, wie die guten und die schlechten Seiten des eigenen Selbstbildes integriert werden. Auf diese Weise entwickelt das Kind schließlich die Fähigkeit, Widersprüche und Ambivalenzen zu ertragen, wie z. B., daß der Ärger der Eltern nicht unbedingt bedeutet, daß man selbst als Person schlecht ist und abgelehnt wird.

Wenn ein Kind jedoch ablehnende und kalte Eltern hat, kann es sich subjektiv nicht von ihnen ablösen und die Spaltung in Gut und Böse bleibt erhalten. Dem Kind ist die Erfahrung verwehrt, daß es selbst böse sein darf und dennoch geliebt wird. Es muß das Bild des lieblosen Elternteils unterdrücken und sich aus narzistischem Selbsterhaltungstrieb die Illusion einer liebevollen Elternperson schaffen (vgl. Shengold 1979). Die schlechte Seite der Eltern wird geleugnet und stattdessen dem eigenen Selbstbild zugeschrieben: «Da meine Eltern nicht schlecht sein können, muß ich selbst schlecht sein». Um die Illusion des Geliebtwerdens aufrechtzuerhalten, muß das Kind an der Vorstellung der eigenen Schlechtigkeit und den damit verknüpften Schuldgefühlen festhalten und seine Aggressionen gegen die Eltern unterdrücken. Ferenczi (1933) beschrieb diesen Prozeß mit dem Konzept der «Idendifikation mit dem Aggressor»: Demnach identifiziert sich das sexuell mißbrauchte Kind mit dem Elternteil, der es mißbraucht[2]. Als Konsequenz dieser Dynamik sind Schuldgefühle, Selbsthaß, Depressionen, unkontrollierbare Wut und selbstzerstörerische Tendenzen zu erwarten.

3. Hypothesen

Auf der Grundlage der oben dargestellten Theorieansätze waren folgende Hypothesen für die Untersuchung leitend:

1) Frauen, die in ihrer Kindheit von einem Familienmitglied sexuell mißbraucht wurden, werden sich als Erwachsene von der Kontrollgruppe nicht-mißbrauchter Frauen dadurch unterscheiden, daß sie insgesamt mehr psychische Probleme haben.

2) Ehemals sexuell mißbrauchte Frauen werden verstärkt unter folgenden Symptomen leiden: unter Ängsten, Konzentrationsproblemen, Depressionen, psychosomatischen Beschwerden, unter selbstzerstörerischem Verhalten wie Selbstverstümmelungs- und Suizidversuchen, unter Alpträumen, Schlaf- und Eßstörungen und unter wiederkehrenden Erfahrungen mit sexueller und körperlicher Gewalt auch im Erwachsenenalter.

3) Die Intensität dieser Störungen wird mit dem Schweregrad des sexuellen Mißbrauchs und mit dem Ausmaß zusammenhängen, in dem der sexuelle Mißbrauch mit anderen Formen der Gewalt durch Personen innerhalb und außerhalb der Familie verknüpft war.

4) Die Erfahrung des sexuellen Mißbrauchs wird neben der Ablehnung und der mangelnden Fürsorge in der Kindheit einen eigenständigen Beitrag zur Vorhersage der späteren Störungen leisten.

[2] Das Konzept der Spaltung zwischen Gut und Böse wurde in der Theorie der Borderline-Persönlichkeit weiterentwickelt.

4. Methodisches Vorgehen

Es wurde eine nationale repräsentative Stichprobe gezogen. Fast jede zweite Frau nahm an der Untersuchung teil (die Teilnehmerquote betrug 49 Prozent). Diese relativ niedrige Teilnehmerquote ist typisch für Befragungen mit bedrohlichen Inhalten (vgl. Russell 1986). Telefon-Interviews mit den Frauen, die aus persönlichen Gründen die Teilnahme an der Befragung verweigerten, ergaben, daß diese Weigerungen vorwiegend mit dem Gegenstand der Befragungen zu tun hatte.

Die Interviewerinnen wurden systematisch und intensiv vorbereitet und blieben während der Studie kontinuierlich in Supervision. Mit 1054 Frauen im Alter zwischen 20 und 40 Jahren wurden umfangreiche Tiefeninterviews durchgeführt. Die Interviews waren standardisiert und führten von allgemeinen, nicht bedrohlichen Inhalten (wie z.B. der Familienkonstellation, der Umgebung, in der die Frau aufwuchs) zu den bedrohlicheren Inhalten wie der körperlichen Mißhandlung, sexuellen Spielereien und schließlich auch zum sexuellen Mißbrauch selbst. Um die Validität dieser Befragung sicherzustellen, wurden qualitative und quantitative Daten, insbesondere zur Mißhandlung und zum sexuellen Mißbrauch, herangezogen. Allerdings wurden Begriffe wie «sexueller Mißbrauch», «Vergewaltigung» oder «Kindesmißhandlung» in der Befragung vermieden.

16 Fragen dienten in der Form eines Fragenkatalogs dazu, die sexuellen Erfahrungen der Frauen vor dem 16. Lebensjahr zu erfassen. Um bei den Befragten das Erinnerungsvermögen anzuregen und möglichst wenig Verlegenheit aufkommen zu lassen, benannten die Interviewerinnen spezifische sexuelle Handlungen und mögliche Täter. Solche Fragen waren z.B.: »Hat ein Mitglied Ihrer Familie oder jemand, der bei Ihnen wohnte, Ihre Brüste, Ihr Geschlechtsteil oder andere Teile Ihres Körpers in sexueller Weise betastet, bevor Sie sechzehn waren? Oder ist es umgekehrt schon einmal passiert, daß Sie vor Ihrem 16. Lebensjahr aufgefordert wurden, den anderen auf sexuelle Weise zu berühren, ohne daß Sie selbst das wollten? Hat ein Mitglied Ihrer Familie oder jemand, der bei Ihnen wohnte, mit Ihnen Geschlechtsverkehr gehabt, bevor Sie sechzehn waren?»

Wenn die Frau über eine derartige Erfahrung berichtete, wurde unabhängig davon, ob das mit ihrem Einverständnis oder gegen ihren Willen geschah, mit einem gesonderten Fragebogen festgestellt, wie sie das damals erlebt und verarbeitet hat. Es wurde ein Index zur Intensität des sexuellen Mißbrauchs konstruiert, in den die folgenden Aspekte eingingen: Dauer, Häufigkeit und Intensität der sexuellen Aktivität, Abhängigkeit der Frau vom Täter (z. B. ob es sich um eine Vater-Figur handelte), angewandte Gewalt, Heimlichkeiten, Einschüchterungen und Bestechungen (z.B. das Angebot von Geschenken, um das Mädchen gefügig zu machen bzw. um es zum Schweigen zu bringen).

Um zu verhindern, daß sich das belastende Interview auf die Aussagen über die psychische Befindlichkeit auswirkt, wurden die psychischen Störungen bzw. psychopathologischen Symptome vor dem eigentlichen Interview mit standardisierten Fragebögen schriftlich erfaßt. Dazu gehörten ein Fragebogen zu seelischen Problemen (SCL-90, vgl. Derogatis et al. 1973 in der Kurzfassung von Sandfort 1985 nach

Paykel et al. 1974) und ein Fragebogen zu spezifischen Beschwerden wie z. B. Alpträumen oder psychosomatischen Beschwerden. Ein Index traumatischer Reaktionen wurde aus der Kombination folgender Symptome konstruiert:

Deppressionen, Ängste, Konzentrationsstörungen, soziales Mißtrauen, aggressive Wutausbrüche, Alpträume, Schlafstörungen, zerstörerisches Verhalten wie z. B. Selbstmord- oder Selsbtverstümmelungsversuche, psychosomatische Beschwerden und Gefühle sexueller Entfremdung (wie z. B. daß der Körper nicht der eigene ist).[3]

Emotionale Ablehnung in der Kindheit wurde mit dem schriftlichen Fragebogen zur Eltern-Kind-Beziehung von Parker et al. (1979) erfaßt, der die Qualität der Eltern-Kind-Beziehung auf zwei Hauptdimensionen abbildet, nämlich Liebe und Fürsorge auf der einen und Kontrolle auf der anderen Dimension. Emotionale Ablehnung zeigt sich in der Kombination von mangelnder Liebe und strikter Kontrolle und ist in der Vorgeschichte vieler psychopathologischer Störungsbilder des Erwachsenenalters (z. B. Schizophrenien, Depressionen und Angststörungen) zu finden (vgl. Parker 1983).

Die Vernachlässigung des Kindes wurde als «Dysfunktion» der Eltern über die Häufigkeit elterlicher Krankheiten, über Depressionen, Alkohol- und Drogenkonsum operationalisiert.

5. Ergebisse

Die Ergebnisse unserer Untersuchung haben alle Hypothesen bestätigt. 164 Frauen, das sind 15,6 Prozent der Stichprobe, waren vor ihrem 16. Lebenjahr in der einen oder anderen Form von einem Familienmitglied sexuell mißbraucht worden. Von der Gesamtstichprobe wurden sexuell mißbraucht

- 3,2 Prozent vom Vater, Stief- oder Pflegevater,
- 4,4 Prozent von einem Bruder,
- 4,4 Prozent von einem Onkel,
- 1,6 Prozent von einem Großvater,
- 1,6 Prozent von einem Cousin.

Nur in zwei Fällen waren die Frauen von Frauen (eine Mutter und eine Cousine) sexuell mißbraucht worden.

In der Teilstichprobe der sexuell mißbrauchten Frauen gab es folgende Schweregrade des sexuellen Mißbrauchs:

- 12,5 Prozent leichter Mißbrauch (z. B. lästige sexuelle Berührungen),
- 43,1 Prozent ein- oder mehrmaliges Betasten der Genitalien,
- 44,4 Prozent schwerer und mehrmaliger sexueller Mißbrauch mit vollzogenem Geschlechtsverkehr in Verbindung mit Drohungen und Gewalt.

[3] Ein Symptom wurde eingeschlossen, wenn der Meßwert auf dieser Skala über dem Mittelwert der Gesamtstichprobe lag.

Der sexuelle Mißbrauch durch Väter, Stief- und Pflegeväter gehörte meistens zu dieser letzten Kategorie des schweren Mißbrauchs.

Im Vergleich zu der Kontrollgruppe der nicht-mißbrauchten Frauen zeigten sich bei den mißbrauchten Frauen in erhöhtem Maße alle psychischen und psychosomatischen Probleme wie z. B. Ängste, Depressionen, selbstzerstörerisches Verhalten, sexuelle und Beziehungsprobleme, Eß- und Schlafstörungen, Alpträume usw., um nur einige zu nennen. Die größten Unterschiede zwischen den beiden Gruppen zeigten sich in folgenden Bereichen: Gefühle der eigenen Wertlosigkeit, der Einsamkeit, Minderwertigkeit und der Unfähigkeit, anderen Menschen zu vertrauen. Von den 24 Frauen, die eine psychiatrische Behandlung in Anspruch nehmen mußten, waren die Hälfte in der Kindheit von einem Familienmitglied mißbraucht worden.

Nicht alle, aber mindestens 54 Prozent der mißbrauchten Frauen waren als Erwachsene psychisch beeinträchtigt.[4] Dabei war die Intensität der Symptombelastung mit $r = .24$ ($p = .001$) mit dem Schweregrad des sexuellen Mißbrauchs korreliert. In gewisser Weise belegt dieses Ergebnis auch die Kausalbeziehung zwischen dem sexuellen Mißbrauch und späteren Beeinträchtigungen. Somit stützen die Ergebnisse dieser Untersuchung die Beobachtung früherer klinischer Studien, in denen man immer wieder einen Zusammenhang zwischen psychosomatischen und psychopathologischen Störungsbildern und der Vorgeschichte des sexuellen Mißbrauchs in der Kindheit fand.

Heißt das jedoch, daß diese Erfahrungen direkt die späteren Störungen und Beeinträchtigungen verursacht haben? Und, wenn das zutreffen sollte, welche Aspekte dieser Erfahrungen sind für die späteren Probleme verantwortlich zu machen? Oder gibt es hier gemeinsame Dritt-Faktoren, die – wie die Ablehnung oder die Parentifizierung in Familien-Beziehungen – mit dem sexuellen Mißbrauch und der körperlichen Mißhandlung einhergehen und die eigentlichen Ursachen der später feststellbaren Probleme sein können? Oder ist es die Koppelung dieser verschiedenen Bedingungen, die sich später so beeinträchtigend auswirkt?

Ebenso wäre denkbar, daß die Traumata der Kindheit nur die Verwundbarkeit gegenüber späteren belastenden Erfahrungen erhöhen und daß die eigentlichen Ursachen der Probleme in diesen späteren Erfahrungen liegen. Aber sind diese beiden Bedingungen wirklich unabhängig? Wäre es nicht denkbar, daß die Frauen, die in der Kindheit sexuell mißbraucht wurden, auch später in erhöhtem Maße belastenden Lebensereignissen ausgesetzt sind?

Um die Auswirkungen dieser verschiedenen, allerdings zusammenhängenden Verursachungsbedingungen genauer unterscheiden zu können, sind multivariate Analysemethoden nötig, bei denen man das Trauma des sexuellen Mißbrauchs, die elterliche Ablehnung und verfrühte Ablösung des Kindes und die belastenden Erfahrungen des späteren Lebens gleichzeitig berücksichtigen kann. Obgleich man mit diesem Verfahren die Beziehungen zwischen diesen verschiedenen Bedingungs-

[4] Hier wurden vier oder mehr Symptome zusammengefaßt mit einem Mittelwert, der über dem der Gesamtstichprobe lag.

variablen deutlich machen kann, muß dennoch die Frage offenbleiben, was die späteren Probleme im eigentlichen Sinne verursacht hat.

Wenn man unter diesen Voraussetzungen die Ergebnisse dieser Untersuchung betrachtet, fällt als erstes auf, daß der sexuelle Mißbrauch durch Familienangehörige niemals isoliert auftrat. Vielmehr erscheinen alle drei Formen des Kindheitstraumas, nämlich sexueller Mißbrauch innerhalb und außerhalb der Familie und körperliche Mißhandlung, miteinander verknüpft. Das heißt: Mädchen, die als Kinder von Familienangehörigen sexuell mißbraucht wurden, wurden auch häufiger von ihren Eltern körperlich mißhandelt und von Personen außerhalb der Familie sexuell mißbraucht.

Zweitens zeigte sich, daß Mädchen, die vor ihrem zwölften Lebensjahr längere Zeit einen Elternteil oder beide Elternteile entbehren mußten, signifikant häufiger sexuell mißbraucht wurden. Solche frühen Trennungen von den Eltern können per se schon zur späteren Vulnerabilität und psychischen Beeinträchtigungen beitragen (vgl. Harris et al. 1986).

Drittens zeigte sich in den Familien, in denen Mädchen sexuell mißbraucht wurden, signifikant häufiger die Kombination von Lieblosigkeit und strikter Kontrolle, die Kennzeichen der Ablehnung ist. Demnach wurden – ganz im Sinne unserer Hypothese – die Mädchen, die sexuell mißbraucht oder mißhandelt wurden, auch signifikant häufiger abgelehnt. Diese Ablehnung kann per se das Risiko für psychische Störungen im Erwachsenenalter erheblich erhöhen (vgl. Parker 1983, Burbach & Borduin 1986, Peters 1984).

In diesen Familien mit sexuellem Mißbrauch haben die Eltern auch häufiger in ihrer Funktion als Eltern versagt: sie waren häufiger krank, emotional labil, depressiv und abhängig von Alkohol oder Tranquillizern. Demnach wurden die Kinder in diesen Familien auch vernachlässigt, weil die Eltern aufgrund ihrer Krankheiten für ihre Kinder emotional nicht verfügbar waren.

Frauen, die als Kinder in der Familie sexuell mißbraucht wurden, waren auch häufiger Opfer elterlicher Parentifizierung: Im Vergleich zur Kontrollgruppe hatten sie signifikant häufiger das Gefühl, für ihre Eltern sorgen zu müssen und für ihr Wohlergehen verantwortlich zu sein.

Die Zusammenschau dieser Ergebnisse macht deutlich, daß sexuell mißbrauchte Frauen aus Multi-Problem-Familien stammen, in denen der sexuelle Mißbrauch mit anderen Formen der Mißhandlung und Vernachlässigung einherging, in denen die Mädchen früh von den Eltern getrennt wurden und weder Vater noch Mütter als liebevolle Bezugsperson verfügbar waren.

Wichtig ist zudem das Ergebnis, daß Frauen, die als Kinder sexuell mißbraucht oder körperlich mißhandelt wurden, auch später (d. h. nach dem 16. Lebensjahr) häufiger erzwungene sexuelle Erfahrungen machten, und zwar mit ihren eigenen Lebenspartnern oder mit anderen Männern. Von ihren Lebenspartnern wurden sie auch häufiger körperlich mißhandelt. Jedoch haben wir das Ausmaß dieser körperlichen Mißhandlungen und ihre eigene Rolle der Gegenwehr dabei nicht näher analysiert. Dennoch stimmen diese Ergebnisse weitgehend mit denen von Russell (1986) überein, die in ihrer Repräsentativstudie in Kalifornien ebenfalls feststellte, daß ehemals sexuell mißbrauchte Mädchen auch später häufiger zu Opfern sexueller und körperlicher Gewalt durch andere Männer und durch ihre Lebenspartner werden.

Alle diese mit dem sexuellen Mißbrauch verknüpften Probleme komplizieren die Frage nach den Ursachen der psychischen Beeinträchtigungen. Deshalb sollen im folgenden die Ergebnisse der multivariaten Regressionsanalyse dargestellt werden, in der diese assoziierten Probleme mit berücksichtigt wurden. Als Kriteriumsvariable benutzen wir den Index traumatischer Reaktionen, der die Summe aller früher erwähnten Symptome darstellt. Die zentrale Fragestellung lautet: Welche Bedeutung hat der erfahrene sexuelle Mißbrauch für die Vorhersage späterer Probleme im Kontext der damit assoziierten Belastungsbedingungen?

Die Regressionsanalyse ist ein multivariates Datenanalyseverfahren, bei dem die Beziehungen zwischen verschiedenen Prädiktorvariablen berücksichtigt und ihr Vorhersagewert für die Prognose der Kriteriumsvariablen in der Form der Beta-Gewichte differenziert dargestellt werden kann.

6. Ergebnisse der multivariaten Analyse

Als erstes soll die Frage untersucht werden, ob die späteren psychischen Problme der Frauen allein durch die elterliche Ablehnung bzw. Vernachlässigung erklärt werden können, oder ob die Erfahrung des sexuellen Mißbrauchs darüber hinaus einen eigenständigen Beitrag zur Vorhersage dieser Probleme leistet.

Die Ergebnisse der schrittweisen Regressionsanalyse (vgl. Tab. 1) zeigen, daß die Variablen der Ablehnung und Vernachlässigung (mit einem Vater oder einer

Tabelle 1: Die Bedeutung von sexuellem Mißbrauch im Kontext elterlicher Vernachlässigung und Ablehnung für die Prognose psychischer Störungen.

Ergebnisse der schrittweisen Regressionsanalyse mit dem Index traumatischer Reaktionen als Kriterium (N = 960).

Signifikante Faktoren[1]	R^2	R	Beta	p
1. Mutter krank, depressiv, alkoholabhängig	.10	.31	.15	.0001****
2. Vater streng, kontrollierend	.15	.31	.11	.01 **
3. Sexueller Mißbrauch durch Familienangehörige	.17	.31	.11	.0001****
4. Vater krank, depressiv, alkoholabhängig	.18	.27	.11	.001
5. Mutter streng, kontrollierend	.19	.30	.13	.0001****
6. Mangelnde Liebe Vater	.20	-.28	.07	.05 *
Erklärte Varianz	.20			

[1] Nicht signifikant waren die Prädiktoren «Trennung von den Eltern vor dem 12. Lebensjahr» und «Mangelnde Liebe Mutter».

Mutter, die häufig depressiv, krank, alkoholabhängig oder auf andere Weise emotional labil waren, oder mit Eltern die sehr autoritär, streng und abweisend waren) per se wichtige Bedingungen für die Vorhersage späterer Störungen sind. Aber auch der sexuelle Mißbrauch trägt unabhängig von diesen Bedingungen zur Vorhersage der späteren Probleme bei (das Beta-Gewicht ist signifikant). Im Gegensatz zu den Ergebnissen der Studie über die Bedingungen von Depressionen (vgl. Harris et al. 1986) leistet die frühe Trennung von den Eltern jedoch keinen eigenständigen Beitrag zur Vorherage dieser Störungen (vgl. dazu auch Peters 1984, Bagley & Ramsey 1985).

Zweitens ist zu fragen, ob der sexuelle Mißbrauch durch Familienmitglieder einen eigenständigen Beitrag zur Varianzaufklärung in den Störungen des Erwachsenenalters leistet, wenn er mit anderen Formen der Viktimisierung in der Kindheit und im Erwachsenenalter verglichen wird. Die schrittweise Regressionsanalyse dieser Variablen in der Gesamtstichprobe (vgl. Tab. 2) zeigt, daß alle Formen der Viktimisierung für die Vorhersage der späteren Störungen bedeutsam sind, daß aber die Traumata der Kindheit per se prognostisch bedeutsam bleiben. Oben wurde gezeigt, daß die Erfahrungen der Viktimisierung miteinander verknüpft sind: Frauen, die als Kinder sexuell mißbraucht wurden, wurden in der Kindheit und im späteren Leben auch häufiger mißhandelt. Demnach belegen diese Ergebnisse den kumulativ beeinträchtigenden Effekt dieser Traumata.

Tabelle 2: Die Bedeutung von sexuellem Mißbrauch im Kontext körperlicher Mißhandlung und späterer sexueller Viktimisierung für die Prognose psychischer Störungen.
Ergebnisse der schrittweisen Regressionsanalyse mit dem Index traumatischer Reaktionen als Kriterium (N = 954).

Signifikante Prädiktoren	R^2	R	Beta	p
1. unfreiwilliger Sex nach dem 16. Lebensjahr	.06	.25	.10	.05 **
2. Sexueller Mißbrauch durch andere Personen	.11	.25	.18	.0001****
3. Sexueller Mißbrauch durch Familienangehörige	.14	.20	.15	.0001****
4. Körperliche Mißhandlung durch die Eltern	.16	.24	.15	.0001
5. Körperliche Mißhandlung durch Lebenspartner	.17	.20	.10	.001 ***
6. Unfreiwilliger Sex mit Lebenspartner	.18	.24	.12	.01 **
Erklärte Varianz	.18			

Wenn beide Fragestellungen in einer Regressionsanalyse zusammengefaßt werden (vgl. Tab. 3), können mit diesen Variablen 27 Prozent der Varianz in der Kriteriumsvariable erklärt werden. Die Ablehnung und Vernachlässigung durch unfähige, strenge und abweisende Eltern sind nach wie vor bedeutsame Prädiktoren, aber der sexuelle Mißbrauch in der Kindheit und im späteren Leben sowie die Erfahrung körperlicher Gewalt durch spätere Lebenspartner bleiben eigenständige und bedeutsame Bedingungen für die Vorhersage der Störungen im Erwachsenenalter. Diese Ergebnisse legen die Deutung nahe, daß man sich an Gewalt und Brutalität

Tabelle 3: Die Bedeutung von sexuellem Mißbrauch im Kontext elterlicher Vernachlässigung und Ablehnung und späterer Viktimisierung für die Prognose psychischer Störungen.

Ergebnisse der schrittweisen Regressionsanalyse mit dem Index traumatischer Reaktionen als Kriterium (N = 884).

Signifikante Faktoren[1]	R^2	R	Beta	p
1. Vater streng, kontrollierend	.09	.31	.10	.05 *
2. Mutter krank, depressiv, alkoholabhängig	.15	.31	.14	.0001****
3. Sexueller Mißbrauch durch andere Personen	.19	.25	.15	.0001****
4. Unfreiwilliger Sex nach dem 16. Lebensjahr	.22	.25	.09	.05 *
5. Sexueller Mißbrauch durch Familienangehörige	.23	.20	.09	.01 **
6. Körperliche Mißhandlung durch Lebenspartner	.24	.20	.09	.01 *
7. Vater krank, depressiv, alkoholabhängig	.25	.27	.08	.01 *
8. Mutter streng, kontrollierend	.26	.30	.12	.01 **
9. Unfreiwilliger Sex mit Lebenspartner	.26	.24	.09	.05 *
10. Körperliche Mißhandlung durch die Eltern	.26	.24	.06	.10
Erklärte Varianz	.27			

[1] Ander, nicht signifikante Prädiktoren in der Regressionsgleichung waren: «(Mangelnde) Liebe von Vater/Mutter» und «Trennung von den Eltern vor dem 12. Lebensjahr».

offenbar nicht gewöhnen kann und daß die wiederholte Viktimisierung einen kumulativ schädigenden Effekt hat.

Innerhalb der Gruppe der sexuell mißbrauchten Frauen wird das Ausmaß der Störungen im Erwachsenenalter aus folgenden Bedingungen vorhergesagt (vgl. Tab. 4):

Tabelle 4: Prädiktoren der Symptombelastung in der Gruppe der sexuell mißbrauchten Frauen

Ergebnisse der schrittweisen Regressionsanalyse mit dem Index traumatischer Reaktionen als Kriterium (N = 960).

Signifikante Faktoren[1]	R^2	R	Beta	p
1. Vater streng, kontrollierend	.12	.36	.10	.10
2. Sexueller Mißbrauch durch andere Personen	.17	.28	.20	.05 *
3. Schweregrad des sexuellen Mißbrauchs	.21	.21	.17	.05 *
4. Frühe Trennung von Eltern	.24	.24	.18	.05 *
5. Alter zu Beginn des sexuellen Mißbrauchs	.26	-.17	-.18	.05 *
6. Vater krank, depressiv, alkoholabhängig	.28	.27	.14	n.s.
Erklärte Varianz	.30			

[1] Nicht signifikant waren die Prädiktoren: «Mutter streng, kontrollierend», «Mangelnde Liebe Vater», «Mutter krank, depressiv, alkoholabhängig», «Schweregrad der körperlichen Mißhandlung», «Parentifizierung».

dem Schweregrad des sexuellen Mißbrauchs in der Familie, dem Alter des Mädchens zu Beginn des sexuellen Mißbrauchs, frühen Trennungserfahrungen und sexuellem Mißbrauch durch Personen außerhalb der Familie. Elterliche Vernachlässigung und Ablehnung sind deshalb keine brauchbaren Prädiktoren späterer Störungen, weil alle sexuell mißbrauchten Mädchen in der Kindheit abgelehnt und vernachlässigt wurden. Die schlechtesten Prognosen haben demnach die Mädchen, die vor ihrem 12. Lebensjahr innerhalb und außerhalb der Familie sexuell schwer mißbraucht wurden und in der Kindheit längere Zeit von ihren Eltern getrennt waren.

Wenn man innerhalb der Gruppe der sexuell mißbrauchten Frauen die verschiedenen Formen der Viktimisierung gegeneinander gewichtet (vgl. Tab. 5), zeigen die Frauen die schwersten Störungen, die innerhalb und außerhalb der Familie wiederholt und schwer mißbraucht wurden und denen auch später von ihren Lebenspartnern sexuelle Handlungen aufgezwungen wurden.

Tabelle 5: Die Bedeutung verschiedener Formen der Viktimisierung für die Prognose psychischer Störungen in der Gruppe der sexuell mißbrauchten Frauen (N = 960).
Ergebnisse der schrittweisen Regressionsanalyse mit dem Index traumatischer Reaktionen als Kriterium.

Signifikante Faktoren[1]	R^2	R	Beta	p
1. Unfreiwilliger Sex mit Lebenspartner	.11	.33	.20	.05 *
2. Sexueller Mißbrauch durch andere Personen nach dem 16. Lebensjahr	.19	.33	.27	.001***
3. Schweregrad des sexuellen Mißbrauchs durch Familienangehörige	.24	.23	.21	.01 **
4. Körperliche Mißhandlung durch Eltern	.26	.23	.14	.10
5. Körperliche Mißhandlung durch Lebenspartner	.28	.23	.13	.10
Erklärte Varianz	.28			

[1] Nicht signifikant war der Prädiktor «Unfreiwilliger Sex mit anderen Personen nach dem 16. Lebensjahr».

Diese Ergebnisse lassen sich in folgenden Punkten zusammenfassen:
Spätere psychische Probleme hängen offenbar in bedeutsamer Weise mit der emotionalen Vernachlässigung in der Kindheit zusammen, d. h. wenn Eltern aufgrund ihrer eigenen emotionalen Probleme oder Krankheiten für Kinder nicht verfügbar waren. Gleichermaßen scheint eine kalte autoritäre und kontrollierende elterliche Haltung zu diesen Problemen beizutragen. Sexueller Mißbrauch und körperliche Mißhandlung in der Kindheit sind per se traumatisch, und zwar unabhängig von elterlicher Ablehnung und Vernachlässigung, mit denen sie im allgemeinen einhergehen. Die Erfahrung aufgezwungener Sexualität und körperlicher Mißhandlung im Erwachsenenalter trägt ihrerseits zu der aus der frühen Kindheit stammenden Verwundbarkeit bei.

7. Grenzen der Studie

Zum Schluß sollen die Besonderheiten und Grenzen der hier dargestellten Forschungsergebnisse diskutiert werden. Dabei geht es u. a. um den Unterschied zwischen sogenannten «klinischen» Daten und den eher abstrakten und aggregierten Daten, die man bei einer derartigen epidemiologischen Untersuchung erhält. Manchen werden diese Ergebnisse kaum nachvollziehbar erscheinen, anderen werden sie fast banal vorkommen. Das hat zunächst einmal mit den Unterschieden in der Zusammensetzung der Stichproben zu tun: Bei einer derartigen epidemiologischen Studie besteht die Ausgangsstichprobe vorwiegend aus gesunden und relativ gut angepaßten Individuen, während in klinischen Studien das Gegenteil zutrifft. Obgleich solche umfassenden Repräsentativerhebungen eine allgemeine Bestandsaufnahme darstellen und als solche generalisierbar sind, haben sie im Vergleich zu klinischen Studien doch auch mit erheblichen Einschränkungen zu kämpfen:

Erstens haben die Fragebogendaten über Beschwerden und psychische Probleme im Vergleich zu klinisch-diagnostischen Interviews eine begrenzte Aussagekraft.

Zweitens kann in der klinischen Forschung die Diagnose prozessual und über eine längere Zeitspanne hin erstellt werden. Demgegenüber ist das Bild, das man aufgrund von Fragebogendaten erhält, im Grunde statisch und kann sich allenfalls auf die Situation in der Woche vor der Befragung beziehen. Gerade bei sexuell traumatisierten Patienten können die Symptome stark fluktuieren, und es gibt lange Latenzphasen, in denen Depressionen und Empfindungsunfähigkeit dominieren, bevor sich die Symptome des durchlebten Traumas in der Form von Alpträumen, gedanklichen Rückblenden oder plötzlichen Angstzuständen erneut aufdrängen und damit deutlich werden (vgl. Gelinas 1983)

Drittens kann in der sozialwissenschaftlichen Forschung nur das erfaßt werden, was die Probanden mitteilen können oder wollen. Demgegenüber kann sich die klinische Diagnose auf einen therapeutischen Prozeß über einen größeren Zeitraum hinweg stützen und validere Daten über den sexuellen Mißbrauch erbringen. Zu Beginn der Behandlung kann es durchaus sein, daß die Vorgeschichte des sexuellen Mißbrauchs noch nicht erinnert werden kann, doch in der Sicherheit der therapeutischen Beziehung erhöht sich die Wahrscheinlichkeit, daß solche Erfahrungen der Erinnerung zugänglich gemacht und vom Patienten geäußert werden. Demgegenüber gibt es in Repräsentativbefragungen in der Regel nur ein oder zwei Interviews, so daß schon von daher die Validität der erfaßten Daten erheblichen Einschränkungen unterliegt.

Schließlich stellt sich generell die Frage, wie valide und zuverlässig retrospektiv erfaßte Daten sind, aber dieses Problem stellt sich in Repräsentativbefragungen und in der klinischen Forschung gleichermaßen. In Retrospektivbefragungen sind die Erinnerungen an die Vergangenheit immer durch das Befinden in der Gegenwart mitbestimmt.

Trotz dieser Einschränkungen hat die epidemiologische Forschung mit der Befragung repräsentativer Stichproben den Vorteil, daß die gewonnenen Ergebnisse generalisierbar sind. Gleichwohl ist davon auszugehen, daß durch die freiwillige Teilnahme an dieser Befragung und durch die Tendenz, die Bedeutung dieser

Kindheitserfahrungen zu leugnen oder zu bagatellsieren, das Ausmaß der früheren Mißbrauchs- und Mißhandlungserfahrungen in unserern Ergebnissen eher unter- als überschätzt wurde.

8. Schlußfolgerungen

Zusammenfassend unterstreichen die Befunde unserer Untersuchung die Bedeutung von sexuellem Mißbrauch und von Mißhandlungen in der Genese psychischer Probleme im Erwachsenenalter. Sie stützen die Annahme, daß über die elterliche Ablehnung hinaus sexueller Mißbrauch und körperliche Mißhandlung einen eigenständigen Beitrag zur Vorhersage dieser Probleme leisten. Gleichwohl machen diese Befunde deutlich, daß die sexuelle Traumatisierung allein keine ausreichende Bedingung für spätere Beeinträchtigungen darstellt. Ablehnende und vernachlässigende Eltern-Kind-Beziehungen sind offenbar ebenso ausschlaggebend, indem sie entweder die eigentliche Ursache für die später feststellbaren Störungen sind oder indem sie dem Kind bei der Bewältigung des sexuellen Traumas unzureichend helfen. Demnach ist die Qualität der Eltern-Kind-Beziehung als Schutzmechanismus bzw. für die Bewältigungsfähigkeiten von Kindern offenbar sehr wichtig (Winnicott 1960). In der klinischen Literatur wird im allgemeinen die Bedeutung der Mutter-Kind-Beziehung besonders betont. Unsere Ergebnisse machen demgegenüber deutlich, daß nicht nur die mangelnde Verfügbarkeit der Mutter, sondern gleichermaßen die des Vaters und vor allem das Fehlen liebevoller Fürsorge das Kind auf die Dauer beeinträchtigen können.

Die Befunde stützen gleichermaßen die theoretischen Annahmen, die für die Anlage dieser Untersuchung ausschlaggebend gewesen sind: Für die Erklärung der späteren Störungen waren wir gleichermaßen auf die Aussagen der Trauma-Theorie und der Objekt-Beziehungs-Theorie angewiesen. Die Traumatisierung allein kann nicht die selbstdestruktiven Tendenzen erklären, die wir als Auswirkungen des sexuellen Mißbrauchs festgestellt haben. Es bedarf m. E. der Annahmen der Objekt-Beziehungs-Theorie, um nachvollziehen zu können, warum es den mißbrauchten Frauen unmöglich ist, gegenüber den lieblosen Eltern Aggressionen auszudrücken. Die Fortdauer der Schuldgefühle, die Identifikation mit dem Mißhandler und die Tatsache, daß anstelle von Aggression eher Depressionen die Gefühle beherrrschen, sind im Rahmen der Objekt-Beziehungs-Theorie damit zu erklären, daß das Kind in der Familie, d. h. von seinen nächsten und wichtigsten Bezugspersonen mißbraucht, mißhandelt und abgelehnt wurde.

In epidemiologischen Studien über die Ursachen psychischer Störungen sollten sexuelle und körperliche Traumata in der Kindheit unbedingt berücksichtigt werden. In den Theorien über die Ätiologie psychischer Störungen wird dieser Aspekt allerdings nach wie vor weitgehend ignoriert (vgl. z. B. Garmezy & Rutter 1983).[5]

[5] In dem Buch über Stress, Bewältigung und kindliche Entwicklung von Garmezy und Rutter (1983), in

Die Vorgeschichte sexueller oder körperlicher Traumata in der Kindheit sollte zu einem Bestandteil der Diagnostik der Störungen im Erwachsenenalter gemacht werden. Das diagnostische System DSM-III-R erkennt mit der Achse IV die Bedeutung belastender Lebensereignisse an, indem der Belastungsgrad psychosozialer Stressoren gewichtet wird. Das sind Stressoren, die in dem Jahr vor dem Zeitpunkt der Diagnosestellung aufgetreten sind. M. E. sollte in die Liste möglicher Stressoren für Erwachsene auch die Möglichkeit sexuellen Mißbrauchs oder körperlicher Mißhandlung in der Kindheit aufgenommen werden, um damit aktuell gegebenen Symptomen die ihnen zukommende Bedeutung zu geben wie z. B. daß sie sekundäre Reaktionen und Erweiterungen des ursprünglichen Traumas sind oder daß die wiederholte Tendenz zur Persönlichkeitsspaltung im Grunde eine Bewältigungs- und Überlebensstrategie darstellt. Dieser Gedanke wäre auf eine Reihe psychopathologischer Syndrome anwendbar, wie z. B. auf schwere Depressionen, die Borderline-Persönlichkeitsstörungen, Angststörungen und dissoziative Störungen, und wäre damit keinesfalls auf die post-traumatische Stress-Reaktion begrenzt.

Die Tatsache, daß die elterliche Ablehnung neben der sexuellen Traumatisierung eine so entscheidende Rolle spielt, bedeutet, daß die therapeutische Behandlung von Erwachsenen, die als Kinder mißbraucht wurden, sehr viel Zeit in Anspruch nehmen wird. Wenn der sexuelle Mißbrauch bzw. die körperliche Mißhandlung nicht länger als Ursachen psychischer Störungen verkannt werden sollen, müssen wir lernen, Sexualität und Gewalt in geeigneter Weise anzusprechen. Das bedeutet auch, daß wir unsere eigenen Reaktionen auf sexuelle Gewalt und Gefühle extremer Macht- und Hilflosigkeit reflektieren und uns unsere eigenen Abwehrhaltungen bewußt machen müssen. Schließlich bedeutet das, daß Zeit und Geld bereitgestellt werden müssen, damit Therapeuten Hilfe und Supervision erfahren, weil die tägliche Konfrontation mit den Erfahrungen der Gewalt Therapeuten leicht überfordern kann.

Literatur

American Psychiatric Association (1987) Diagnostic and statistical manual, 3rd revised edition (DSM-III-R). American Psychiatric Association, Washington DC.

Bagley, C., Ramsey, R. (1987) Sexual abuse in childhood: psychosocial outcomes and implications for social work practice. Social Work Practice in Sexual Problems 4: 33–47.

Breuer, J., Freud, S. (1983) Studies on hysteria (1983–1985). The Pelican, Freud Library Vol. 3. Penguin Books, New York.

Burbach, D. J., Bordin, C. M. (1986) Parent-child relations and the etiology of depression. Clinical Psychological Review 6: 133–153

Derogatis, L. R., Lipman, R. S., Covi, L. (1973) SCL-90 an outpatient rating scale – preliminary report. Psychopharmacology Bulletin 9: 13–27.

dem Lebensereignisse beschrieben werden, die die kindliche Entwicklung beeinträchtigen können, werden alle Trennungs- und Verlusterfahrungen aufgezählt wie z. B. Krankenhausaufenthalte, elterliche Scheidung, Tod eines Elternteils, schließlich auch das Ereignis der Geburt eines Geschwisterkindes. Jedoch werden Kindheitserfahrungen wie sexueller Mißbrauch und Kindesmißhandlung nicht erwähnt . . .

Draijer, N. (1988) Seksueel misbruik van meisjes door verwanten. Een landelijk onderzoek naar de omvang, de aard, de gezinsachter gronden, de emotionele betekenis en de psychiatrische en psychosomatische gevolgen. Ministerie van Sociale Zaken en Werkgelegenheid, Den Haag.
Eth, S., Pynoos, R. S. (1985) Post-traumatic stress disorder in children. American Psychiatric Press, Washington.
Fairbairn, W. R. D. (1986) The repression and the return of bad objects (with special reference to the «war neuroses») (1952). Reprint in: Essential papers on object relations. P. Buckley (Hrsg.) New York University Press, New York: 102–127.
Ferenczi, J. (1933) Confusion of tongues between adults and the child. International Journal of Psychoanalysis 30: 225–230.
Figley, C. (1984) Trauma and its wake. Brunner/Mazel, New York.
Garmezy, N. & Rutter, M. (1983) Stress, coping, and development in children. John Hopkins Univerity Press, Baltimore.
Gelinas, D. J. (1983) The persisting negative effects of incest. Psychiatry 46: 312–332.
Harris, T., Brown, G. W:, Bifulco, A. (1986) Loss of parent in childhood and adult psychiatric disorder: the role of lack of adequate parental care. Psychological Medicine 16: 641–459.
Horowitz, M. J. (1976) Stress response syndromes. Jason Aronson, New York.
Kolk, B. A. van der (1987) Psychological trauma. American Psychiatric Press, Washington.
Lister, E. D. (1982) Forced silence: a neglected dimension of trauma. American Journal of Psychiatry 139: 372–376.
Lesnick-Oberstein, M. (1983) Denial of reality: a form of emotional child abuse. Child Abuse and Neglect 7: 471–472.
Mahler, M. S., Pine, F., Berman, A. (1975) The psychological birth of the human infant. Basic Books, New York.
Miller, A. (1981) Du sollst nicht merken: Variationen über das Paradies-Thema. Suhrkamp, Frankfurt a. M.
Parker, G., Tupling, H., Brown, L. B. (1979) A parental bonding instrument. British Journal of Medical Psychology 52: 1–10.
Parker, G. (1983) Parental «affectionless control» as an antecedent of adult depression. Archives of General Psychiatry 40: 956–960.
Paykel, E., Meyers, J., Lindenthal, J. Tanner, J. (1974) Suicidal feelings in the general population: a prevalence study. British Journal of Psychiatry 124: 460–469.
Peters, S. D. (1984) The relationship between childood sexual victimization and adult depression among afro-american and white women. Dissertation, University of California, Los Angeles.
Russell, D. E. H. (1986) The secret trauma. Incest in the lives of girls and women. Basic Books, New York.
Sandfort; T. G. M. (1985) Verantwoording voor de meting van variabelen middels vooraf geconstrueerde schalen binnen het onderzoek naar seksuele ervaringen in de vroege jeugdjaren. RU Utrecht, Tussenrapport, Instituut voor klinische psychologie en persoonlijkheidsleer.
Shengold, L. (1979) Child abuse and deprivation: soul murder. Journal of American Psychoanalytic Association 27: 533–599.
Stein, J. A., Golding, J. M., Siegel, J. M., Burnam, M. A., Sorenson, S. B. (1988) Long-term psychological sequelae of child sexual abuse. The Los Angeles Catchment Area Study. In: Lasting effects of child sexual abuse. G. W. Wyatt u. G. J. Powell (Hrsg.) Sage, London 135–145.
Winnicott, D. (1960) The theory of parent-infant relationship. In: The maturational process and the facilitating environment. D. Winnicott (Hrsg.) International Universities Press, New York: 37–55.
Young, M. de (1984) Counterphobic behaviour in multiple molested children. Child Welfare 61: 333–339.

Zur Begutachtung der Glaubwürdigkeit von kindlichen und jugendlichen Zeugen in der Frage des sexuellen Mißbrauchs

Kai von Klitzing

Das Phänomen des sexuellen Mißbrauches von Kindern und Jugendlichen ist in den letzten Jahren vermehrt öffentlich thematisiert worden. Eine zunehmende gesellschaftliche Sensibilisierung in dieser Frage ist zu beobachten. In der pädiatrischen und kinderpsychiatrischen Sprechstunde kommen wir immer häufiger mit dem Verdacht oder der Vermutung in Berührung, ein Kind sei innerhalb oder außerhalb der Familie sexuell mißbraucht worden. Diesbezüglich werden in manchen Fällen auch Strafverfahren eingeleitet. Die abnehmende Tabuisierung dieses Themas kann beispielsweise dazu führen, daß in einer Familie eine vorhandene Inzestproblematik eher wahrgenommen und auch nach außen angezeigt wird. Andererseits kann aber auch die vermehrte öffentliche Aufmerksamkeit die Gefahr heraufbeschwören, daß es angesichts familialer Konflikte zu fälschlichen Vermutungen oder Vorwürfen kommt, mit denen im Beziehungsfeld agiert wird. Es ist immer individuelle und beziehungsmäßige Not im Spiel, wenn der Vorwurf sexuellen Mißbrauchs aufkommt, egal ob dieser Vorwurf den Tatsachen entspricht oder nicht. Um diese Not sollte es primär in der kinder- und jugendpsychiatrischen- psychotherapeutischen Behandlung gehen. Die juristischen Instanzen, soweit sie in einem solchen Fall eingeschaltet worden sind, stehen oftmals vor Schwierigkeiten in der Wahrheitsfindung und bitten um die Klärung der Glaubwürdigkeit des Kindes als Zeuge. Somit kommt der kinder- und jugendpsychiatrischen Glaubenswürdigkeitseinschätzung in einem eventuellen Strafverfahren oft essentielle Bedeutung zu. Die Begutachtung eines Kindes oder Jugendlichen in dieser Frage ist sicher keine einfache Aufgabe. Man muß sich dann meist in einem recht schwierigen Beziehungsfeld bewegen, mit Tabus umgehen und natürlich vor allen Dingen dafür sorgen, daß das Kind nicht neuerlich traumatisiert wird. Umso wichtiger ist es aber für einen Gutachter, über aussagekräftige und gültige Glaubwürdigkeitskriterien zu verfügen.

In der deutschsprachigen Fachliteratur hat man sich in den sechziger und siebziger Jahren intensiv mit diesem Thema auseinandergesetzt (z. B. Müller-Luckmann 1962, Leferenz 1972, Berger 1979). Dabei wurde prinzipiell die Unterscheidung zwischen allgemeiner und spezieller Glaubwürdigkeit eingeführt. Bezüglich der allgemeinen Glaubwürdigkeit sind demnach die Grundvoraussetzungen zu prüfen, ob das Kind oder der Jugendliche überhaupt zu entsprechenden Aussagen in der Lage ist. Die spezielle Glaubwürdigkeit bezieht sich dagegen auf die konkrete Aussage des Zeugen. In den USA und in Kanada sind in den letzten Jahren vorwiegend aus speziell auf diese Problematik ausgerichteten Zentren interessante theoretische Ansätze hervorgegangen (Benedek und Schetky 1987, Klajner-Diamond u. a. 1987, Summit, 1983). In diesen Publikationen findet sich die Unterscheidung zwischen allgemeiner und spezieller Glaubwürdigkeit nicht. Dagegen sind sowohl in der deutschsprachigen als auch in der amerikanischen Literatur durchgängig eine gewisse Kontroverse zwischen mehr aussagepsychologisch, entwicklungspsychologisch und beziehungsdynamisch orientierten Autoren zu spüren. Diese Kontroverse ist aber letztendlich Ausdruck davon, daß die Glaubwürdigkeit eines kindlichen oder jugendlichen Zeugen aus verschiedenen Blickwinkeln her betrachtet werden kann und muß, wenn man sich als Gutachter nicht ideologisch bedingte Einäugigkeit vorwerfen lassen will.

Ausgehend von einer gründlichen Auswertung der verschiedenen wissenschaftlichen und theoretischen Ansätze sowie der Analyse der klinischen Erfahrung schlage ich vor, die erarbeiteten Glaubwürdigkeitskriterien in 3 Kategorien einzuteilen: Entwicklungskriterien, formale Aussagekriterien und Beziehungskriterien. Bei den Entwicklungskriterien handelt es sich um Kriterien, nach denen die Glaubwürdigkeit angesichts des Entwicklungsstandes und besonderer Entwicklungsmerkmale des kindlichen Zeugen beurteilt wird. Bei den formalen Aussagekriterien handelt es sich um Merkmale, die die Art und Weise charakterisieren, wie das Kind die Aus-

Tabelle 1: Entwicklungskriterien

1. Merkmale der Entwicklung
   a) Physischer, psychischer u. kognitiver Reifestand
   b) Zeitgefühl, Sprache, Gedächtnis
   c) Verpflichtungsgefühl zur Wahrheit
   d) Ausmaß der Realitätserfassung und -erfahrung (Unterscheidungsfähigkeit Phantasie / Wirklichkeit)
2. Pathologische Entwicklungsmerkmale
3. Suggestibilität

Tabelle 2: Formale Aussagekriterien

1. Spontaneität
2. Innere und äußere Übereinstimmung; Kohärenz
3. Altersgerechte Schilderung
   a) Schilderung aus dem Blickwinkel des Kindes; Kindliche Logik; Einbettung in für das Kind wichtige Nebendetails
   b) Altersadäquate Sprache
4. Alters- und situationsgerechte Widersprüchlichkeit
   a) Verwirrende Enthüllung als Lösungsversuch
   b) Rücknahme der Enthüllung als Lösungsversuch
5. Zustand des Kindes
   a) Adäquate emotionale Verfassung
   b) Auftreten spezifischer Symptome und Verhaltensweisen
6. Zeitliche Abfolge der Aussagen
7. Vorliegen eines «Anpassungssyndroms»

sage gemacht hat. Die Beziehungskriterien sollen dagegen Charakteristika des Beziehungsfeldes aufzeigen, in welchem es zu der Mißbrauchsdynamik und letztendlich auch zu den kindlichen Aussagen gekommen ist. Im folgenden sollen nun diese Glaubwürdigkeitskriterien (stichwortartig aufgelistet in Tab. 1–3) im Einzelnen aufgeführt und diskutiert werden.

Tabelle 3: Beziehungskriterien

1. Beziehungsdynamik zum Angeschuldigten
   u. a. – Übertragungsanteile
   – Gefühl von Mitwirken und Mitschuld
   – Bedeutung der Strafverfolgung des Angeschuldigten
2. Beziehungsdynamik zu allen Personen, denen gegenüber die Aussage gemacht wird
   (Cave: «frühzeitiger Experte»; positive oder – negative Verstärkung durch die Befragung)
3. Familiale Beziehungsdynamik
   u. a. – symbiotische Mutter-Kind-Beziehung; Vorkommen projektiver Identifizierungen
   – Sexualisierte Phantasietätigkeit im Rahmen des Ödipuskonfliktes
4. Vorhandensein sekundärer Motive;
   Bedürfnisbefriedigender Aspekt einer Aussage
5. Vorhandensein eines laufenden Sorgerechts- oder Besuchsrechtsverfahren

1. Entwicklungskriterien

Es ist ohne weiteres einleuchtend, daß die gesamthafte Beurteilung des kindlichen Entwicklungsstandes für eine Glaubwürdigkeitsbegutachtung von essentieller Bedeutung ist. Die noch vor 20 Jahren zuweilen ausgesprochene Behauptung, daß Kinder unter 7 Jahren sich grundsätzlich nicht als Zeugen vor Gericht eignen, muß unbedingt revidiert werden. Dagegen muß gerade bei jungen Kindern beachtet werden, daß sie einen Vorgang sexuellen Mißbrauchs gemäß ihres Entwicklungsstandes aus ihrem Blickwinkel her verstehen und ihm nicht dieselbe Bedeutung zumessen, die er beispielsweise für Erwachsene hat. Das Vorliegen präoperationalen Denkens muß in Rechnung gestellt werden. Der Gutachter muß sich einen Eindruck verschaffen über das Zeitgefühl des kindlichen Zeugen, seine besonderen sprachlichen Ausdrucksformen, seine Gedächtnisleistungen und auch über das Ausmaß seiner Realitätserfassung und -erfahrung. Außerdem muß die verinnerlichte Gewissensbildung geprüft werden und damit das Ausmaß, in welchem sich das betreffende Kind zur Wahrheit verpflichtet fühlt. Es wird immer wieder die Frage aufgeworfen, ob Kinder und Jugendliche, bei denen pathologische Entwicklungsmerkmale vorliegen, prinzipiell als unglaubwürdig in der Funktion als Zeuge zu beurteilen sind. Dem muß sicher widersprochen werden. Vielmehr muß im Detail geprüft werden, welchen Einfluß die Pathologie bei der Entstehung und der Ausformung der Zeugenaussage hat. Gerade durch intensive Einzelanalysen von Falschaussagen ist evident geworden, wie wichtig die Beurteilung der allgemeinen Suggestibilität des kindlichen Zeugen ist. Hierzu sind eingehende testpsychologische Untersuchungen nötig, wobei jedoch noch kein ausreichend spezifisches Instrumentarium vorliegt.

In der gutachterlichen Praxis bestätigt sich, daß Aussagen zum allgemeinen Entwicklungsstand des Kindes praktisch immer von Bedeutung sind. Auch die oben aufgeführten spezifischen Entwicklungsmerkmale sollten Bestandteil der Überlegungen sein, werden aber in der Praxis oftmals vernachlässigt. Über viele Jahre wurde das Vorliegen hoher Suggestibilität bei einem Kind als entscheidendes Kriterium für seine Unglaubwürdigkeit angesehen. Dies ist sicher nicht unberechtigt gewesen. Jedoch liegen noch zuwenige Vergleichsuntersuchungen vor, die darüber Auskunft geben könnten, welches Ausmaß an Suggestibilität je nach Alter eigentlich entwicklungsgerecht ist.

2. Formale Aussagekriterien

Bei der formalen Beurteilung einer kindlichen Aussage wird in der gutachterlichen und juristischen Praxis meistens besonders Wert gelegt auf deren Kohärenz. Es wird beispielsweise gefragt, ob die Aussage in sich schlüssig ist, ob Aussagen zu verschiedenen Zeitpunkten untereinander übereinstimmen und ob sie mit äußeren Gegebenheiten in Widerspruch stehen. Es ist sicher nicht richtig, die Kohärenz immer als das wichtigste formale Kriterium zu werten. Vom Kind kann es angesichts eines emotional so schwierig besetzten Ereignisses durchaus typischerweise zu verwirrenden Schilderungen kommen. Gar nicht so selten wird es im Laufe der Zeit die einmal gemachte Enthüllung wieder zurücknehmen, weil es versucht, die mit der Enthüllung verbundenen Konflikte auf diese Weise zu lösen. Dies darf dann auf keinen Fall als Beweis für die Unglaubwürdigkeit gewertet werden. Von besonderer Bedeutung ist vielmehr die Beurteilung, ob die Schilderung des Kindes alters- und situationsgerecht ist. Es ist zu prüfen, ob das Kind das Ereignis in seiner Sprache schildert. Die meisten Kinder berichten die Vorgänge eingebettet in scheinbar unwichtige Nebendetails und aus dem Blickwinkel der eigenen kindlichen Logik, welche nicht mit der Logik des Erwachsenen übereinstimmt. Manchmal hat man sogar den Eindruck, daß eine «glatte», kohärente und immer gleich geäußerte Zeugenaussage, die womöglich noch einer erwachsenen Denkweise ähnelt, viel unglaubwürdiger sein kann als widersprüchliche, manchmal etwas unlogische und auch wechselnde Aussagen. Wenn ein Kind eine Enthüllung erst lange Zeit nach dem Vorgefallenen macht, spricht dies auf keinen Fall gegen das Vorliegen eines sexuellen Mißbrauchs. Die «Ungereimtheit» im zeitlichen Ablauf kann vielmehr auch Ausdruck von Scham sein oder davon, daß es dem Ereignis vielleicht nicht so große Bedeutung zumißt.

Manche Autoren verweisen darauf, daß eine auf die Enthüllung bezogene adäquate emotionale Verfassung des Kindes oder sogar das Auftauchen spezifischer Symptome oder auffälliger Verhaltensweisen mehr über die Glaubwürdigkeit aussagen, als die Kohärenz der Aussagen. Dabei besteht jedoch die Schwierigkeit, daß es keine Symptome und Verhaltensweisen gibt, die wirklich spezifisch auf das Vorliegen eines Mißbrauchs hinweisen. Die mancherorts kursierenden Symptom- oder Verhaltenslisten enthalten oftmals ein derart breites Spektrum sämtlicher bei Kindern und Jugendlichen möglichen Auffälligkeiten, daß es als gefährlich angesehen werden kann, wenn aus ihnen Verdachtsmomente abgeleitet werden.

Für die formale Beurteilung von Aussagen ist natürlich auch wichtig, inwieweit das Kind von Erwachsenen bereits beeinflußt worden ist. Manchmal kann ein regelrechtes «Anpassungssyndrom» vorliegen. Mit diesem Begriff ist gemeint, daß die kindliche Schilderung an die Erflußnahme durch Erwachsene angepaßt wird. Gezielte Falschaussagen eines Kindes kommen fast ausschließlich durch Einfluß der Erwachsenen zustande.

3. Beziehungskriterien

Von besonderer Bedeutung sind wohl die Kriterien, die sich aus dem beziehungsdynamischen Feld ergeben, in welchem es zu der Mißbrauchsanschuldigung gekommen ist. Diese Kriterien sind, wie eine systematische Auswertung einer größeren Anzahl von Gutachten aufgezeigt hat, meist an zentraler Stelle für die Glaubwürdigkeitsbeurteilung anzusiedeln. Sie sind jedoch schwierig zu erheben und manchmal nur hypothetisch herauszuarbeiten. Zuvorderst muß natürlich die Beziehung zwischen dem kindlichen Zeugen und dem Angeschuldigten analysiert werden. Es ist beispielsweise zu fragen, inwieweit ein Kind unbewußte Übertragungsaspekte oder Projektionen auf den Angeschuldigten in die Aussage einbringt. Untersuchungen über Kinder, die Opfer sexueller Übergriffe Erwachsener innerhalb und außerhalb der Familie geworden sind, haben ergeben, daß es oftmals bei dem Kind zu dem Gefühl von (Mit-)Schuld kommt, welches natürlich erheblichen Einfluß auf eine eventuelle Zeugenaussage haben kann. Ein fast schon nicht mehr erträgliches Ausmaß von Verantwortung und Schuld kann erreicht werden, wenn durch die Aussage des Kindes z. B. ein angeschuldigter Vater einer Strafverfolgung ausgesetzt wird und sogar in Haft kommt. Auch hier kann es zu Rücknahmen und Verzerrungen der kindlichen Aussage kommen, welche vor dem Hintergrund der Beziehung zum Angeschuldigten verständlich werden.

Aber auch die Beziehung zwischen dem Kind und den Personen, denen gegenüber es die Aussage macht, ist ein wichtiges Kriterium. Der Beziehungsrahmen, in welchem die Anschuldigung erstmals geäußert wurde, muß genauestens rekonstruiert werden. Zuweilen ist zum Zeitpunkt der Begutachtung das Kind bereits von derartig vielen Personen befragt worden, daß ein solch unübersichtliches Beziehungsnetz entstanden ist, daß die eigentliche kindliche Aussage fast nicht mehr zu rekonstruieren ist. Es wird vor «Experten» gewarnt, die frühzeitig von dem Vorliegen eines sexuellen Mißbrauches ausgehen und das Kind durch die Art der Befragung in suggestiver Form dann darauf festlegen.

Die Analyse der familialen Beziehungsdynamik kann unter Umständen Auskunft über mögliche bewußte und unbewußte Motive von Falschaussagen geben. z. B. kann in einer überaus symbiotischen Mutter-Kind-Beziehung der Vater als Projektionsfeld aller möglichen störenden Beziehungsaspekte dienen, so daß es zu einer

Feindbildung kommt. Vor dem Hintergrund dann oftmals schwer gestörter elterlicher Beziehungen kann dann der Wahrheitsgehalt einer kindlichen Anschuldigung gegenüber dem Vater manchmal schwer abgeschätzt werden. Es ist wissenschaftlich umstritten, ob Inzestvorwürfe gegenüber einem Familienmitglied häufig Ausdruck sexualisierter Phantasietätigkeiten im Rahmen des Oedipuskonfliktes sein können. Natürlich muß auch nach dem Vorhandensein bewußter Motive gefahndet werden, welche den bedürfnisbefriedigenden Aspekt einer Aussage nahelegen können (z. B. Rachegefühle gegenüber einem verhaßten Lehrer). Besonders kritisch müssen aufkommende Mißhandlungsvorwürfe im Rahmen eines laufenden Sorge- oder Besuchsrechtsverfahren geprüft werden. Im Rahmen eines solchen Verfahrens sind berechtigte Sorgen eines Elternteiles um die sexuelle Integrität des Kindes auf der einen und sowohl bewußte als auch unbewußte Tendenzen zur manipulativen Einflußnahme auf der anderen Seite manchmal sehr schwer voneinander zu unterscheiden. Durch die gesteigerte familiale Unsicherheit gerät ein Kind oftmals in einer solchen Situation in einen regressiven Sog, wodurch die Abhängigkeit und damit auch die Beeinflußbarkeit von einem Elternteil erhöht wird, was in Verbindung mit den meist vorhandenen massiven Wutgefühlen der Erwachsenen zu kritischen Situationen führen kann.

4. Schlußfolgerungen:

Es ist eine schwierige Aufgabe, ein Glaubwürdigkeitsgutachten bezüglich eines kindlichen oder jugendlichen Zeugen im Rahmen eines Sittlichkeitsprozesses zu erstellen. Der Gutachter übernimmt ja hier nicht nur Verantwortung für das Kind, sondern auch für den Angeschuldigten. Eine nicht erkannte falsche Anschuldigung, die beispielsweise zur Verurteilung eines Familienvaters führt, kann genauso verheerende Folgen für ein Kind mit sich bringen wie eine Anschuldigung, der man fälschlicherweise keinen Glauben schenkt. Es gilt daher, möglichst viele der oben dargestellten Kriterien kritisch anzuwenden, sie richtig zu gewichten und zu einem Gesamtbild zusammenzufügen.

Zur Beurteilung der allgemeinen Glaubwürdigkeit wird man am ehesten die Entwicklungskriterien heranziehen, wogegen für die spezielle Glaubwürdigkeit vor allem die Aussagekriterien und Beziehungskriterien relevant sind. Bei den vorliegenden Kriterienkategorien gibt es naturgemäß eine Reihe von übergreifenden Zusammenhängen: So kann man beispielsweise eine Aussage nur formal beurteilen vor dem Hintergrund der jeweiligen Entwicklungssituation eines Kindes, welche wiederum eng mit der familialen Beziehungsdynamik zusammenhängt. Trotzdem erscheint zur notwendigen Systematisierung des gutachterlichen Prozesses eine Kriterieneinteilung sinnvoll.

In der gutachterlichen Praxis ist die Anwendung der Entwicklungskriterien eine Selbstverständlichkeit, auch wenn sie oft nicht gründlich und systematisch genug geschieht. Die formalen Aussagekriterien werden oftmals zu unrecht vernachlässigt oder es kommt zu einer falschen Gewichtung der einzelnen Kriterien. Eine reine Beurteilung der Zeugenaussage nach formalen Kriterien reicht hingegen sicherlich nicht aus. Die Aufarbeitung der Beziehungsaspekte der Mißbrauchsdynamik ist meist ein für die gutachterliche Aussage entscheidender Aspekt, jedoch sind hier der Objektivität Grenzen gesetzt. Natürlich ist der Gutachter durch seinen Auftrag bereits ein Teil dieser Dynamik geworden, er muß also auch seine eigene gefühlsmäßige Einstellung und seine Beziehung zu dem Kind und den umgebenden Personen kritisch prüfen. Je mehr der Gutachter sich emotional involviert fühlt, umso schwieriger wird es ihm fallen, keinerlei Einfluß auf die Aussage des Kindes zu nehmen und objektiv zu bleiben. Jedoch wird auch der erfahrenste Kliniker nicht emotional neutral sein können angesichts eines Verdachtes von sexuellen Mißbrauch. Wichtig aber ist es dabei, daß man die eigene Haltung und Beurteilung bei einer Untersuchung diesbezüglich krititsch reflektiert.

Viele Wissenschaftler und Gutachter weisen mit Recht darauf hin, daß eine Glaubwürdigkeitsbegutachtung nicht den Anspruch erheben darf, die Wahrheit über das Vorgefallene herauszufinden. Dies bleibt Aufgabe der juristischen Instanzen. Aufgabe des Kinder- und Jugendpsychiaters ist es vielmehr, mit Hilfe seines Erfahrungsschatzes und seines Wissens sowie seiner diagnostischen Fähigkeiten den juristischen Behörden eine Entscheidungsgrundlage zu bieten, indem er systematisch die gegebene Zeugenaussage vor dem Hintergrund formaler, entwicklungsmäßiger und beziehungsdynamischer Kriterien aufarbeitet. Die Glaubwürdigkeitsbeurteilung eines Kindes, sei sie allgemein oder speziell auf eine bestimmte Aussage hin beurteilt, kann immer nur Einschätzungen und Annäherungswerte erbringen. Für eine solche Einschätzung sollte man möglichst viele der oben genannten Kriterien kritisch anwenden, sie richtig gewichten und zu einem Gesamtbild zusammenfügen. Es wäre Aufgabe weiterer Forschungsvorhaben, die aufgeführten Kriterien in empirischen Untersuchungen zu validieren. Hierzu müßten katamnestische Untersuchungen durchgeführt werden, in denen die gründlich angefertigten Gutachten mit den sonstigen Ergebnissen der Gerichtsverfahren in Beziehung gesetzt werden, und in denen auch der Lanzeitverlauf einbezogen werden sollte.

Literatur

Benedek E. P. (1987) Problems in validating allegations of sexual abuse. Part. 1: Factors affecting perception and recall of events. Journal of the American Academy of Child and Adolescent Psychiatry 26 (6), 912–15.

Benedek E. P., Schetky D. H. (1987) Problems in validating allegations of sexual abuse. Part. 2: Clinical evaluation. Journal of the American Academy of Child and Adolescent Psychiatry, 26 (6), 916–21.

Berger M. (1979) Zur Glaubwürdigkeitsbegutachtung von Kindern und Jugendlichen in Sittlichkeitsprozessen. Monatsschrift Kriminologie 62. 149–156,

Klajner-Diamond H., Wehrspann W., Steinhauser P. (1987) Assessing the credibility of young children's allegations of sexual abuse: clinical issues. Canadian Journal of Psychiatry 32 (7), 610–4.

Leferenz H. (1972) Die Beurteilung der Glaubwürdigkeit In: Handbuch der Forensischen Psychiatrie Bd. II, Springer 1314–1346.

Müller-Luckmann E. (1962) Die psychologische Begutachtung der Glaubwürdigkeit insbesondere in

Jugendschutzsachen. In: Blau G. Müller-Luckmann E.: Gerichtliche Psychologie 130–148. Luchterhand, Neuwied, Berlin.
Summit R. (1983) The child sexual abuse accommodation syndrome. Child Abuse and Neglect 7, 177–193.

Langfristiger intrafamilialer sexueller Mißbrauch

Zwei Kasuistiken, Überlegungen zur Genese sowie zur Therapie und Prävention im psychosozialen Kontext

Ulrich Raupp

Einleitung

Mit zunehmender öffentlicher Diskussion des Themas beobachten wir, besonders seit dem letzten Jahr, auch eine Zunahme dieser Problemfälle in unserer klinischen Arbeit. Mit Sicherheit spielt die geschärfte Wahrhnehmung sowohl der Therapeuten als auch überweisender Instanzen hierbei eine erhebliche Rolle. In die komplexe Problematik ist immer die gesamte Familie verstrickt, nicht nur die, die wir im strafrechtlichen Sinne als Täter und Opfer bezeichnen.

In diesem Beitrag kann nur auf einige wenige Aspekte des Themas eingegangen werden. Er wird sich auf zwei ausgewählte, aktuelle Kasuistiken aus der Essener Klink, auf die Therapie und die Anforderungen an die therapierende Institution bei langfristigem intrafamiliärem sexuellem Mißbrauch beschränken.

Kasuistik 1

Herr T., Jahrgang 1929, wuchs unter emotional entbehrungsreichen und gewalttätigen Verhältnissen auf. Mit zwölf Jahren wurde er von seiner 18jährigen Cousine

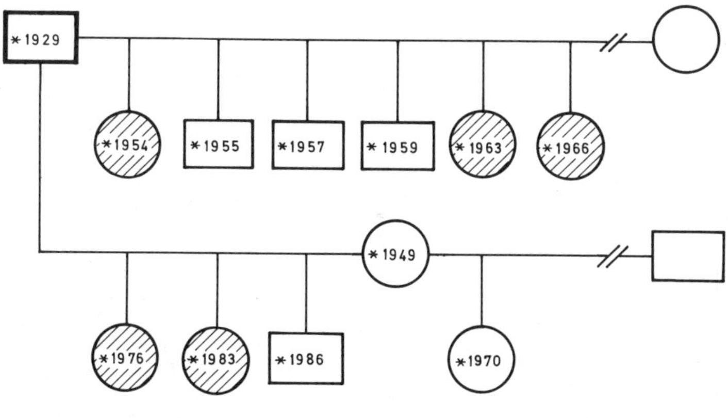

Abbildung 1: Familie T.

wiederholt sexuell mißbraucht. Mit 22 Jahren heiratete er eine Prostituierte. Aus dieser Ehe gingen sechs Kinder, drei Jungen und drei Mädchen hervor. Als die Verbindung zerbrach, hatte er bereits längere Zeit mehr oder weniger intensiven sexuellen Kontakt zu allen drei Töchtern, die zu diesem Zeitpunkt 22, 13 und 10 Jahre alt waren. In zweiter Ehe heiratete Herr T. die Freundin seiner ältesten Tochter. Aus dieser Verbindung stammen drei weitere Kinder: zwei Mädchen, heute zwölf und sechs Jahre alt, und ein jetzt dreijähriger Junge. Nachdem sich die Zwölfjährige seit mehr als eineinhalb Jahren mit psychosomatischer Symptomatik – wiederholte Kopfschmerzen, Migräne, Bauchschmerzen, Schulschwierigkeiten – in kinderärztlicher Behandlung befand, brach schließlich die jüngste Tochter aus der Ehe gegenüber dem Kinderarzt das Familiengeheimnis. Dieser wies das Mädchen in die nächstgelegene Kinderklinik ein, die uns konsiliarisch hinzuzog. Auch bei der sechsjährigen Schwester bestehen Verdachtsmomente auf sexuellen Mißbrauch.

Kasuistik 2

Im zweiten Fallbeispiel handelt es sich um intra- und extrafamiliären Mißbrauch durch denselben Täter: Herr P. Jahrgang 1926, kommt ebenfalls aus Verhältnissen, gekennzeichnet durch Vernachlässigung, Mißhandlung und Alkoholismus. Mit 22 Jahren heiratete er in Vietnam ein 13jähriges Mädchen, die ein Jahr später eine Tochter gebar.

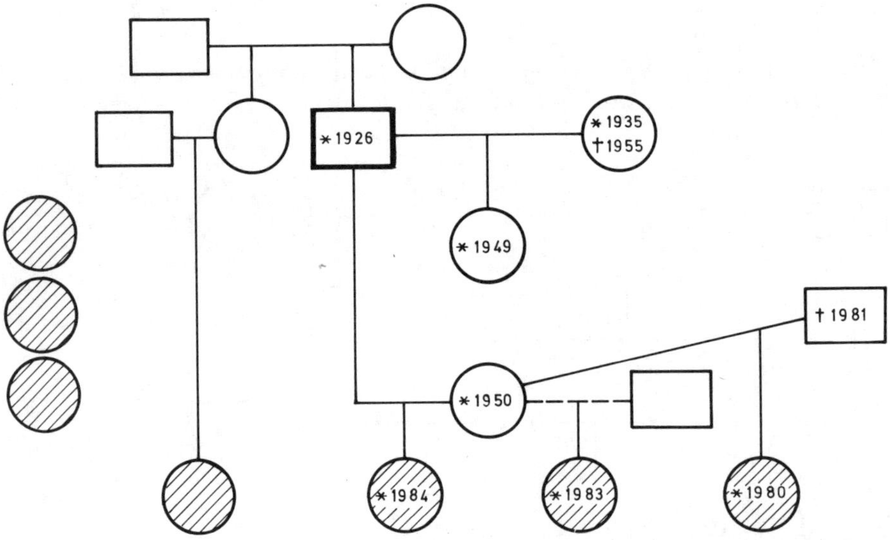

Abbildung 2: Familie P.

Seit 1955 lebte Herr P. in der DDR.

Als er mit 46 Jahren seine zweite Frau kennenlernte, war er dort bereits mehrmals wegen «Verführung Minderjähriger» aufgefallen, mindestens zweimal angeklagt, einmal in Haft gewesen, für seine zweite Frau – 24 Jahre jünger als er – war es auch die zweite Ehe. Sie heiratetc Herrn P. 1984, zum Zeitpunkt der Schwangerschaft mit ihrer dritten Tochter, die einzige, die möglicherweise von Herrn P. gezeugt ist. Aus der früheren Ehe und einer nachfolgenden Beziehung brachte Frau P. zwei weitere Töchter mit in die Ehe. Alle drei wurden von Herrn P. mit offenkundigem Wissen seiner Frau über Jahre sexuell mißbraucht.

Im Herbst 1987 siedelte Familie P. in die BRD über. 1988 kam es hier zur Anzeige und Verurteilung von Herrn P. sowie zur Trennung der Ehe, nachdem er, neben wiederholtem Mißbrauch der Stieftöchter, auch eine Nichte sexuell bedrängt hatte. Auch mit erheblicher, amtlich organisierter Hilfe, erwies sich Frau P. als nicht erziehungsfähig. Alle drei Töchter wurden in ein Heim überwiesen. Von dort aus wurden wir konsiliarisch hinzugezogen.

Diskussion

Beide Beispiele langfristigen, multiplen intra-, z.T. auch extrafamiliären Mißbrauchs an mehreren Kindern lassen an suchtartiges Handeln des Täters denken. Für diese Charakterisierung finden sich in der wissenschaftlichen Literatur einige Hinweise: Stern und Meyer (1980) haben drei typische Interaktionsmuster von Mißbrauchsfamilien definiert. In zwei der drei Interaktionsmuster spielt das Charakteristikum der Abhängigkeit eine entscheidende Rolle. Holman (1985) beschreibt Drogenmißbrauch und sexuellen Mißbrauch als einen Aspekt des abhängigen Systems, wobei keinesfalls die Drogen- oder Alkoholabhängigkeit als Ursache oder gar Entschuldigung für sexuelle Gewaltdelikte herhalten darf.

Marquit kommt zu dem Ergebnis, daß Mißbrauchstäter Verleugnung als primären Abwehrmechanismus einsetzen, «und zwar in einer Weise, die an den Alkoholiker erinnert» (1986). Am deutlichsten bringen Furniss und Phil (1986) zum Ausdruck, daß langfristige sexuelle Kindesmißhandlungen für den Täter Suchtcharakter haben. Dies bedeutet aber, daß in solchen Fällen weder durch die Aufdeckung der Problematik noch durch Bestrafungsandrohung oder gar Verurteilung das erhebliche Wiederholungsrisiko entscheidend gemindert werden kann. Allein das sollte als Begründung ausreichen, um in diesen Fällen den Täter – zumindest für eine bestimmte Zeit – von der Familie zu trennen, zumal nicht selten auch alle Kinder betroffen oder gar gefährdet sind und dann eine zusätzliche Traumatisierung und Stigmatisierung der Kinder vermieden werden kann (Furniss & Phil 1986, Marquit 1986). Darüber hinaus kann ohne Sicherheit für das Kind vor fortgesetzten Mißbrauch kein Vertrauensverhältnis zum Therapeuten, erst recht kein therapeutisches Verhältnis möglich sein (Mitnick 1986). Erfolgt keine räumliche Trennung von Täter und Opfer, wird der Therapeut unweigerlich in die Situation gedrängt, therapeutisches Handeln dauerhaft zu Gunsten von Schutz- und Kontrollfunktionen aufgeben zu müssen.

Bei Familie T. gelang es in Zusammenarbeit mit dem Jugendamt, den Vater aus der Familie herauszunehmen. Mutter und minderjährige Töchter befinden sich in der Essener Klinik bei verschiedenen Therapeuten/Therapeutinnen in ambulanter Behandlung. Zunächst wurde eine Einzeltherapie durchgeführt, später auch gemeinsame Sitzungen. Eine von uns zunächst als Paartherapie vorgeschlagene Arbeit unter Einbeziehung des Vaters wurde von Frau T. abgelehnt. Für den therapiewilligen Herrn T. fand sich leider kein Angebot.

Im Falle der Familie P. war die Herausnahme der drei Kinder unvermeidlich. Aufgrund der Schwere der emotionalen Beziehungsstörung mußte die älteste Tochter in eine längerfristige stationäre Behandlung genommen werden. Eine strukturierte Arbeit mit der selbst schwer gestörten Mutter erweist sich als sehr schwierig. Auch hier ist, trotz Motivation des inzwischen wieder aus der Haft entlassenen Vaters, ein adäquates Therapieangebot nicht in Sicht. Per Gerichtsauflage wird er mit Antiandrogenen behandelt.

Unsere Erfahrungen, gerade auch in diesen sehr problematischen Fällen, unterstützen die Thesen von Pelletier und Handy (1986):

1. Es besteht immer die Notwendigkeit, die ganze Familie in den therapeutischen Prozess einzubeziehen, sei es, um die Kinder von ihrer so erlebten Verantwortlichkeit für das Familienchaos zu entlasten, sei es, um die immer sehr evidenten Loyalitäts- und Beziehungskonflikte effektiv bearbeiten zu können. Diese bestehen nicht nur gegenüber dem Mißbrauchstäter, sondern regelmäßig auch gegenüber den Elternteilen, die keinen ausreichenden Schutz bieten konnten. Denn aus zahlreichen wissenschaftlichen Untersuchungen ist bekannt, daß uns in der Person des Täters – wie auch des Ehepartners (Goodwin et al. 1981, Marquit 1986) – mit hoher Wahrscheinlichkeit auch ein früheres Mißbrauchsopfer gegenübersteht (Burges 1987, Groth & Freeman-Longo 1979, Groth 1985, Johnson 1989, Marquit 1986, Seghorn et al. 1987, Tingle et al. 1986).
2. Der therapeutische Prozeß muß sich durch hohe Flexibilität im therapeutischen Angebot auszeichnen sowie durch Einbeziehung diverser professioneller Institutionen unter guter Koordination ergänzt werden (White et al., o. J.). Dies bedeutet einen hohen Aufwand:
   - Mindestens zwei Therapeuten, die je nach Stand der Therapie die Familie in verschiedenen Settings begleiten können.
   - Beteiligung sozialarbeiterischer Kompetenz, auch zur Einbeziehung weiterer Institutionen wie Sozialamt, Jugendamt, Schule.
   - Meist ist die Zusammenarbeit mit Polizei und Strafverfolgungsinstanzen notwendig, oft schon vor der therapeutischen Intervention.

Für den Einzugsbereich einer therapeutischen Einrichtung wäre anzustreben:

- Regelmäßige Gespäche zwischen den verschiedenen Institutionen, auch fallunabhängig.
- Besonders geschulte Mitarbeiter in allen betroffenen Institutionen, von der Jusitz und Polizei bis zu den kommunalen Sozialeinrichtungen, von Beratungsstellen,

Schulpsychologischen Diensten und Kindergärten bis zu Kliniken und Arztpraxen.
- Eine kompetente Sensibilisierung gerade auch der breiten Öffentlichkeit, denn der Themenbereich ist ja vielmehr von gesellschaftspolitischer, als von therapeutischer Relevanz.

In Essen haben wir mit dem Aufbau einer 'Berufsgruppe', in der themenzentriert alle privaten und öffentlichen beratenden, intervenierenden, therapierenden, sozialen und nachsorgenden Institutionen vertreten sind, gute Erfahrungen gemacht.

Der Auf- und Ausbau beratender und therapeutischer Hilfen – nicht zuletzt auch für die Tätergruppe – droht jedoch mangels öffentlicher Unterstützung, in den Anfängen steckenzubleiben, – erst recht die Prävention.

Herbert Maisch (1987) hat sich zwanzig Jahre nach Erscheinen seines Standardwerkes zum Inzest gerade in diesem Sinne wieder zum Thema geäußert:

»Während man sich hierzulande über ein paar Probleme einschlägiger Strafrechtsnormen streitet und auf die ‹objektiven› Ergebnisse der empirischen Forschung zur Schädigungfrage wartet, wird in diesen (angloamerikanischen) Ländern gehandelt:

Kriseninterventionen, familientherapeutische Programme, Einzelfall-Hilfe, Therapie oder in Verbindung damit Zusammenarbeit mit den Gerichten (USA). Das ist kein Einwand gegen unsere (notwendigen) Diskussionen um die Schädigungsproblematik, wohl aber eine Anzeige wegen unterlassener Hilfeleistung».

Literatur

Burgess, A. W. et al. (1987) Abused to Abuser: Antecedents of Socially Deviant Behaviors. Am. J.Psychiatry, 144: 1431–1436

Furniss, T., Phil, M. (1986) Therapeutische Intervention bei sexueller Kindesmißhandlung. Mschr. Kinderheilk., 134: 340–344

Goodwin, J. et al. (1981) Prior Incest in mothers of abused children. Child Abuse and Neglect, Vol. 5: 87–95

Groth, A. N., Freeman-Longo, R. (1979) Men Who Rape. The Psychology of the Offender. Plenum, New York

Groth, A. N. (1985) Rapists and Child Molesters. Conference presentation, Burlington

Holman, P. L. (1986) Inzest, Alkoholismus. Drogenabhängigkeit. In: Sexueller Mißbrauch von Kindern in Familien. L. Backe et al. (Hrsg.) Deutscher Ärzteverlag

Johnson, T. C. (1989) Child perpetrators – children who molest other children: preliminary findings. Child Abuse and Neglect, Vol. 12: 219–229

Maisch, H. (1987) Familiäre Sexualdelinquenz – die neue Emotionalisierung eines alten Dramas. Beitr. Sexualforsch., 62: 84–104

Marquit, C. (1986) Der Täter. Persönlichkeitsstruktur und Behandlung. In: Sexueller Mißbrauch von Kindern in Familien. L. Backe et al. (Hrsg.). Deutscher Ärzteverlag

Mitnick, M. (1986) Inzestuös mißbrauchte Kinder. Symptome und Behandlungsmethoden. In: Sexueller Mißbrauch von Kindern in Familien. L. Backe et al. (Hrsg.). Deutscher Ärzteverlag

Pelletier, G., Handy, L. C. (1986) Family Dysfunction and the Psychological Impact of Child Sexual Abuse. Can. J. Psychiatr., 31: 407–412

Seghorn, T. K. et al. (1987) Childhood Sexual Abuse in the Lives of Sexually Aggressive Offenders. J. Amer. Acad. Child Adol. Psychiat., 26,2: 262–267

Stern, M. J., Meyer L. C. (1980) Family and couple interactional patterns in cases of father/daughter incest. In: Sexual abuse of children: selected readings. Jones, B. M. et al. (eds.). U.S: Government Printing Office

Tingle, D. et al. (1986) Childhood and Adolescent Characteristics of Pedophils and Rapists. Int. J. of Law and Psych., Vol. 9: 103–116

White, S. et al.: Child evaluator's roles in child sexual abuse assessments. In: Sexual abuse allegations in custody and visitation. Nicholson & Bulkley (eds.) American Bar Association, Washington

Institutionelle Probleme bei der Behandlung des Sexuellen Mißbrauchs

Walter Landsberg

»Erst tut es weh, dann ist es nicht mehr so schlimm.» Das sind die Worte eines 5jährigen Mädchens, das nach einer Spontanaufdeckung, um sie vor dem weiteren sexuellen Mißbrauch durch den Vater zu schützen, von uns stationär aufgenommen wurde. Über die Probleme, die sich im Verlauf der Behandlung ergaben, möchte ich berichten.

I. Der Patient

Die *Geschädigte* fällt im Kindergarten auf, weil sie so komisch geht und über Schmerzen im Ano-Genitalbereich klagt. Die Vorstellung beim Arzt ergibt eine starke Entzündung unklarer Genese. Die Kindergärtnerin denkt an sexuellen Mißbrauch. Das Betrachten eines Aufklärungsbuches führt zu einer nicht geplanten Spontaneröffnung mit begründetem Verdacht auf sexuellen Mißbrauch. Die Helfer stehen dieser Situation hilflos gegenüber. Die Spontanintervention ist die Herausnahme des Kindes aus der Familie.

Das Mädchen erzählt, daß alles mit der Geburt der verstorbenen Schwester begonnen habe.

Der *Schädiger* streitet alles ab. Er führt die Erzählungen seiner Tochter auf gemeinsam gesehene Pornofilme zurück. Er leidet an einer Colitis ulcerosa, ist Alkoholiker und latent suizidal.

Die *Mutter* ist im siebten Monat schwanger. Es besteht die Gefahr einer Frühgeburt. Sie hat den Tod eines fünf Monate alten Kindes nicht überwunden, das vor knapp einem Jahr starb. Die Mutter bestreitet den sexuellen Mißbrauch an ihrer Tochter. Sie sagt, daß sie ihrem Mann glaube, verzeiht ihm aber gleichzeitig, daß er das getan hat. Diese Zwiespältigkeit ist besonders häufig in Inzestfamilien zu beobachten.

Familiär bestehen seit langem massive Paar- und Finanzprobleme. Immer wieder steht die Frage der Trennung im Raum. Diese wird insbesondere von der Familie der Mutter gewünscht und betrieben, wodurch sehr viel Druck entsteht.

II. Die Institution

Die Ambivalenz der Familie überträgt sich schon vor der Aufnahme auf die Mitarbeiter und führt unter ihnen zu einem Konflikt. Der Behandlung in der Klinik geht so eine Krise der Helfer voraus, die uns über eine lange Zeit der Behandlung begleiten sollte. Die Beeinträchtigung der Wahrnehmung und Betroffenheit der Mitarbeiter führt zu einer mangelnden Handlungskompetenz. Dies ist bei der diagnostischen und therapeutischen Arbeit mit Inzest ein oft zu beobachtender, alltäglicher Vorgang. Trotz detailierter Vorinformationen an die Mitarbeiter und Besprechungen mit ihnen ließ sich diese Dynamik im hier zu schildernden Fall nicht verhindern.

Bei der Aufnahme des Mädchens kommt es bei den *Stationsmitarbeitern* zunächst zu Bestürzungs- und Mitleidsreaktionen, was eine nachgiebige, behütende und wenig fordernde Erziehungseinstellung im Alltag zur Folge hat. Das für sein Alter große, kräftige, plumpe Mädchen entspricht nicht dem «Lolitabild», das sich die Mitarbeiter von dem Kind gemacht haben. Das führt zu sehr unterschiedlichen Formen der Kontaktaufnahme. Sie reichen von mütterlich über distanziert bis hin zur Gleichgültigkeit der einzelnen Mitarbeiter gegenüber dem Mädchen.

Die männlichen Mitarbeiter sind allgemein verunsichert. Sie wissen nicht, wie sie dem Mädchen begegnen, wie sie es anfassen, wegen der lokalen Entzündung medizinisch versorgen oder sie baden sollen. Natürlich überlassen sie all dies zunächst ihren Kolleginnen. Es dauert einige Zeit bis sie für sich Möglichkeiten gefunden haben, wie sie dem Mädchen väterlich und versorgend begegnen können.

Ohnmächtig, entsetzt, geekelt und ärgerlich erleben die Mitarbeiter, wie das Mädchen immer wieder Gleichaltrige zu sexuellen Spielen veranlaßt. Hier zeigt sich aber auch das unterschiedliche Bewerten kindlichen Verhaltens durch die Mitarbeiter besonders deutlich. Sie empfinden das sich nackt Zeigen der gleichaltrigen Jungen als normal, bei unserer Patientin bezeichnen sie das als sexuell provozierend. Uns wird deutlich, daß das Mädchen über dieses Verhalten ihre emotionale Bedürftigkeit nach Nähe, Schmusen und Zärtlichkeit zum Ausdruck bringt. Sie kann das zunächst nur mit diesem für ihr Alter unangemessenen sexualisierten Verhalten tun.

Bei den Mitarbeitern löst die Konfrontation mit einem sexuell erfahrenen, aber emotional unreifen Kind Ablehnung, Widerwillen und somatisches Reagieren aus. Die Mitarbeiter kommen durch die Konfusion des Kindes in Kontakt mit ihrer eigenen Sexualität.

Die daraus resultiernde Dynamik bei den Helfern wird noch verstärkt, als von den Eltern der Mutter, die die Trennung ihrer Tochter vom Vater erreichen wollen, berichtet wird, daß der Ehemann, Vater des Kindes, ihre Tochter, wiederholt zum Gruppensex gezwungen habe. Auch habe er immer wieder Mädchen mit nach Hause gebracht, um mit ihnen sexuell zu verkehren. Die Mutter bestreitet all dies und weist die Vorwürfe ihrer Eltern als absurd zurück. Trotzdem bleiben diese Erzählungen nicht ohne Wirkung auf die Mitarbeiter. Der abstoßende genitale Lokalbefund des Mädchens tut das Seine dazu. Er wird von den Mitarbeitern als

AIDS-Erkrankung gedeutet und die Angst vor einer Infektion mit AIDS bemächtigt sich ihrer. Das führt zu einer Isolierung des Kindes von der Gruppe der Gleichaltrigen und Erwachsenen. Ängste, Abscheu, Ekel und Widerwillen der Mitarbeiter lassen sich nur mühsam durch Aufklärung, Fortbildung und Supervision ausräumen. Diese auch bei anderen Fällen immer wieder auftauchende Angst der Mitarbeiter ist verständlich und gelegentlich sogar begründet. Hier führte die Angst jedoch zu einer Spaltung im Mitarbeiterteam und ließ darüberhinaus auch noch anders geartete unbewußte, diffuse Ängste mit Gegenübertragungscharakter deutlich werden, wie eigene Mißbrauchsängste und -phantasien, aber auch Ängste vor der emotionalen «Infektion» durch das Geschehen usw.

Die Mitarbeiter sind geschockt über die Offenheit, mit der das Mädchen über den Mißbrauch auch in Gegenwart fremder Eltern spricht. Sie fühlen sich gezwungen, diese zu beruhigen, bei ihnen Verständnis für das Verhalten des Mädchens zu wecken.

Die den Kontakt mit Eltern gewohnten Mitarbeiter blockiert die Tatsache, daß «eine seit Generationen vermittelte interpersonale Grenze in ihnen unfaßbarer Weise mißachtet und überschritten wurde». Das «Ungeheuerliche» der Tat behindert die Beziehungsaufnahme zu den Eltern des Mädchens, denen sie voreingenommen und gehemmt begegnen. Der Tabubruch wird zur Blockade.

Die *Therapeuten* fühlen sich zwischen Kind, Eltern, Station und Jugendamt zerrieben. Sie versuchen immer wieder, die Spaltung im Mitarbeiterteam durch Weitergabe von Informationen und Konfliktklärungsgespräche aufzuheben, die u. a. durch die unterschiedliche Wahrnehmung und Bewertung der Eltern bei den Mitarbeitern entsteht. Die Therapeuten behindert die entschiedene Bewertung ihrer pädagogischen Kollegen in ihrer Beziehungsaufnahme zu den Eltern, die sie im realen Kontakt anders erleben als die Gruppenmitarbeiter. Diese lassen einerseits aggressive, ängstliche, ablehnende Impulse gegenüber dem Vater erkennen. Andererseits lösen die blutleere, verzweifelte, unsichere Mutter und das mißbrauchte, arme Kind bei ihnen Schutzimpulse aus. Ihre Befangenheit führt jedoch dazu, daß sie nicht wissen, wie sie die Mutter ansprechen sollen. Sie erliegen der Gefahr der Identifikation mit der Mutter und dem Kind.

Die Therapeuten hatten vom *Jugendamt* mehr Absprachen, mehr Souveränität erwartet und erleben nun viel Zögern, so als wolle dieses sich aus allem herausziehen, um alles den Therapeuten zu überlassen, um selbst keine Verantwortung mehr übernehmen zu müssen. Hier fehlte ein für den Gesamtprozeß verantwortlicher Koordinator.

Die Therapeuten fühlen sich unter Druck gesetzt. Die gesamte Verantwortung lastet auf ihnen. Sie glauben, nun rasch Fortschritte im Prozeß erbringen zu müssen. Die unterschiedlichen Bewertungen, der Leistungsdruck, aber auch das eigene Erleben führt bei den Therapeuten immer wieder zu intrapsychischen Konflikten, denen sie sich nur durch ein mühevolles Sichabgrenzen und Grenzen setzen entziehen können.

Erschwerend wirkt sich für die Therapeuten aus, daß sich das Mädchen intensiv auf einen einzeltherapeutischen Prozeß und eine Beziehung zu ihnen einläßt, während die Eltern durch ihren Pseudozusammenhalt gegen die Therapeuten Therapiefortschritte verhindern, weil sie das Familiensystem gefährdet sehen.

In der *Einzeltherapie* wählt das Kind die Darstellung und das Rollenspiel.

In Anlehnung an die Diagnostikstunden, bei der die Patientin geäußert hatte, «alle sollen sehen, was wir machen», lassen wir die Patientin spielen, was der Papa zu Hause mit ihr gemacht hat. Sie ist sofort bereit, beginnt wieder mit dem Satz: «Alles fängt mit «S», der Schwester an». Für diese wird eine Kinderpuppe genommen und beiseite gelegt. Dann sagt sie, die Mamma müsse jetzt ins Krankenhaus, weil sie ein Kind kriegt. Auf unsere Intervention hin wird diese Situation zum Spielinhalt. Die Mutter liegt also im Krankenhaus, die Patientin geht mit dem Papa nach Hause. Sie wählt wieder für sich die Prinzessinnenpuppe, für den Vater einen Mann. Sie legt den Teppich zu Hause hin, legt sich dann selbst schlafen. Der Papa kommt und küßt sie auf den Mund, so daß sie aufwacht. Beide gehen wieder ins Krankenhaus, die Mutter besuchen. Sie will die Mutter sofort mit nach Hause nehmen. Es wird ihr gesagt, daß das nicht ginge. Die Mutter müsse noch drei Tage im Krankenhaus bleiben. Sie geht daraufhin wieder mit dem Vater nach Hause. Beide gehen ins Bett. Der Papa krabbelt mit dem Kopf unter den Rock der Prinzessin. Sie sagt: «Er leckt da». Dann legt sie die Vaterpuppe über die Prinzessin mit den Worten: «Jetzt steckt er sein Hänschen ins Döschen» und «Erst tut es weh, dann ist es nicht mehr so schlimm». Nach der Szene gehen beide wieder ins Krankenhaus zu der Mutter.

Sie spielt das ohne sichtbare emotionale Beteiligung, als sei all dies für sie selbstverständlich.

Dann wird die Mutter aus dem Krankenhaus entlassen. Das Mädchen wird gefragt, ob sie der Mutter jetzt erzählen wolle, was der Papa mit ihr gemacht habe. Sie sagt: «Nein, das darf ich ihr nicht erzählen, das ist ein Geheimnis». Es wird ihr gesagt, daß dies ja nun kein Geheimnis mehr sei, weil wir ja darüber reden. Sie dürfe auch mit der Mama darüber reden.

Sie erzählt dann der Mutterfigur was geschehen ist. Der Therapeut übernimmt die Mutterrolle, ist entsetzt und sagt, er müsse sofort mit dem Vater reden. Es entsteht eine kurze Pause. Sie wird aufgefordert, die Mutterrolle zu übernehmen, um dem Papa zu sagen, daß er das nicht mit dem Mädchen machen dürfe. Der Therapeut übernimmt die Rolle des Vaters, der sich herausredet. Das Mädchen in der Rolle der Mutter entschuldigt alles und sagt dem Vater, er dürfe das weitermachen.

Die Selbstverständlichkeit mit der das Mädchen all dies spielt, ist erschütternd. Zumal nicht ein Hauch einer Atmosphäre aufkommt, als sei hier etwas Verbotenes geschehen.

Deutlich wird die Verwischung der Generationsgrenzen bei den weiblichen Personen. Die Patientin wird in der Rolle des Mädchens zur Mutter. Im Spiel, aber auch mit Worten, macht sie deutlich, daß sie von der Mutter nicht genügend geschützt wird.

Sehr schwierig gestaltet sich das Einüben des «*Neinsagens*» mit dem Kind, was wir auf sehr unterschiedlichen Ebenen ohne sichtbaren Erfolg versuchen. Vielleicht ist das deshalb so problematisch, weil wegen des Leugnens der Eltern, für dieses Kind die Realität noch nicht Realität ist.

Der Kontakt zwischen *Klinik* und *Eltern* gestaltet sich schwierig.

Der *Vater* stellt sich als hilfloser, bedürftiger, leidender Mann dar. Er vermeidet jeden Kontakt. Wegen einer Exacerbation der Colitis läßt er immer wieder Termine absagen. Der sich bietende psychopathologische Zustand bei dem psychosomatisch kranken Mann verhindert bei den Therapeuten immer wieder eine harte Konfrontation. Sie verstehen sein Leugnen als Psychoseabwehr und seine Suiziddrohungen als Realitätsabwehrmaßnahmen. Er stellt sich seiner Tat nicht und vermeidet die Verantwortungsübernahme.

Die *Mutter* ist verzweifelt über den Tatvorwurf. Sie bestreitet die Tat aber verzeiht gleichzeitig ihrem Mann. Sie will wegen ihrer Verlustängste weder Mann noch Tochter verlieren. Zu Gesprächen kommt sie, aber ohne ihren Mann, den sie immer wieder entschuldigt.

Das beteiligte *Jugendamt* ist sehr um Kooperation bemüht, übernimmt aber keine Verantwortung und will keine Entscheidungen treffen. Wegen der besonderen Psychopathologie der Familie will das Jugendamt nicht gerichtlich vorgehen. Es vertritt zudem die Devise des «Helfens statt Strafens».

Nach der Spontanaufdeckung war vor der Klinikaufnahme durch die unkoordinierte Interventionsplanung festgelegt worden, daß das Kind dann wieder nach Hause dürfe, wenn der Vater ausgezogen sei und sich in Therapie begeben habe. Für die Familie bot sich so die Möglichkeit der Scheinlösung. Schon bald zog der Vater offiziell zu Hause aus und begab sich anderenorts in Therapie. Der Behandlungsauftrag der Klinik wurde so noch unklarer.

III. Analyse

Bei der Analyse des Geschehens begegnen wir u. a. drei typischen Phänomenen.

1. Systemschutz der Familie
2. Übertragungsphänomene
3. Gegenübertragungsphänomene

Systemschutz: Aus verständlichen Gründen tun die Eltern alles, um ihr ohnehin schon kriselndes Familiensystem zu schützen und zu erhalten. Sie wehren ihre Veränderungsängste ab. Der Systemschutz ist Selbstschutz. Die Sozialagenturen müssen Druck auf die Familie ausüben, um sie in die Therapie zu bringen. Wir hätten die Vereinbarung aufnehmen müssen, daß, erst wenn sich eine tragfähige therapeutische Beziehung entwickelt hat, Überlegungen angestellt werden können, unter welchen Bedingungen das Kind wieder nach Hause kann.

Übertragungsphänomene: Bei der Arbeit mit Mißhandelten oder Mißbrauchten werden die tabuisierten Themen immer indirekt kommuniziert. Die Thematik wird von der Familie auf die Institution projiziert und führt zu einem Konflikt bei den Helfern. Je ekelhafter das Geschehen ist, um so heftiger sind der unbewußte Kampf und die unterschwelligen Interaktionen unter den Mitarbeitern. Eine häufige Folge ist die Spaltung des Teams. Der Gesamtprozeß wird dadurch gehemmt, die Dynamik blockiert. Die supervisorische Aufdeckung und Bearbeitung diese Geschehens ist Voraussetzung für eine weitere erfolgreiche Behandlung.

Gegenübertragungsphänomene: Immer wieder entsteht bei den Helfern das Gefühl, allein zu stehen, allein für den Gesamtprozeß verantwortlich zu sein, keine Unterstützung zu haben. Die Mitarbeiter erleben sich unbewußt in der Situation des ausgelieferten, hilflosen Kindes, in der der ängstlich zurückweisenden, sich entziehenden Mutter, aber auch in der des gewalttätigen Vaters. Es entwickeln sich Gefühle der Mut- und Hoffnungslosigkeit, der Unzufriedenheit, Wut, Ohnmacht und Resignation, die auf das Mädchen und die Familie übertragen werden. Bei den sonst erfahrenen Mitarbeitern entwickelt sich eine institutionelle, irrationale, paralysierende, teamspaltende, Krisen provozierende Reaktion. Der Gesamtprozeß wird durch die mangelnde Erfahrung mit der speziellen Problematik des sexuellen Mißbrauchs blockiert.

IV. Folgerungen

1. Unreflektiertes, übereiltes Handeln ist zu vermeiden. Wenn möglich sollten vor jeder Aufdeckung professionelle Berater mit spezieller Ausbildung und Erfahrung in der Behandlung des sexuellen Mißbrauchs konsultiert werden. Unser zunehmendes Wissen über die Gewalt bei Kindern hat zur Folge, daß sich spezialisierte Methoden im Rahmen der Diagnostik, Krisenintervention, therapeutischen Methoden bezogen auf Kind, Schädiger und Familie und die syndromorientierte Zusammenarbeit der verschiedenen Berufsgruppen entwickeln. Das wirkt sich auch auf die *Interventionsplanung* aus. Diese sollte so detailiert wie möglich sein. Die zu vermutenden Reaktionen des schädigenden Systems können so vorplanbar und dadurch die Mißerfolgsquote verringert werden.

2. Selbsterfahrung und Professionalisierung in der speziellen Thematik des sexuellen Mißbrauchs ist notwendig, um ein irrationales Reagieren der Mitarbeiter zu verhindern. Das Krisenteam muß fähig sein, mit der Familie Aggression, Feindseligkeit und Suizidgedanken zu teilen, ohne sich dadurch paralysieren zu lassen oder gar in eine Krise zu geraten. Diese Phänomene tauchen immer wieder auf, werden übertragen und bewirken eine den Prozeß hemmende Dynamik. Das macht *Weiterbildung* und *Selbsterfahrung* so notwendig.

3. *Supervision* ist unabdingbar. Die entstehenden Blockaden und Spaltungsprozesse, die im Rahmen von Übertragungs- und Gegenübertragungsreaktionen entstehen, lassen sich nur durch einen Außenstehenden erkennen und auflösen.

4. Von Anfang an ist ein für den Gesamtprozeß verantwortlicher *Koordinator* einzusetzen. Er trifft alle wichtigen Anordnungen, ist deshalb auch nicht so angreifbar. Durch ihn wird auch die Helferkonferenz einberufen.

5. Interinstitutionelle Probleme sind in der *Helferkonferenz* zu lösen. In ihr müssen

alle am Konflikt beteiligten Helfer anwesend sein. Für die Arbeit gilt eine Grundregel. Alle am Prozeß beteiligten Helfer müssen absolut offen gegenüber jedem anderen Helfer sein, soweit es den therapeutischen Prozeß betrifft. Die Helferkonferenz bekommt so oft Selbsterfahrungscharakter.

Bei aller personalen und fachlichen Kompetenz der Beteiligten haben wir an diesem sicher nicht typischen Fall gelernt, daß unser irrationales Reagieren auf ein mangelndes Wissen und nicht genügende Erfahrung mit der speziellen Problematik des sexuellen Mißbrauchs zurückzuführen ist. Das schmerzt und macht uns betroffen. Wenn das jedoch zu einer selbstkritischen Weiterarbeit an uns selbst und in der Zusammenarbeit führt, dann tut auch das erst einmal weh, aber dann ist es nicht mehr so schlimm.

Literatur

Fürniss, T. u. a. (1986) Diagnostik u. Folgen von Kindesmißhandlung, Monatsschr. Kinderheilkd 134: 335–340.

Fürniss, T. u. a. (1986) Therapeutische Intervention bei sexueller Kindesmißhandlung, Monatsschr Kinderheilkd 134: 340–344.

Jungjohann, E. E. (1989) Die ärztliche Kinderschutztätigkeit als Hilfe im Krankenhaus bei der Diagnose und Behandlung von Mißhandlung und sexuellem Mißbrauch in der Familie. Vortrag in Ulm 31. 8. 89.

Stichwortverzeichnis